AF254213

CORRIGÉ
DU COURS GRADUÉ

DE

COMPOSITIONS FRANÇAISES,

COMPRENANT

DES SUJETS DE DEVOIRS RELATIFS A TOUS LES GENRES,

DÉFINITIONS, TABLEAUX, PORTRAITS, FABLES, MATIÈRES DE VERS, MÉLANGES, etc.;

OUVRAGE

Destiné aux personnes qui veulent faire seules des études de style, et spécialement à MM. les Professeurs des Institutions de Demoiselles;

PAR DEUX PROFESSEURS;

A L'USAGE DES MAITRES.

NOUVELLE ÉDITION,

REVUE ET AUGMENTÉE DE PLUSIEURS SUJETS.

PARIS,

DE L'IMPRIMERIE D'AUGUSTE DELALAIN,

Lib.-Edit., rue des Mathurins-St.-Jacques, n° 5.

1826.

CORRIGÉ
DU COURS GRADUÉ

DE

COMPOSITIONS FRANÇAISES.

PREMIÈRE PARTIE.

1. *Le Loup et le jeune Mouton.* (Fable.)

Sujet traité d'après la première matière, par un jeune Élève âgé de dix ans.

DES moutons étaient en sûreté dans un parc ; les chiens dormaient, et le berger jouait de la flûte à l'ombre d'un ormeau dans la société des autres bergers du voisinage. Un loup affamé vint reconnaître le troupeau par les fentes de l'enceinte. Un jeune mouton sans expérience lui demanda ce qu'il venait chercher : le loup répondit qu'il cherchait de l'herbe. Vous savez, dit-il, qu'il est doux de paître dans une verte prairie parsemée de fleurs, et d'éteindre sa soif dans un clair ruisseau. Ici je trouverai ces avantages. J'aime la philosophie, je l'enseigne, je me contente de peu.—Est-il vrai, répond le mouton, que vous ne mangez pas la chair des animaux et que l'herbe vous suffit. Alors il l'invite à vivre en frères et à paître ensemble. Le mouton étant sorti du parc le philosophe le tua et le dévora.

Défiez-vous des gens qui se disent vertueux, et jugez-les sur leurs actions et non sur leurs discours.

Le même par une jeune Demoiselle de douze ans.

De jeunes moutons se croyaient en sûreté dans un parc. Les chiens dormaient, et le berger, à l'ombre d'un ormeau, enchantait par le son de sa flûte tous les bergers du voisinage ; un loup poussé par la faim vint aux fentes du parc, et tint une longue conversation avec un des moutons qui n'avait pas d'expérience. Celui ci lui demanda ce qu'il venait faire. Le loup répondit : je viens apaiser ma faim dans cette verte prairie parsemée de fleurs, et éteindre ma soif dans ce clair ruisseau, car on trouve ici tous ces avantages.—Vous aimez donc la philosophie qui apprend à se contenter de peu.—Assurément, dit le loup. — Mais dites la vérité, n'aimez-vous pas la chair d'animaux ?—Non, répondit le loup, l'herbe me suffit. Alors le mouton lui dit, je vais aller paître avec vous, nous vivrons en frères. Il sortit du parc ; mais aussitôt le faux philosophe tomba sur sa proie, et la dévora en un instant.

Méfiez-vous des gens qui se vantent de leur vertu, et jugez d'eux par leurs actions et non par leurs paroles.

Corrigé.

Des moutons étaient en sûreté dans leur parc ; les chiens dormaient, et le berger, à l'ombre d'un grand ormeau, jouait de la flûte avec d'autres bergers voi-

[illegible] peu des fentes de l'enceinte, [illegible] l'interrogea. Un jeune mouton, [illegible] qui n'avait jamais rien vu, entra en [illegible] avec lui. Que venez-vous chercher [illegible] 'il en glapissant.—L'herbe tendre et fleurie, lui répondit le loup. Vous savez que rien n'est plus doux [illegible] être dans une verte prairie émaillée de [illegible] apaiser sa faim, et d'aller éteindre sa [illegible] clair ruisseau : j'ai trouvé ici l'un et [illegible] Que faut-il davantage ? J'aime la philoso-phie qui enseigne à se contenter de peu.—Il est donc vrai, répartit le jeune mouton, que vous ne mangez point la chair des animaux, et qu'un peu d'herbe [illegible] suffit ? Si cela est, vivons comme frères, et [illegible] ensemble. Aussitôt le mouton sort du parc [illegible] la prairie, où le sobre philosophe le mit en [illegible] et l'avala.

Méfiez-vous des belles paroles des gens qui se van-tent d'être vertueux. Jugez-les par leurs actions, et [illegible] leur discours.

FÉNÉLON.

Les Crimes punis l'un par l'autre.

Trois hommes voyageaient ensemble ; ils rencon-trèrent un trésor, et ils le partagèrent ; ils conti-nuèrent leur route en s'entretenant de l'usage qu'ils [illegible] de leurs richesses. Les vivres qu'ils avaient portés étaient consommés ; ils convinrent qu'un [illegible] irait en acheter à la ville, et que le plus jeune se chargerait de cette commission : il partit.

Il se disait en chemin : Me voilà riche ; mais je le [illegible] davantage, si j'avais été seul quand le trésor s'est présenté ; ces deux hommes m'ont enlevé mes richesses : ne pourrai-je pas les reprendre ? cela me serait facile ; je n'aurais qu'à empoisonner les vivres que je vais acheter ; à mon retour je dirais que j'ai dîné à la ville ; mes compagnons mange-raient sans défiance, et ils mourraient ; je n'ai que le tiers du trésor, et j'aurais le tout.

Cependant, les deux autres voyageurs se disaient : Nous avions bien affaire que ce jeune homme vînt s'associer avec nous ; nous avons été obligés de par-tager le trésor avec lui ; sa part aurait augmenté les nôtres, et nous serions véritablement riches ; il va revenir, nous avons de bons poignards.

Le jeune homme revint avec des vivres empoi-sonnés, ses compagnons l'assassinèrent ; ils man-gèrent, ils moururent, et le trésor n'appartint à personne.

Extrait de la morale en action.

3. *Trait d'amour fraternel.*

En 1585, des troupes portugaises qui passaient dans les Indes, firent naufrage. Une partie aborda dans le pays des Cafres, et l'autre se mit à la mer sur une barque construite des débris du vaisseau. Le pilote, s'apercevant que le bâtiment était trop chargé, avertit le chef, Edouard de Mello, que l'on va couler à fond, si l'on ne jette dans l'eau une douzaine de victimes. Le sort tomba entre autres sur un soldat dont l'histoire n'a point conservé le nom. Son jeune frère tomba aux genoux de Mello, et demanda avec instance de prendre la place de son aîné. « Mon frère, dit-il, est plus capable que moi ; « il nourrit mon père, ma mère et mes sœurs ; s'ils « le perdent, ils mourront tous de misère ; conser-« vez leur vie, en conservant la sienne, et faites-

« moi périr, moi qui ne puis leur être d'aucun
« secours. » Mello y consent, et le fait jeter à la
mer. Le jeune homme suit la barque pendant six
heures; enfin il la rejoint : on le menace de le tuer,
s'il tente de s'y introduire. L'amour de sa conservation triomphe de la menace; il s'approche, on
veut le frapper avec une épée, qu'il saisit et qu'il
retient jusqu'à ce qu'il soit entré. Sa constance
touche tout le monde : on lui permet enfin de rester
avec les autres, et il parvient ainsi à sauver sa vie
et celle de son frère.

Extrait de la morale en action.

4. *Le Père infortuné.*

Côme II, successeur d'Alexandre, duc de Flo-
rence, eut deux fils, le premier nommé Jean, le
second Garcias ou Garcia. Jean était doux, honnête,
aimable; il fut fait cardinal dès sa plus tendre jeunesse. Garcias au contraire était dur, cruel et farouche. Côme aimait Jean, Garcias fut jaloux et
détesta son frère. Le jeune cardinal avait dix-huit
ans, Garcias n'en avait que quinze. Un jour qu'ils
étaient l'un et l'autre à la chasse, Garcias attira
Jean dans un bois écarté, lui fit pour s'irriter des
reproches injustes, le saisit, et lui plongea son
poignard dans le sein. Jean expira.

Garcias satisfait et tranquille revint dans le palais de son père. Quelques heures après cet affreux
fratricide, on vint annoncer à Côme, que le cheval
de son fils Jean était revenu seul. Côme ordonne
qu'on suive ses traces, et sort lui-même avec ses
gens; il entre dans un bois. Quel spectacle pour ce
malheureux père ! il voit son fils, ce fils l'objet de

sa tendresse, mort et baigné dans son sang; il devine l'auteur de ce forfait horrible, fait porter le cadavre dans son palais, et l'ayant fait placer sur son lit derrière les rideaux, il appelle Garcias, l'accuse de ce meurtre; Garcias nie. Côme lève le voile qui cachait le corps de Jean. A cette vue, Garcias étonné se trouble, chancelle, pâlit; le remords déchire son âme, il se jette aux pieds du père, et le coupable avoue le plus noir des attentats. Côme, le trop malheureux Côme, embrasse Garcias, et la mort dans le cœur, les yeux baignés de larmes : Barbare Garcias, lui dit-il, ô mon fils! car vous l'êtes encore, votre crime est atroce, et mérite une mort infâme; votre juge vous condamne; mais votre père doit vous épargner la honte du supplice, le déshonneur de l'échafaud, et le fer des bourreaux. Il dit, et dans l'instant il perce Garcias du même poignard dont le cruel s'était servi quelques heures avant contre son frère. Côme cacha la cause de cette double mort, et fit enterrer avec pompe ses deux enfants. Leur mère ne survécut que peu de jours à cette tragédie.

> *Magasin hist. — Hist. universelle trad. de l'anglais.*

5. *L'Assemblée des animaux pour choisir un Roi.* (Fable.)

Le lion étant mort, tous les animaux accoururent dans son antre, pour consoler la lionne sa veuve, qui faisait retentir de ses cris les montagnes et les forêts. Après lui avoir fait leurs compliments, ils commencèrent l'élection d'un roi : la couronne du défunt était au milieu de l'assemblée. Le lionceau était trop jeune et trop faible pour obtenir la royauté sur tant de fiers animaux. Laissez-moi croître, disait-il, je saurai bien régner et me faire craindre à mon tour. En attendant, je veux étudier l'histoire des belles actions de mon père, pour égaler un jour sa gloire. Pour moi, dit le léopard, je prétends être couronné ; car je ressemble plus au lion que tous les autres prétendants. Et moi, dit l'ours, je soutiens qu'on m'avait fait une injustice, quand on me préféra le lion ; je suis fort, courageux, carnassier, tout autant que lui ; et j'ai un avantage singulier, qui est de grimper sur les arbres. Je vous laisse à juger, Messieurs, dit l'éléphant, si quelqu'un peut me disputer la gloire d'être le plus grand, le plus fort et le plus brave de tous les animaux. Je suis le plus noble et le plus beau, dit le cheval. Et moi le plus fin, dit le renard. Et moi le plus léger à la course, dit le cerf. Où trouverez-vous, dit le singe, un roi plus agréable et plus ingénieux que moi ? Je divertirai chaque jour mes sujets : je ressemble même à l'homme, qui est le véritable roi de la nature. Le perroquet alors harangua ainsi : puisque tu te vantes de ressembler à l'homme, je puis m'en vanter aussi. Tu ne lui ressembles que par ton laid visage, et par quelques grimaces ridicules : pour moi, je lui ressemble par la voix, qui est la marque de la raison et le plus bel ornement de l'homme. Tais-toi, maudit causeur, lui répondit le singe ; tu parles, mais non pas comme l'homme ; tu dis toujours la même chose, sans entendre ce que tu dis. L'assemblée se moqua de ces deux mauvais copistes de l'homme ; et on donna la couronne à l'éléphant, parce qu'il a la force et la sagesse, sans avoir ni la cruauté des bêtes furieuses, ni la sotte vanité de tant d'autres qui veulent toujours paraître ce qu'elles ne sont pas.

FÉNÉLON.

6. *L'Epouse de Pythus.*

Pythus, prince Lydien, joignait à une sordide avarice envers lui-même, une dureté inhumaine à l'égard de ses sujets, qu'il occupait sans cesse à des travaux pénibles et infructueux, en les obligeant de creuser pour lui des mines d'or et d'argent, qui se trouvaient dans son domaine. Pendant son absence, fondant tous en larmes, ils portèrent leurs plaintes devant la princesse, épouse de Pythus, et implorèrent son secours. Elle employa un moyen fort extraordinaire pour faire sentir à son mari l'injustice et le ridicule de sa conduite. A son retour elle lui fit servir un repas magnifique en apparence, mais qui n'était rien moins que repas; depuis les premiers services jusqu'au dessert tout était d'or ou d'argent, et le prince, au milieu de ces riches mets et de ces viandes en peinture, demeura affamé. Il devina facilement le sens de l'énigme, et comprit que la destination de l'or et de l'argent n'était pas le simple spectacle, mais l'usage, et que négliger, comme il faisait, la culture des terres en occupant tous ses sujets au travail des mines, c'était réduire le pays et se réduire lui-même à la famine.

ROLLIN. *Histoire ancienne.*

7. *Le Parricide confondu.*

Un vieux Romain, dont l'histoire n'a point conservé le nom, ayant découvert que son fils attentait secrètement à ses jours, ne pouvait s'imaginer que son véritable sang pût concevoir ni exécuter un crime si détestable. Il tira sa femme à l'écart pour la conjurer de lui dire ingénument, si ce méchant fils n'était point un enfant qu'on lui eût supposé, ou le fruit d'un amour étranger; mais elle l'assura par beaucoup de serments qu'il était son véritable fils, et qu'il ne devait pas révoquer en doute la vertu de la mère, ni la naissance de l'enfant.

Sur cette croyance il fait venir avec lui ce fils, et l'ayant mené en des lieux déserts éloignés du bruit du peuple, il tire un poignard qu'il avait caché sous sa robe, et lui présente sa gorge pour en recevoir le coup mortel, lui disant : Tu n'as plus besoin de meurtriers, ni de poison, pour achever ton parricide, voilà de quoi remplir ton envie et finir mes jours. Ces paroles donnèrent sur-le-champ un remords si prompt et si sensible à ce coupable fils, qu'il jeta le poignard que son père lui mettait entre les mains, et lui répondit : Les dieux me gardent d'attenter sur vos jours; vivez, vivez, mon père; et si vous avez encore pour moi assez de bonté pour souffrir que je vous fasse une prière : arrachez-moi la vie dont je suis indigne; mais de grâce que j'emporte avec moi la consolation de ne vous pas voir mépriser mon amour, qui, pour être le fruit du repentir, n'en est ni moins tendre ni moins respectueux. L'honnête vieillard se jeta au col de son fils, et versa sur son visage des larmes qui exprimaient sa joie d'avoir retrouvé son enfant. Il essuya de sa propre main celles que le désespoir faisait répandre à ce malheureux jeune homme, qui ne consentit à vivre que pour effacer son crime par tout ce qui pouvait prouver le retour de sa tendresse filiale, et qui se rendit en peu de temps digne du meilleur des pères.

Magasin historique.

8. *La Fidélité Conjugale.*

Guelphe, duc de Bavière, faisant la guerre à l'empereur Conrad III, ce prince l'assiégea dans le château de Weinsberg, où il se défendit jusqu'à la dernière extrémité. Enfin il fut obligé de se rendre à discrétion. L'empereur traita avec beaucoup de civilité celui que Guelphe lui envoya pour capituler et donna sa parole que le duc avec ses troupes pourrait passer au travers de l'armée impériale. Mais la femme du duc prenant ombrage d'une si grande bonté, craignit que, sous les apparences d'une douceur et d'une clémence affectée, l'empereur ne cachât quelque ressentiment contre son mari, à cause de quelques discours outrageux qu'on avait tenus contre le prince. Ce qui fit qu'elle voulut un engagement plus sûr que celui de la parole. Ainsi, par un gentilhomme qu'elle envoya à l'empereur, elle lui fit demander un sauf conduit, tant pour elle que pour les dames et pour les autres femmes qui étaient dans le château, afin qu'elles pussent sortir et passer sans danger, et être conduites en lieu de sûreté avec ce que chacune d'elles pourrait emporter. L'empereur le lui accorda.

Cette sortie se fit en présence de l'empereur et de toute l'armée. Et l'on ne fut pas peu surpris de voir venir la duchesse, les comtesses, les baronnes et les autres dames de qualité, dont les maris avaient offensé l'empereur, chacune, quoiqu'avec beaucoup de peine, portant son mari sur ses épaules. On

croyait dans l'armée que quand la duchesse avait
demandé cette permission, c'était pour emporter
seulement leurs pierreries, leur or et leur argent,
et l'on ne se défiait point de cette ruse. Ce qui fit
que l'empereur, surpris tout d'un coup de ce spectacle, et faisant réflexion sur la tendresse et le courage de ces dames, qui regardaient leurs maris
comme leur vrai trésor, qu'elles estimaient plus que
l'argent, et que ce qu'ils avaient de plus précieux,
fut tellement touché de les voir dans cet état, qu'il
ne put s'empêcher de verser des larmes. Il les loua,
les régala splendidement à dîner, et fit avec le
duc de Guelphe et avec ses autres ennemis un ac-
commodement sincère, malgré les généraux qui, par
leurs conseils, s'y opposaient, se contentant de leur
répondre, qu'il était indigne d'un roi de manquer
à sa parole.

HEISS, Histoire de l'Emp.

9. Le Triomphe de la Vertu.

Un négociant de province, d'une fortune bornée
et d'une probité à toute épreuve, avait fait des pertes
considérables, essuyé des banqueroutes, et était
tombé dans la misère. Il vient à Paris pour y chercher quelques secours; il s'adresse à tous ses anciens
correspondants, leur expose ses malheurs, qu'il n'a-
vait point mérités, et les prie de l'aider à se remettre, assurant ceux à qui il devait, qu'il n'avait
d'autre envie que de les payer, et qu'il mourrait
content s'il y pouvait parvenir. Tous également
touchés de compassion promettent de le secourir.
Un seul inexorable, à qui il devait mille écus, le
fait mettre en prison, très-résolu de l'y faire rester

plutôt que de risquer plus long-temps ce qui lui était dû. Le fils de ce négociant, âgé de vingt-deux ans, instruit de la triste situation de son père, arrive à Paris, va se jeter aux pieds de son impitoyable créancier, et là, fondant en larmes, il le prie par tout ce qu'il y a de plus touchant, de vouloir bien lui rendre son père, lui protestant que s'il veut bien ne point mettre d'obstacle aux ressources qu'ils ont lieu d'espérer pour se rétablir dans leurs affaires, il sera le premier payé; que si tout leur manquait, il le conjurait d'avoir pitié de sa jeunesse, d'être sensible aux malheurs d'une mère âgée, chargée de huit enfants qui sont à la mendicité et qui périssent; enfin, que si rien n'était capable de l'émouvoir, au moins il lui permît d'aller se mettre en prison à la place de son père, qui pourra à force de travail parvenir à le satisfaire entièrement. Il profère ces paroles en lui serrant si tendrement les genoux dans l'attente de ce qu'il voudrait bien lui accorder, que cet homme si dur et si inflexible, frappé tout-à-coup de voir tant de vertu et tant de générosité, se débarrasse du jeune homme, l'embrasse à son tour, et les yeux bientôt baignés de pleurs : Ah! mon fils, lui dit-il, votre père va sortir. Tant d'amour et tant de respect pour lui me font mourir de honte. J'ai résisté trop long-temps; venez, que j'en efface pour jamais le souvenir. J'ai une seule fille, elle est digne de vous; elle en ferait autant pour moi que vous en faites pour votre père; je vous la donne avec tous mes biens; acceptez-la, et courons à votre père lui donner la liberté et lui demander son agrément.

Tablettes morales et hist.

10. *Le Tyran poète.*

Denys le tyran avait quelquefois la manie de faire des vers et même celle de les croire excellents ; mais peu content de son propre suffrage, il poussa la tyrannie jusqu'à extorquer des applaudissements de tous ceux auxquels il lisait ses poèmes. Un essaim d'insipides flatteurs et de poètes faméliques se faisaient un devoir de le confirmer dans la haute idée qu'il avait de ses productions. Philoxène, poète d'une grande réputation, et qui excellait surtout dans le genre dithyrambique, fut le seul qui ne se laissa point entraîner à ce torrent de louanges et de flatteries.

Denys l'ayant régalé un jour d'une pièce de vers de sa façon, et l'ayant pressé de lui en dire son sentiment, Philoxène lui parla avec une entière franchise, et lui en fit remarquer tous les défauts. Le tyran, qui n'était pas accoutumé à ce langage, en fut très-blessé, et attribuant une telle audace à la jalousie, ordonna qu'on le conduisît aux carrières : cette peine répondait à celle de nos galères. Toute la cour affligée et alarmée s'intéressa pour le généreux prisonnier, et obtint sa délivrance. Il fut élargi le lendemain, et rentra dans les bonnes grâces du prince.

Dans le repas que Denys donna ce jour-là aux mêmes convives, qui fut comme le sceau de la réconciliation, et dans lequel la joie et la gaieté régnèrent plus que jamais, après qu'on eut fait bonne chère et longuement, le prince ne manqua pas de faire entrer parmi les propos de table ses vers, qui en faisaient le sujet le plus ordinaire. Il choisit surtout certains morceaux, qu'il avait travaillés avec grand soin, qu'il regardait comme ses chefs-d'œuvre, et qu'il ne pouvait lire sans une sensible complaisance et sans une vraie satisfaction de lui-même; mais pour mettre le comble à sa joie, il avait besoin du suffrage et de l'approbation de Philoxène, dont il faisait d'autant plus de cas, que celui-ci n'avait pas coutume de les prodiguer comme les autres. Ce qui s'était passé la veille était une bonne leçon pour ce poète. Denys lui demanda donc ce qu'il pensait des vers qu'il venait de lire. Philoxène ne se déconcerta point, et sans lui répondre un mot, se tournant vers ses gardes, qui étaient autour de la table, il dit d'un ton sérieux mêlé de gaieté: qu'on me remène aux carrières. Le prince ne put s'empêcher de rire de ce qui dans une autre occasion l'aurait offensé vivement, et ne lui en sut point du tout mauvais gré.

ROLLIN. Histoire ancienne.

11. *Le Soldat magnanime.*

Lorsque le grand Condé commandait en Flandre l'armée espagnole, et faisait le siége d'une place française, un soldat, ayant été maltraité par un officier général, et ayant reçu plusieurs coups de canne pour quelques paroles peu respectueuses qui lui étaient échappées, répondit avec un grand sang froid, qu'il saurait bien l'en faire repentir.

Quinze jours après ce même officier général chargea le colonel de tranchée de lui trouver dans son régiment un homme ferme et intrépide pour un coup de main dont il avait besoin avec cent pistoles de récompense.

Le soldat en question, qui passait pour le plus brave du régiment, se présenta ; et ayant mené avec lui trente de ses camarades, dont on lui avait laissé le choix, il s'acquitta de sa commission, qui était des plus hasardeuses, avec un courage et un bonheur incroyables. Il s'agissait de s'assurer, avant que de faire le logement, si les ennemis creusaient des mines sous le glacis.

Le soldat s'étant jeté à l'entrée de la nuit dans le chemin couvert, rapporta le chapeau et l'outil d'un mineur qu'il avait tué. A son retour l'officier général, après l'avoir beaucoup loué, lui fit compter les cent pistoles qu'il lui avait promises. Le soldat sur-le-champ les distribua à ses camarades, disant qu'il ne servait point pour de l'argent, et demanda seulement que, si l'action qu'il venait de faire paraissait mériter quelque récompense, on le fît officier. Au reste, ajouta-t-il, en s'adressant à l'officier général, qui ne le connaissait point, je suis ce soldat que vous maltraitâtes si fort, il y a quinze jours ; je vous avais bien dit que je vous en ferais repentir.

L'officier général, plein d'admiration, et attendri jusqu'aux larmes, l'embrassa, lui fit excuse, et le nomma officier le même jour.

ROLLIN. Traité des études.

12. Les Abeilles. (Fable.)

Un jeune prince, au retour des zéphirs, lorsque toute la nature se ranime, se promenait dans un jardin délicieux. Il entendit un grand bruit, et aperçut une ruche d'abeilles. Il s'approche de ce spectacle, qui était nouveau pour lui ; il voit avec étonnement, l'ordre, le soin et le travail de cette petite république. Les cellules commençaient à se former et à prendre une figure régulière. Une partie des abeilles les remplissaient de leur doux nectar; les autres apportaient des fleurs qu'elles avaient choisies entre toutes les richesses du printemps. L'oisiveté et la paresse étaient bannies de ce petit état; tout y était en mouvement, mais sans confusion et sans trouble. Les plus considérables d'entre les abeilles conduisaient les autres, qui obéissaient sans murmure et sans jalousie contre celles qui étaient au-dessus d'elles. Pendant que le jeune prince admirait cet objet qu'il ne connaissait pas encore, une abeille, que toutes les autres reconnaissaient pour leur reine, s'approcha de lui, et lui dit: La vue de nos ouvrages et de notre conduite vous réjouit, mais elle doit encore plus vous instruire. Nous ne souffrons point chez nous le désordre, ni la licence: on n'est considérable chez nous que par le travail, et par les talents qui peuvent être utiles à notre république. Le mérite est la seule voie qui élève aux premières places. Nous ne nous occupons nuit et jour qu'à des choses dont les hommes retirent toute l'utilité. Puissiez-vous être un jour comme nous, et mettre dans le genre humain l'ordre que vous admirez chez nous? Vous travaillerez par-là à son bonheur et au vôtre; vous remplirez la tâche que le destin vous a imposée: car vous ne serez au-dessus des autres que pour les protéger, que pour écarter les maux qui les menacent, que pour leur procurer tous les biens qu'ils ont droit d'attendre d'un gouvernement vigilant et paternel.

FÉNÉLON.

13. *La Perte réparée.*

Dans une escarmouche, qui précéda la célèbre bataille de Hersan, que l'armée impériale aux ordres du duc de Lorraine gagna contre les Turcs, le cornette de la compagnie colonelle du régiment de Commerci se laissa prendre son étendard. Le prince de Commerci demanda à l'instant au duc de Lorraine la permission d'en aller chercher un autre chez les Infidèles. L'ayant arrachée par ses instances, il part avec une ardeur extrême, aperçoit un Turc qui porte un étendard au bout d'une zagaye, court à lui le pistolet à la main, tire de fort près, manque son coup, et jette son pistolet à terre pour mettre l'épée à la main. Le Musulman profita de ce moment pour lui enfoncer dans le flanc sa zagaye. Le prince la saisit froidement de la main gauche, et de sa droite asséna un si terrible coup d'épée sur la tête de son adversaire, qu'il la fendit en deux. Après ce trait heureux et hardi, le jeune prince arrache lui-même de son corps la zagaye, porte le fruit de la victoire, tout teint de son sang, à son général, fait appeler son cornette, et lui dit sans s'émouvoir : « Voilà, Monsieur, un étendard que je vous confie ; il me coûte un peu cher, et vous me ferez plaisir de le mieux conserver que celui que vous vous êtes laissé enlever.

Cette réprimande singulière fut presque autant admirée que l'action même. Le bruit de l'une et de l'autre fut porté à Vienne. L'empereur, pour leur donner le plus d'éclat qu'il était possible, se fit envoyer d'une manière distinguée cet étendard, qu'il fit placer avec des cérémonies extraordinaires dans le temple principal de sa capitale. L'impératrice en broda de sa propre main un autre, qu'elle envoya au prince de Commerci, pour remplacer celui que sa compagnie colonelle avait perdu.

Vie du prince Eugène.

14. *Camma.*

Il y eut jadis au pays de Galatie deux puissants seigneurs, et qui même étaient parents ; l'un s'appelait Sinorix et l'autre Sinatus ; le second avait épousé une fille de haute naissance, nommée Camma, que sa beauté, sa vertu et d'excellentes qualités avaient rendue l'objet de l'admiration de tous ceux qui dépendaient d'elle. Ce qui ajoutait encore au respect qu'on lui portait, c'est qu'elle était prêtresse de Diane, dont le culte était en grande recommandation dans la contrée. Sa majesté et sa bonne grâce dans les cérémonies publiques attiraient les regards de tout le monde. Sinorix en devint amoureux, et ne pouvant se flatter d'en rien obtenir de gré, ni de force, tant que vivrait Sinatus, il lui dressa des embûches et l'assassina. Quelque temps après il demanda Camma en mariage ; mais elle s'était réfugiée dans le temple, et au lieu de s'y abandonner aux larmes, et de chercher à se faire plaindre, elle renfermait son chagrin dans son cœur, et se repaissait d'un violent désir de vengeance, auquel il ne manquait que l'occasion d'éclater.

Cependant Sinorix était assidu à la solliciter, et lui remontrait avec quelque apparence de vérité, que la réputation de Sinatus n'avait jamais égalé la sienne, et que son attentat était plutôt un effet de sa passion que de son mauvais naturel. La jeune veuve le refusa d'abord, sans lui montrer de dédain, et de jour en jour elle semblait s'adoucir en sa faveur; d'un autre côté, tous ses parents et ses amis la pressaient en faveur de Sinorix, qui était un homme de grande autorité. Enfin elle consentit à l'épouser, et lui fit dire de venir au temple, promettant de lui donner sa foi en présence de la déesse. Quand il fut arrivé, elle le reçut gracieusement et l'amena devant l'autel de Diane, où après avoir répandu en forme de libation une partie du breuvage, dont la coupe nuptiale était remplie, elle but la moitié de ce qui était demeuré et lui donna le reste à boire. C'était du vin empoisonné. Lorsque Sinorix eut bu, on entendit soupirer la prêtresse, et s'inclinant devant la déesse : Je te prends à témoin, dit-elle, que je n'ai survécu à mon époux que dans l'attente de cette journée. Je n'ai eu d'autre plaisir depuis sa mort, que celui que m'a donné l'espérance de le venger ; j'ai réussi, et je vais le rejoindre avec joie. Pour toi, scélérat, avertis tes amis de tout disposer pour ta pompe funèbre, et de ne plus songer au lit nuptial qu'ils voulaient te préparer. Sinorix sentant déjà l'effet du poison, sortit du temple pour chercher du secours, mais ce fut en vain ; et Camma, avant d'expirer, eut la consolation d'apprendre sa mort.

Magasin historique.

15. *Les deux frères.*

Fils du même père, mais d'une mère différente, César et Éverard avaient eu en partage des caractères tout-à-fait opposés. Autant le premier était doux, aimable, sage, appliqué ; autant le second était dur, intraitable, capricieux et dissipé. Sa mère elle-même contribuait encore à lui donner ces défauts. Éprise pour ce fils d'un amour aveugle, elle entretenait tous ses vices. Les préférences et les caresses lui étaient prodiguées. Il n'avait qu'à désirer pour tout obtenir sur-le-champ. Tous ses caprices, dès qu'il avait donné le moindre signe, étaient satisfaits. Au contraire, elle tenait, envers César, la conduite de la marâtre la plus injuste et la plus cruelle. Toutes les réprimandes et les mauvais traitements lui étaient réservés. On ne lui donnait aucune satisfaction. Dans les dissentions que l'humeur altière et dure d'Everard rendait fréquentes entre les deux frères, le tort était toujours du côté de César. L'aimable jeune homme souffrait cependant tout avec patience. Plus son frère était grossier et malhonnête, plus il s'attachait à l'emporter sur lui par la douceur. Et il se consolait des injustes traitements de sa belle-mère, par la justice que lui rendait son père, qui considérait sa conduite d'un œil plus raisonnable. Celui-ci étant venu à mourir, à peine fut-il au tombeau, que la belle-mère voulut que les deux frères se séparassent. On fit le partage de leurs biens, et Everard ayant pris ce qui lui appartenait, s'en alla de son côté avec sa mère. Il avait pour sa part environ vingt mille livres de rente. Mais qu'est-ce qu'un revenu pareil pour un dissipateur et un insensé ? Au bout d'un petit nombre d'années, rentes et capitaux, tout fut consommé, en jeux, en fêtes, en profusions, en dissipations de toute espèce. Il fut enfin réduit à n'avoir absolument rien. Son indigence cependant ne l'épouvantait pas ; une riche succession qu'il attendait d'un vieux oncle, lui donnait le même courage à dépenser. La mort de l'oncle arriva en effet au moment où , ayant tout perdu , et étant criblé de dettes , il se trouvait réduit à la plus grande détresse. On n'avait point encore rendu au défunt les derniers devoirs, que sa mère et lui commencèrent à tourmenter le frère pour avoir ce qu'ils croyaient devoir leur revenir. César, qui n'ignorait pas de quelle manière Everard était traité dans le testament, et qui gardait cependant le silence, mais qui en même temps se sentait ému d'un sentiment de générosité , leur dit : Vous aurez encore plus qu'il ne vous appartient ; mais il faut , avant tout, remplir ce que nous devons à notre oncle.

Je sais comment et quand je dois m'acquitter de mon devoir, répond l'arrogant Everard ; et je n'ai pas besoin qu'on prenne avec moi le ton de précepteur. Je veux maintenant ce qui est à moi, et je n'entends éprouver aucun délai : qu'on apporte le testament et que je sache ce qui me revient. César lui réplique avec beaucoup de douceur en ces termes : Il n'est pas encore temps de nous occuper de ces affaires. Si, en attendant, vous avez besoin de quelque chose, je vous donnerai tout ce qui vous fera plaisir ; mais restons - en là pour aujourd'hui. — Qu'est-ce que c'est qu'*en attendant?* Qu'est-ce que c'est que *je vous donnerai ?* dit Everard avec emportement. Pourquoi faut-il que je vous aie obligation de ce qui est à moi? Et qui vous rend si hardi de retenir à votre gré ce qui appartient à un autre ? — Je ne retiendrai rien de ce qui est à vous. — Hé bien, voyons donc ce testamment. — Cela n'est pas nécessaire aujourd'hui. Nous prendrons notre temps pour cela. Combien vous faut-il cependant? Everard encore plus furieux et excité par sa mère, se met à charger son frère de toutes sortes d'injures : il lui prodigue les épithètes de vilain, d'orgueilleux, de méchant, de fourbe ; il l'accuse de n'exiger de délai, qu'afin de se moquer de lui et de lui dérober la connaissance du testament. Alors César, tu le veux donc à toute force, lui dit-il, avec le ton du plus juste ressentiment ? Hé bien, ingrat, regarde ta confusion. Le testament est ouvert. Everard le parcourt avec inquiétude, et, en lisant, il y trouve ces terribles paroles : « Everard, mon neveu, s'étant, par sa mauvaise conduite, rendu tout-à-fait indigne de mes bienfaits, j'institue César, son frère, légataire unique et universel de tous mes biens. » A ce trait sa mère et lui restèrent absolument confondus. Ils étaient près de se livrer aux transports du plus affreux désespoir, lorsque César, en donnant un exemple de générosité peu commun, leur en ôta le moyen, et les rassura par ces mots : Je vous ai déjà dit, il n'y a qu'un instant, que vous auriez encore plus qu'il ne vous appartient ; et loin de m'en repentir, je le confirme en ce moment. Je vous admettrai, de bien bon cœur, en partage de tout avec moi, mais j'exige quelque chose en échange ; c'est que vous soyez vraiment mon frère, et que vous, madame, vous daigniez être ma mère. Eh de grâce ! que toute espèce de dissention soit terminée entre nous ; vivons une fois ensemble dans la plus douce union. Vous voyez quel est le fruit qu'ont produit nos longues discordes ; il en a résulté, pour vous, la ruine entière de votre fortune, et, pour moi, le chagrin de me voir toujours séparé de vous. L'âme altière d'Everard et celle de sa mère, abattues du premier coup, se sentirent, par le second, humiliées et pénétrées en même temps. Tous les deux se jetèrent à son cou, acceptèrent, avec tous les témoignages de la tendresse et de la reconnaissance, un traitement si généreux. César lui-même eut encore plus de joie qu'eux, de voir renaître dans sa famille cette concorde après laquelle il soupirait depuis si long-temps. Mais combien d'Everards voiton parmi les frères ! Et qu'il est difficile de trouver un César !

Extrait des Contes moraux de Soave.

16. *Le pêcheur Thomas Anielle.*

Parmi les événements mémorables qu'offre le dernier siècle, un exemple surtout montre bien qu'un peuple maltraité est un corps malade que le plus léger incident entraîne à sa perte. Du temps que les Espagnols étaient en possession du royaume de Naples, cette nation avare, et dont le gouvernement était trop dur, avait accablé la ville de Naples d'impôts exorbitants, de tributs, et de droits d'entrée. On venait même tout récemment de mettre sur les fruits un impôt léger, mais insupportable au peuple, qui, dans cette contrée fertile, en fait sa principale nourriture. Le peuple murmurait : ce n'est pas assez, disait-on, que l'indigence nous prive des mets recherchés, il faut encore qu'on nous refuse la nourriture la plus nécessaire. Nos souverains ambitieux trafiquent sur le peu qui nous reste. L'avarice espagnole empoisonne jusqu'au suc des arbres. Le territoire de Naples, jadis si renommé par sa fécondité, ne rapporte plus que des impôts, de la misère. Les seuls aliments qui restent à des malheureux, on les leur ôte de la bouche, s'ils ne consentent à racheter leur faim de l'avarice des traitants.

Nous ne traînons plus qu'une vie précaire et s[
aux impôts ; il n'est pas une goutte de sang da[
veines qui en soit exempte. Tels étaient le[
cours qui circulaient parmi le peuple. Dans[
disposition des esprits, une étincelle, comme[
rive souvent, vint allumer un grand incendi[
paysan porte des figues au marché ; il refuse[
pôt qu'exigeaient les commis, il s'élève un[
relle, les figues sont renversées. Aux cris [
homme qui implore la foi publique, on ac[
chacun se jette sur les figues, on accable les c[
de malédictions ; et tout en pillant le malhe[
paysan, on prend parti pour lui. Tout-à-coup[
sur la scène un pêcheur de la basse classe n[
Thomas Anielle ; homme dans la vigueur de[
fier de sa force, et fameux par la réputati[
bravoure qu'il s'était faite aux yeux de la pop[
Escorté de quelques hommes de son espèce,[
comme le permettait la circonstance, il tom[
les commis, assomme les uns, maltraite les au[
les met en fuite. Alors parcourant la ville en[
queur, il exhorte le peuple à secouer le joug[
odieuse servitude. Partout la sédition trouv[
partisans ; partout les cris, le tumulte, le bru[
armes se fait entendre. On ferme les boutique[
esprits ne sont occupés que de la liberté pub[
On voit courir dans les rues des gens de tou[
de toute condition. Tous les regards se tourn[
Anielle ; Anielle est regardé comme le libéra[
la patrie, il est comblé d'éloges, c'est sous s[
duite qu'on veut recouvrer la liberté. Élevé [
ment d'une si basse condition au grade de g[
d'armée, distingué dans la foule comme un n[
trat dont la voix et les forces peuvent tout, i[

une multitude indisciplinée qui semble
[a]voir signe de sa tête. Le respect même
[de l'autorité] royale ne put calmer les esprits. Le
[roi] étant sorti de son palais pour apaiser cette
[émeute], fut aussitôt repoussé et réduit à s'enfuir.
[Dès-lors] Anielle, dont la victoire était trop grande
pour que son esprit bas et étroit pût se tenir dans
[de justes] bornes, se laisse aller à une joie insolente,
[goûte] un plaisir avec excès, et célèbre son triom-
[phe] par d'amples rasades. Bientôt enivré par son
[succès] autant que par les fumées du vin, il ne se
[posséde] plus, il se livre à tous les transports de la
[fureur], et n'épargne pas même ses partisans. Mais
[tous ceux] que l'audace d'Anielle avait armés contre
[les] magistrats, sont bientôt par ses excès tournés
[contre] lui-même. Tout-à-coup il s'opère un changement dans les esprits, on est indigné de la licence
[qu'on] a laissé prendre à une âme vile, on se jette
[sur lui], on le massacre. Anielle périt ainsi victime
de l'incendie que lui-même avait allumé, triste exemple des caprices de l'inconstante fortune.

Traduit de LE BEAU.

17. *Tableau d'une honnête famille.*

Quel enchantement pour moi, lorsque je me
trouvai au sein d'une famille où tout respirait l'honnêteté, la candeur, l'innocence et la paix ! là, je
[me] réunis des mœurs simples et des manières pré-
[venantes], la politesse et la franchise, la décence et
les agréments, le travail et les doux plaisirs, la sa-
[gesse] et la liberté. Madame de V*** me reçut avec
[cet] air ouvert et engageant, qui tient un juste milieu
[entre] la politesse froide et réservée, dont on use
[envers] de nouvelles connaissances, et cet accueil

trop aisé, qui ne sied bien qu'avec d'anciens amis. Elle n'était plus dans cet âge où l'on plaît par la figure et par les attraits ; mais elle sera long-temps encore dans celui où l'on intéresse par les grâces et les sentiments. Une physionomie heureuse, qui porte l'empreinte de la vertu, un caractère de douceur répandu sur tous ses traits ; quelque chose de vif et d'animé qui le fait sortir davantage ; ce ton de noblesse et de grandeur, qui, dans sa simplicité même, annonce l'élévation de l'âme, plus encore que celle du rang ou de la naissance ; des qualités solides, ornées de ces agréments dont le charme est bien plus vrai que celui de la beauté, et subsiste quand elle s'efface ; des connaissances sans un air d'érudition ; de l'expression sans jargon, sans emphase, telle qu'est l'expression de la nature ; de l'esprit sans paraître le savoir, et moins encore d'esprit que de raison : voilà ce que je remarquais dans madame de V***. Son caractère était d'ailleurs parfaitement assorti à celui de son mari ; il tempérait ce que le caractère de celui-ci aurait eu de trop ardent peut-être sans cet heureux mélange. L'un avait en sa faveur l'ascendant du sexe, de l'âge et de l'expérience ; l'autre avait pour elle cette force secrète, mais victorieuse de la douceur et de la persuasion. On voyait bien qui était le chef, mais on ne pouvait pas dire qui des deux était le maître. Rien ne ressentait la domination et l'empire. L'union des volontés bannissait la contrainte, et la raison toute seule tenait lieu de l'autorité.

Ses filles m'enchantèrent presque autant que leur mère. La décence et la simplicité de leur parure ; la modestie de leur maintien ; l'ingénuité qui régnait dans leurs discours, et qui assaisonnait la raison ;

leur accord, leur union entre elles ; leur activité, leur empressement à voler au moindre signe, à prévenir les volontés de ceux qui paraissaient en quelque sorte n'avoir d'autre volonté que la leur ; leur application constante à des soins ou à des travaux faits pour leur âge et pour leur sexe, et qui annonçaient déjà, pour l'avenir, des mères de famille dignes de remplacer la leur, si malheureusement elles venaient à la perdre. Quelques talents agréables destinés à remplir le vide des occupations sérieuses par un délassement honnête, et propres à faire l'amusement de ceux qui les environnaient, en attendant qu'ils devinssent celui d'un mari, à qui seules elles voulaient un jour penser à plaire : tous ces objets excitaient mon admiration et ma surprise.

Le comte de VALMONT.

18. *Jeannot et Colin.*

Toutes les grandeurs de ce monde ne valent pas un bon ami.

Jeannot et Colin apprenaient à lire chez le magister du même village ; Jeannot était fils d'un marchand de mulets, et Colin devait le jour à un brave laboureur. Ces deux jeunes enfants s'aimaient beaucoup, et ils avaient ensemble les petites familiarités dont on se ressouvient toujours avec agrément, quand on se rencontre ensuite dans le monde.

Le temps de leurs études était sur le point de finir, quand un tailleur apporta à Jeannot un habit de velours à trois couleurs, avec une veste de Lyon de fort bon goût ; le tout était accompagné d'une lettre à monsieur de la Jeannotière. Colin admira l'habit, et ne fut point jaloux ; mais Jeannot prit un air de supériorité qui affligea Colin. Dès ce moment, Jeannot n'étudia plus, se regarda au miroir, et méprisa tout le monde. Quelque temps après, un valet-de-chambre arrive en poste, et apporte une seconde lettre à monsieur le marquis de la Jeannotière; c'était un ordre de monsieur son père, de faire venir monsieur son fils à Paris. Jeannot monta en chaise en tendant la main à Colin, avec un sourire de protection assez noble. Colin sentit son néant, et pleura; Jeannot partit dans toute la pompe de sa gloire.

Il faut savoir que monsieur Jeannot père, à force d'intrigues, avait acquis assez rapidement des biens immenses dans les entreprises; bientôt on ne l'appela que monsieur de la Jeannotière; il y avait même déjà six mois qu'il avait acheté un marquisat, lorsqu'il retira de l'école monsieur le marquis son fils, pour le mettre à Paris dans le beau monde.

Colin, toujours tendre, écrivit une lettre de compliment à son ancien camarade : le petit marquis ne lui fit point de réponse; Colin en fut malade de douleur.

Monsieur de la Jeannotière voulait donner une éducation brillante à son fils; mais madame la marquise ne voulut pas qu'il apprît le latin, parce qu'on ne jouait la comédie et l'opéra qu'en français : elle empêcha aussi qu'on ne lui apprît la géographie, parce que, disait-elle, les postillons sauront bien trouver, sans qu'il s'en embarrasse, le chemin de ses terres. Après avoir examiné de cette manière toutes les sciences utiles, il fut décidé que le jeune marquis apprendrait à danser.

On imagine bien qu'éloigné de toutes les études qui doivent occuper un jeune homme, il fut bientôt conduit par l'oisiveté dans le libertinage. Il dépensa des sommes immenses à rechercher de faux plaisirs, pendant que ses parents s'épuisaient encore davantage à vivre en grands seigneurs.

Une jeune veuve de qualité, qui n'avait qu'une fortune médiocre, voulut bien se résoudre à mettre en sûreté les grands biens de monsieur et de madame de la Jeannotière, en se les appropriant, et en épousant le jeune marquis. Une vieille voisine proposa le mariage. Les parents, éblouis de la splendeur de cette alliance, acceptèrent avec joie la proposition. Tout était déjà prêt pour les noces, et le jeune marquis, aux genoux de sa belle, recevait déjà les compliments de leurs amis communs, lorsqu'un valet-de-chambre de sa mère arriva tout effaré. Voici bien d'autres nouvelles, dit-il, des huissiers déménagent la maison de monsieur et de madame ; tout est saisi par des créanciers : on parle de prise-de-corps, et je vais faire mes diligences pour être payé de mes gages. Voyons un peu, disait le marquis, ce que c'est que ça. Oui, dit la veuve, allez punir ces coquins ; allez vite. Il y courut ; il arrive à la maison ; son père était déjà emprisonné, tous les domestiques avaient fui chacun de leur côté, en emportant tout ce qu'ils avaient pu : sa mère était seule, sans secours, sans consolation, noyée dans les larmes ; il ne lui restait rien que le souvenir de sa fortune et de ses folles dépenses.

Après que le fils eut long-temps pleuré avec sa mère, il lui dit enfin : Ne nous désespérons pas : cette jeune veuve m'aime éperdument : elle est plus généreuse que riche ; je réponds d'elle, je vais la chercher, et je vous l'amène. Il retourne donc chez sa maîtresse. Quoi ! c'est vous, lui dit-elle, monsieur de la Jeannotière ! que venez-vous faire ici ? abandonne-t-on ainsi sa mère ? Allez chez cette pauvre femme, et dites-lui que je lui veux toujours du bien : j'ai besoin d'une femme de chambre, je lui donnerai la préférence.

Le marquis, stupéfait, la rage dans le cœur, alla chez ceux qu'il avait vus venir le plus familièrement dans la maison de son père ; ils le reçurent tous avec une politesse étudiée, et en ne lui donnant que de vagues espérances. Il apprit mieux à connaître le monde dans une demi-journée, que dans tout le reste de sa vie.

Comme il était plongé dans l'accablement du désespoir, il vit avancer une chaise roulante à l'antique, espèce de tombereau couvert avec des rideaux de cuir, suivi de quatre charrettes énormes, toutes chargées. Il y avait dans la chaise un jeune homme grossièrement vêtu ; c'était un visage rond et frais, qui respirait la douceur et la gaîté : sa petite femme, brune et assez grossièrement agréable, était cahotée à côté de lui. La voiture n'allait pas comme le char d'un petit-maître. Le voyageur eut tout le temps de contempler le marquis immobile, abîmé dans sa douleur. Eh, mon Dieu ! s'écria-t-il, je crois que c'est-là Jeannot. A ce nom, le marquis lève les yeux ; la voiture s'arrête. C'est Jeannot lui-même ; c'est Jeannot. Le petit homme rebondi ne fait qu'un saut, et court embrasser son ancien camarade. Jeannot reconnut Colin : la honte et les pleurs couvrirent son visage. Tu m'as abandonné, lui dit Colin ; mais tu as beau être grand seigneur, je t'aimerai toujours. Jeannot, confus et attendri, lui conta en sanglotant une partie de son histoire. Viens dans l'hôtellerie où

je loge me conter le reste, lui dit Colin : embrasse
ma petite femme, et allons dîner ensemble.

Ils vont tous trois à pied, suivis du bagage......
Qu'est-ce donc que tout cet attirail ?.... vous appar-
tient-il ? — Oui, tout est à moi et à ma femme ; nous
arrivons du pays, je suis à la tête d'une bonne ma-
nufacture de fer étamé et de cuivre ; j'ai épousé la
fille d'un riche négociant en ustensiles nécessaires
aux grands et aux petits : nous travaillons beaucoup,
Dieu nous bénit, nous n'avons point changé d'état,
nous sommes heureux, nous aiderons notre ami
Jeannot. Ne sois plus marquis : toutes les grandeurs
de ce monde ne valent pas un bon ami. Tu revien-
dras avec moi au pays ; je t'apprendrai le métier ; il
n'est pas bien difficile ; je te mettrai de part, et nous
vivrons gaiement dans le coin de la terre où nous
sommes nés.

Jeannot, éperdu, se sentait partagé entre la douleur et la joie, la tendresse et la honte, et il se disait
tout bas : Tous mes amis du bel air m'ont trahi, et
Colin, que j'ai méprisé, vient seul à mon secours :
quelle instruction ! La bonté d'âme de Colin déve-
loppa dans le cœur de Jeannot le germe d'un bon
naturel, que le monde n'avait pas encore étouffé :
il sentit qu'il ne pouvait abandonner son père et
sa mère. Nous aurons soin de ta mère, dit Colin ; et
quant à ton bonhomme de père qui est en prison,
j'entends un peu les affaires, et je me charge des
siennes. Il vint effectivement à bout de le tirer des
mains de ses créanciers. Jeannot retourna dans sa
patrie avec ses parents, qui reprirent leur première
profession : il épousa une sœur de Colin, laquelle
étant de même humeur que le frère, le rendit très-
heureux : et Jeannot le père, et Jeannotte la mère,

et Jeannot le fils, virent que le bonheur n'est pas dans la vanité.　　　　　　　　　VOLTAIRE.

19. *Guillaume Tell.*

Avant que la Suisse eût acquis, les armes à la main, la liberté dans laquelle depuis elle s'est constamment maintenue, il y avait à Altorf un gouverneur nommé Grisler, qui, abusant du pouvoir qu'on lui avait confié, y exerçait la plus cruelle tyrannie. L'intérêt et le caprice étaient les seuls motifs qui présidaient à ses jugements. La justice et la raison en étaient absolument bannies. Les sentences se vendaient ; on punissait les innocents de peines arbitraires ; les ministres du tyran commettaient impunément toutes sortes d'excès ; tout n'était qu'horreur et confusion. Mais à la cruauté il joignait aussi l'extravagance. Ayant fait planter au milieu de la place publique une perche, au haut de laquelle on avait mis un chapeau, il avait ordonné, sous peine de mort, que tous ceux qui passeraient devant ce singulier monument, eussent à s'incliner et à le saluer comme si c'eût été sa propre personne. Il y avait dans les environs un homme grossier, mais de mœurs simples et franches. On le nommait Guillaume Tell. Étant venu pour ses affaires à Altorf, il arrive sur la place et considère la perche. Le chapeau qu'il voit à son extrémité partage un instant son esprit entre l'envie de rire et l'étonnement ; mais ne sachant ce que c'était, et ne se souciant pas beaucoup de s'en informer, il passe son chemin sans y faire plus d'attention et en riant. L'irrévérence commise envers la perche, et l'infraction faite à la sévère ordonnance furent bientôt portées aux oreilles du gouverneur, qui, transporté de colère, ordonna que le coupable fût arrêté sur-le-champ. Conduit en sa présence, il le reçut avec cet air farouche d'un barbare, qui, par bassesse d'âme, souverainement jaloux de son autorité, s'abandonne à la plus horrible fureur lorsqu'il croit que quelqu'un en fait un objet de dérision. Il jette sur lui un regard féroce, ses yeux troublés lancent des feux, son visage est enflammé. « C'est donc ainsi, coquin, lui « dit-il, qu'on respecte mes volontés? Tu as l'audace « de te moquer de moi! de braver effrontément ma « puissance! Mais tu en sentiras tout le poids, scélé- « rat; tu serviras d'exemple aux autres, et tu leur « prouveras qu'on n'outrage pas impunément ma di- « gnité. » Etonné d'une semblable invective, mais sans se laisser abattre, tel qu'un homme à qui sa conscience ne reproche aucune faute, Guillaume Tell demande avec ingénuité quel est le crime dont on l'accuse. Dès qu'il en eut appris le motif, il lui parut si étrange qu'il ne put s'empêcher de sourire. Il répondit d'abord qu'il n'avait aucune connaissance de l'édit; ensuite il ajouta, avec une liberté rusti- que, que jamais il n'aurait imaginé qu'il fallût donner le bonjour à une perche, et que passer devant elle sans lui ôter son chapeau, pût devenir un jour un crime de lèse-majesté. Le ton railleur de cette réponse mit dans la dernière fureur le juge mé- prisé, et la justesse de ce raisonnement l'humiliant d'autant plus, lui fit perdre entièrement le sens et la raison. Il commanda que Tell fût jeté dans le cachot le plus noir, et que, chargé de chaînes, il y attendît les effets de sa vengeance.

Inquiet et frémissant, il roulait mille projets de

supplices inouïs, pour assouvir d'une façon plus effrayante et plus exemplaire la rage qui le dévorait. Tandis qu'il flottait dans cette incertitude, quelqu'un de sa suite, qui, touché de compassion, cherchait à calmer son esprit, et osait s'employer à obtenir le pardon du misérable Tell, en considération de sa grossièreté naturelle, lui suggéra, sans le vouloir, une manière de se venger toute nouvelle et plus horrible. Parmi les rapports qu'il lui faisait sur le compte du prisonnier, il vint particulièrement à exalter l'adresse singulière avec laquelle il tirait de l'arc, et l'extrême justesse qu'il mettait à frapper toujours à son but ; et il ajouta que ce serait vraiment dommage qu'un si brave homme perdît malheureusement la vie. Hé bien, répondit le juge impitoyable, nous en verrons la preuve. Je lui fais grâce s'il peut tirer juste ; mais rien ne l'arrachera à la mort s'il manque son coup. Guillaume Tell avait un fils unique âgé d'environ dix ans, pour lequel il ressentait la plus tendre affection. Le tyran imagina que le meilleur moyen d'assouvir sa fureur était d'exposer le malheureux père au danger de percer ce fils de sa propre main. En conséquence, il fit amener sur-le-champ le jeune enfant, ordonna de le conduire dans la place publique, de mettre sur sa tête une pomme, et que son père, s'il voulait lui sauver la vie, abattît d'un seul coup de flèche, à une distance fixée, ce fruit de dessus le front de son fils. Le père infortuné se sentit glacé d'horreur à cette barbare condition ; il dit qu'il était prêt à subir mille et mille supplices plutôt que de courir les hasards d'une aussi cruelle épreuve. En vain plusieurs personnes, révoltées d'un traité si injuste, firent-elles tous leurs efforts pour engager le juge à placer ailleurs le but ; l'inhumain trouvait trop de charmes dans sa cruelle invention. Il pressa lui-même le patient d'accepter, sans plus délibérer, cette convention, ou de marcher sur-le champ au supplice. Dans cette terrible extrémité, mille pensées s'offrirent en un moment à l'esprit du malheureux Tell. D'un côté il frémissait à l'aspect de cet affreux danger; il lui semblait voir son fils, innocent, immolé de sa main, nager dans son sang et rendre, en palpitant, le dernier souffle de la vie; de l'autre, l'image également déchirante des calamités auxquelles il le laissait exposé en mourant, le jetait dans l'abattement et l'horreur. Au milieu de ce funeste combat, de cette confusion d'idées, une voix imprévue retentit dans son cœur, et fixa son incertitude. Ton fils est perdu, disait-elle, si tu refuses l'épreuve : il ne peut survivre à ta mort; après toi il périra bientôt de douleur ou de misère; si tu acceptes, tu peux le sauver. Le Ciel est juste; il n'abandonnera pas son innocence et la tienne. Il s'arrête à cette idée, et se tournant avec assurance du côté du gouverneur : Allons, lui dit-il, cruel, tu seras satisfait. J'accepte l'horrible épreuve. Qu'on m'apporte un arc et des flèches. Le juge, accompagné de ses satellites, descend dans la place. On y traîne le malheureux enfant, on l'attache à la funeste perche et l'on pose sur sa tête la pomme fatale. Le plus misérable des pères est conduit à un des angles de la place. L'agitation terrible dont il est tourmenté se peint sur tous ses traits. Une foule immense de peuple se presse de toutes parts. On voit, au milieu de ses soldats, le barbare Grisler trépigner d'une joie maligne. Un frémissement d'horreur et d'imprécations sourdes se fait entendre par intervalles dans tous les rangs des spectateurs. Le jeune enfant tremble et fond en larmes ; le malheureux père tremble encore davantage , et une palpitation convulsive tourmente son cœur. Il se recueille enfin et prend courage. Il lève les yeux et les mains vers le Ciel : Dieu compatissant ! Dieu juste ! s'écrie-t-il , daigne diriger le coup que je vais porter. A ces mots, d'une main vigoureuse, il saisit son arc, pose la flèche. Un cri universel s'élève dans la place ; un silence profond lui succède aussitôt. Tell , d'un œil fixe , met en joue , tire la corde ; la flèche part. Une partie des spectateurs, frémissant d'effroi, tient ses regards abaissés, l'autre sent son âme toute entière courir à ses yeux pour mieux voir l'issue de l'épreuve..... Elle fut telle que chacun le désirait. La flèche vole en sifflant , frappe la pomme , et à peine le jeune enfant sent-il la plume dont elle est garnie froisser légèrement sa chevelure.

***

Un cri d'allégresse , d'applaudissement , un battement tumultueux de mains s'élevèrent aussitôt de toutes parts. Le peuple est ivre de joie ; le gouverneur seul qui se voit abusé dans sa cruelle attente, frémit de colère et de rage ; lorsqu'en promenant les yeux sur Tell, il voit tomber de son carquois une seconde flèche qu'il y avait mise. Transporté de cette découverte, il médite sur-le-champ un autre motif de vengeance. Il le fait appeler , et , pour mieux l'abuser, feignant de l'accueillir avec douceur et avec bonté , il commence par lui prodiguer des éloges sur l'adresse supérieure dont il avait donné une si belle preuve. Il l'applaudit d'avoir si bien ajusté son coup , et lui déclare qu'il est pleinement satisfait et qu'il peut se regarder comme affranchi de toute punition. Ensuite il lui demande d'un air affable pourquoi il avait pris deux flèches, n'ayant qu'un seul coup à tirer? Ce n'est pas mon usage, répondit Tell, d'aller jamais armé d'une seule flèche. Non, mon ami, lui réplique le gouverneur avec un sourire artificieux; tu veux me cacher ton motif; mais je le vois suffisamment. Maintenant que tout est fini à quoi sert de le cacher? C'était pour moi qu'était réservée l'autre. Avoue-le sans hésiter; ta franchise me fera plaisir, et je te pardonne d'avance. Rassuré par ces paroles; puisque vous voulez, répond Tell, que je parle librement, je ne vous dirai pas que, de propos délibéré, j'avais résolu de m'en servir contre vous; mais si la fortune contraire avait voulu que, par votre faute, j'eusse vu tomber devant mes yeux mon fils unique percé du trait mortel, je ne sais assurément pas ce que vous auriez pu attendre du désespoir d'un père. Je ne me suis donc pas trompé, reprit le juge furieux, déposant le masque perfide qu'il avait pris. Hé bien donc! je saurai, traître, réprimer ton audace au fond d'une tour, et me préserver de tes attentats. Qu'on le charge encore une fois de chaînes, et qu'il soit conduit en prison. A ce trait inattendu de méchanceté et de perfidie, tous ceux qui l'entouraient frémissent d'indignation. Le misérable Tell en frissonne. Il implore du secours; mais personne n'ose s'opposer à la force des armes, et l'infortuné se voit contraint de céder et d'obéir.

<hr>

Sur les bords du lac qui commence auprès d'Altorf et s'étend jusqu'à Lucerne qui lui donne son nom, est un antique château appelé Kussnacht. Ce fut en cet endroit que le farouche Grissler prit la résolution de confiner son prisonnier, comme dans un lieu sûr, d'où il était impossible de s'échapper. Ayant à ce dessein fait préparer une barque, il l'y fit transporter aussitôt sous une bonne escorte; et pour mieux s'assurer de l'exécution de sa cruelle sentence, il voulut lui-même accompagner le coupable. Arrivés au milieu du lac, ils voient s'élever, tout-à-coup, derrière une des montagnes voisines, un groupe de nuages épais qui, poussés par un vent furieux, couvrirent en un instant toute la voûte du ciel. Le tonnerre grondait d'une manière effroyable; la foudre éclate dans les airs. Les vents mutinés soulèvent et brisent les vagues; et la barque tourmentée est menacée du naufrage. En vain les rameurs font des efforts incroyables pour résister à la tempête, son impétuosité redouble, et la mort semble inévitable. Dans une conjoncture aussi fâcheuse, quelqu'un de la suite du gouverneur se tourne vers lui et lui dit : Nous sommes tous perdus si vous ne donnez pas à Tell la liberté de nous secourir. C'est dans sa seule force que nous pouvons mettre l'espoir de notre salut. Epouvanté par le danger, le gouverneur n'hésite pas à permettre que l'on rompe ses chaînes. Le vigoureux Suisse saisit deux rames, résiste de toutes ses forces à la violence des vagues et, secondé par le reste de l'équipage, dont le courage se ranimait par son exemple, il parvient à tirer la barque du milieu du lac et à la porter sur le bord. Il y avait, à l'endroit où ils étaient près de descendre, un écueil dont le sommet dominait un peu au-dessus de l'eau, et que les flots, dans leurs mouvements, couvraient et découvraient tour-à-tour. Aussitôt que Guillaume Tell se vit à sa portée, il se débarrasse lestement de ses rames, saute sur le roc, et poussant d'un vigoureux coup de pied la barque,

la rejette loin de lui au milieu du lac. Il n'est pas
nécessaire de dire quels cris et quels hurlemens de
rage et d'épouvante poussait le désespéré Grissler,
en se voyant replongé dans un péril nouveau, et
forcé d'errer à la merci des flots. Cependant Guillaume courut promptement reprendre ses armes ; et
revint, du haut des rochers, examiner ce que de-
viendrait la barque tourmentée. Après avoir été
pendant long-temps poussée de différents côtés par
les vagues, le vent s'étant apaisé, on vint cependant à bout de lui faire prendre terre. Le gouverneur frémissant de colère et respirant plus que
jamais la vengeance, fut à peine sorti de la barque
qu'il pressa son retour à Altorf, et qu'il donna l'ordre
de courir aussitôt de tous côtés à la recherche de
Tell. Mais celui-ci s'étant placé au-dessus d'un sentier taillé dans le roc, par lequel le tyran devait
passer, se cacha dans un endroit d'où il pouvait le
voir sans être vu. Lorsqu'il parvint à sa portée,
il l'entendit s'écrier en fureur : « Quand bien même
il serait réfugié au plus profond des abîmes, je saurai
bien l'en faire sortir : rien ne pourra l'arracher de
mes mains ; et la mort la plus cruelle assouvira enfin
ma vengeance. » Guillaume Tell, irrité de ces menaces : « Barbare, dit-il, tu mourras le premier » ; et
à ces mots, de l'embuscade où il s'était mis, il lui
lança dans le cœur une flèche qui l'étendit mort sur
la place. Telle fut la fin de la cruauté et de la férocité de l'impitoyable Grissler. En l'honneur de cet
événement, on érigea dans l'endroit où il fut tué,
et sur l'écueil par où Tel s'était échappé, deux
monuments à la conservation desquels on veille
avec soin, afin d'éterniser la mémoire du fait.

Nouvelles de Soave.

20. *La Conservation miraculeuse.*

Au commencement des guerres de religion, qui ont si long-temps désolé la France, un des plus intrépides gentilshommes du parti protestant, nommé François Civile, reçut à la défense de Rouen une blessure qui le fit tomber du rempart dans la ville sans connaissance. Des soldats, qui le croyaient mort, le dépouillèrent et l'enterrèrent avec la négligence ordinaire dans ces occasions. Un domestique affectionné, jaloux de procurer à son maître une sépulture qu'il croyait plus honorable, alla le chercher. N'ayant pas réussi à le reconnaître parmi plusieurs cadavres tout défigurés qu'il trouva, il les recouvrit de terre, mais de manière que la main de l'un d'eux demeura découverte. Comme il s'en retournait, il regarda derrière lui, et aperçut cette main. La crainte qu'il avait que cet objet n'excitât les chiens à déterrer le cadavre pour le dévorer, le fit retourner sur ses pas, dans la vue de couvrir cette main. Dans l'instant qu'il allait se livrer à ce pieux office, un clair de lune lui fit apercevoir un diamant que Civile portait à son doigt. Sans perdre de temps il prend son maître qui respire encore, et le porte à l'hôpital des blessés. Les chirurgiens, accablés de travail, ne voulant pas perdre leur temps à panser un homme qu'ils regardaient comme mort, le domestique le porta à son auberge, où il languit quatre jours sans aucun secours. Au bout de ce temps là deux médecins eurent la complaisance de le visiter. Ils nettoyèrent la plaie, et le mirent, par leurs soins, en état de vivre.

Lorsque la ville fut prise, les vainqueurs poussèrent la barbarie jusqu'à le jeter par les fenêtres.

Heureusement il tomba sur un tas de fumier, où, abandonné de tout le monde, il passa encore trois jours. Ducroiset, son parent, le fit enlever secrètement pendant la nuit, et transporter dans une maison de campagne, où il fut pansé à loisir. Là, après tant d'espèces de morts, il recouvra une santé si parfaite, qu'il survécut quarante ans à tous ces accidents.

DE THOU. *Magasin historique.*

21. *Humanité de Fénélon durant les calamités occasionées par le rigoureux hiver de 1709.*

Elle n'est-point effacée de notre mémoire, cette époque désastreuse et terrible, cette année la plus funeste des dernières années de Louis XIV, où il semblait que le Ciel voulût faire expier à la France ses prospérités orgueilleuses, et obscurcir l'éclat du plus beau règne qui eût encore illustré ses annales. La terre stérile sous les flots de sang qui l'inondent, devient cruelle et barbare comme les hommes qui la ravagent, et l'on s'égorge en mourant de faim. Les peuples accablés à la fois par une guerre malheureuse, par les impôts et par le besoin, sont livrés au découragement et au désespoir. Le peu de vivres qu'on a pu conserver ou recueillir est porté à un prix qui effraie l'indigence, et qui pèse même à la richesse.

Une armée, alors la seule défense de l'État, attend en vain sa subsistance des magasins qu'un hiver destructeur n'a pas permis de remplir. Fénélon donne l'exemple de la générosité ; il envoie le premier toutes les récoltes de ses terres ; et l'émulation gagnant de proche en proche, les pays d'alentour font les mêmes efforts, et l'on devient libéral même dans la disette. Les maladies, suites inévitables de la misère, désolent bientôt et l'armée et les provinces. L'invasion de l'ennemi ajoute encore la terreur et la consternation à tant de fléaux accumulés. Les campagnes sont désertes, et leurs habitants épouvantés fuient dans les villes. Les asyles manquent à la foule des malheureux.

C'est alors que Fénélon fit voir que les cœurs sensibles, à qui l'on reproche d'étendre leurs affections sur le genre humain, n'en aiment pas moins leur patrie. Son palais est ouvert aux malades, aux blessés, aux pauvres, sans exception. Il engage ses revenus pour faire ouvrir des demeures à ceux qu'il ne saurait recevoir. Il leur rend les soins les plus charitables ; il veille sur ceux qu'on doit leur rendre. Il n'est effrayé ni de la contagion, ni du spectacle de toutes les infirmités humaines rassemblées sous ses yeux. Il ne voit en eux que l'humanité souffrante. Il les assiste, leur parle, les encourage. Oh ! comment se défendre de quelque attendrissement, en voyant cet homme vénérable par son âge, par son rang, par ses lumières, tel qu'un génie bienfaisant, au milieu de tous ces malheureux qui le bénissent, distribuer les consolations et les secours, et donner les plus touchants exemples de ces mêmes vertus dont il avait donné les plus touchantes leçons !

LA HARPE. Eloge de Fénélon.

22. *Belle Vengeance d'un jeune Soldat.*

Pendant le siége de Namur, que les puissances alliées contre la France firent au commencement du siècle dernier, on connut dans le régiment du colonel Hamilton, un bas-officier qu'on appelait Union, et un soldat nommé Valentin : ces deux hommes étaient rivaux, et les querelles particulières que leur amour avait fait naître, les rendirent ennemis irréconciliables. Union, qui se trouvait l'officier de Valentin, saisissait toutes les occasions possibles de le tourmenter et de faire éclater son ressentiment : le soldat souffrait tout sans résistance ; mais il disait quelquefois qu'il donnerait sa vie pour être vengé de ce tyran. Plusieurs mois s'étaient passés dans cet état, lorsqu'un jour ils furent commandés l'un et l'autre pour l'attaque du château : les Français firent une sortie, où l'officier Union reçut un coup de feu dans la cuisse. Il tomba ; et comme les Français pressaient de toutes parts les troupes alliés, il s'attendait à être foulé aux pieds. Dans ce moment, il eut recours à son ennemi : Ah ! Valentin, s'écria-t-il, peux-tu m'abandonner ? Valentin, à sa voix, court précipitamment à lui, et, au milieu du feu des Français, il mit l'officier sur ses épaules, et l'enleva courageusement à travers le danger jusqu'à la hauteur de l'abbaye de Salsire. Dans cet endroit, un boulet de canon le tua lui-même, sans toucher à l'officier. Valentin tomba mort sous le corps de son ennemi qu'il venait de sauver ; celui-ci, oubliant alors sa blessure, se releva en s'arrachant les cheveux, et se rejetant sur ce corps défiguré : Ah ! Valentin, s'écrie-t-il, en rompant un silence mille fois plus touchant que les larmes les plus abondantes, Valentin, est-ce pour moi que tu meurs, pour moi qui te traitais avec tant de barbarie ? Je ne pourrai pas te survivre, je ne le veux pas.... non. Il fut impossible de séparer Union du cadavre sanglant de Valentin, malgré les efforts qu'on fit pour l'en arracher ; enfin on l'enleva, tenant toujours embrassé le corps de son bienfaiteur ; et pendant qu'on les portait ainsi l'un et l'autre dans les rangs, tous leurs camarades, qui connaissaient leur inimitié, pleuraient à la fois de douleur et d'admiration. Lorsqu'Union fut ramené dans sa tente, on pansa de force la blessure qu'il avait reçue ; mais le jour suivant, ce malheureux, appelant toujours Valentin, mourut accablé de regrets. M. Stéel, qui rapporte ce fait dans ses ouvrages, propose en même temps ce problème à résoudre : Lequel de ces deux infortunés fit paraître plus de générosité, ou celui qui exposa sa vie pour son ennemi, ou celui qui ne voulut pas survivre à son bienfaiteur ? Si l'on nous demande notre sentiment, nous croyons que l'officier Union dut cet enthousiasme de la vertu qui l'enflamma, à l'héroïsme de son ennemi, et l'imitateur n'est jamais si grand que le modèle. Il est certain, d'ailleurs, que le soldat Valentin aurait été capable de faire ce que fit l'officier Union ; mais nous pouvons douter que celui-ci se fût exposé à une mort presqu'inévitable, pour sauver la vie à son ennemi.

Extrait de la Morale en action.

23. *Funérailles d'Hippias tué dans un combat par Adraste, roi des Dauniens.*

Télémaque fit laver le corps d'Hippias dans des liqueurs odoriférantes ; puis on prépara par son ordre un bûcher. Les grands pins, gémissants sous les coups des haches, tombent en roulant du haut des montagnes. Les chênes, ces vieux enfants de la terre, qui semblaient menacer le Ciel, les hauts peupliers, les ormeaux, dont les têtes sont si vertes si ornées d'un épais feuillage, les hêtres, qui sont l'honneur des forêts, viennent tomber sur le bord du fleuve Galèse ; là s'élève avec ordre un bûcher qui ressemble à un bâtiment régulier ; la flamme commence à paraître, un tourbillon de fumée monte jusqu'au ciel.

Les Lacédémoniens s'avancent d'un pas lent et lugubre, tenant leurs piques renversées et leurs yeux baissés ; la douleur amère est peinte sur ces visages farouches, et les larmes coulent abondamment. Puis on voyait venir Phérécyde, vieillard moins abattu par le nombre des annnées que par la douleur de survivre à Hippias, qu'il avait élevé depuis son enfance. Il levait vers le Ciel ses mains et ses yeux noyés de larmes. Depuis la mort d'Hippias, il refusait toute nourriture ; le doux sommeil n'avait pu appesantir ses paupières, ni suspendre un moment sa cuisante peine : il marchait d'un pas tremblant, suivant la foule, et ne sachant où il allait. Nulle parole ne sortait de sa bouche, car son cœur était trop serré ; c'était un silence de désespoir et d'abattement : mais quand il vit le bûcher allumé, il parut tout-à-coup furieux, et il s'écria : O Hippias, Hippias, je ne te verrai plus ! Hippias n'est plus, et je vis encore ! O mon cher Hippias, c'est moi cruel, moi impitoyable, qui t'ai appris à mépriser la mort ; je croyais que tes mains fermeraient mes yeux ; et que tu recueillerais mon dernier soupir. O Dieux cruels, vous prolongez ma vie pour me faire voir la fin de celle d'Hippias ! O cher enfant que j'ai nourri, et qui m'as coûté tant de soins, je ne te verrai plus ! mais je verrai ta mère qui mourra de tristesse en me reprochant ta mort ; je verrai ta jeune épouse frappant sa poitrine, arrachant ses cheveux ; et j'en serai cause ! O chère ombre, appelle-moi sur les rives du Styx ; la lumière m'est odieuse : c'est toi seul, mon cher Hippias, que je veux revoir. Hippias ! Hippias ! ô mon cher Hippias ! je ne vis encore que pour rendre à tes cendres le dernier devoir.

Cependant on voyait le corps du jeune Hippias étendu, qu'on portait dans un cercueil orné de pourpre, d'or et d'argent. La mort, qui avait éteint ses yeux, n'avait pu effacer toute sa beauté, et les grâces étaient encore à demi-peintes sur son visage pâle ; on voyait flotter autour de son cou, plus blanc que la neige, mais penché sur l'épaule, ses longs cheveux noirs, plus beaux que ceux d'Atys ou de Ganymède, qui allaient être réduits en cendres : on remarquait dans le côté la blessure profonde par où tout son sang s'était écoulé, et qui l'avait fait descendre dans le royaume sombre de Pluton.

Télémaque, triste et abattu, suivait de près le corps, et lui jetait des fleurs. Quand on fut arrivé au bûcher, le fils d'Ulysse ne put voir la flamme pénétrer les étoffes qui enveloppaient le corps, sans répandre de nouvelles larmes. Adieu, dit-il, ô magnanime Hippias ! car je n'ose te nommer mon ami : apaise-toi, ô ombre qui as mérité tant de gloire ! Si je ne t'aimais, j'envierais ton bonheur ; tu es délivré des misères où nous sommes encore, et tu en es sorti par le chemin le plus glorieux. Hélas ! que je serais heureux de même ! Que le Styx n'arrête point ton ombre ; que les Champs-Élysées lui soient ouverts ; que la renommée conserve ton nom dans tous les siècles, et que tes cendres reposent en paix !

A peine eut-il dit ces paroles entremêlées de soupirs, que toute l'armée poussa un cri : on s'attendrissait sur Hippias, dont on racontait les grandes actions et la douleur de sa mort, rappelant toutes ses bonnes qualités, faisait oublier les défauts qu'une jeunesse impétueuse et une mauvaise éducation lui avaient donnés. Mais on était encore plus touché des sentiments tendres de Télémaque. Est-ce donc là, disait-on, ce jeune Grec si fier, si hautain, si dédaigneux, si intraitable? Le voilà devenu doux, humain, tendre. Sans doute Minerve, qui a tant aimé son père, l'aime aussi; sans doute elle lui a fait les plus précieux dons que les Dieux puissent faire aux hommes, en lui donnant, avec la sagesse, un cœur sensible à l'amitié.

Le corps était déjà consumé par les flammes. Télémaque lui-même arrosa de liqueurs parfumées ses cendres encore fumantes; puis il les mit dans une urne d'or qu'il couronna de fleurs, et il porta cette urne à Phalante. Celui-ci était étendu, percé de diverses blessures; et, dans son extrême faiblesse, il entrevoyait, près de lui, les portes sombres des enfers.

FÉNÉLON. Télémaque.

24. Le Monarque chinois.

L'empereur Cam-hi étant à la chasse, et s'étant écarté de ceux de sa suite, trouva un pauvre vieillard qui pleurait amèrement, et paraissait affligé de quelque disgrâce extraordinaire. Il s'approche de lui, touché de l'état où il le voit, et sans se faire connaître, lui demande ce qu'il avait. Ce que j'ai, lui répliqua le vieillard : hélas! seigneur, quand je vous l'aurai dit, c'est un mal auquel vous n'apporterez aucun remède. Peut-être, mon bon homme, répartit l'empereur, que je vous serai de plus grand secours que vous ne pensez; faites-moi confidence de ce qui vous afflige. Puisque vous le voulez savoir, reprit le vieillard, c'est qu'un gouverneur d'une des maisons de plaisance de l'empereur trouvant mon bien, qui est auprès de cette maison royale, à sa bienséance, s'en est emparé, et m'a réduit à la mendicité où vous me voyez. Il a plus fait ; je n'avais qu'un fils, qui était le soutien de ma vieillesse ; il me l'a enlevé et en fait son esclave. Voilà, seigneur, le sujet de mes pleurs. L'empereur fut si touché de ce discours, que, ne pensant qu'à venger un crime qu'on commettait sous son autorité, il demanda d'abord à ce vieillard s'il y avait loin du lieu où ils étaient à la maison dont il parlait, et le vieillard lui ayant répondu qu'il n'y avait guère qu'une demi-lieue, il lui dit, qu'il y voulait aller avec lui, pour exhorter le gouverneur à lui rendre son bien et son fils, et qu'il ne désespérait pas de le persuader. Le persuader, reprit le vieillard ! ah ! seigneur, souvenez-vous, s'il vous plaît, que je viens de vous dire, que cet homme appartient à l'empereur. Il n'est sûr ni pour vous, ni pour moi, de lui aller faire une pareille proposition ; il ne m'en traitera que plus mal, et vous en recevrez quelque insulte, que je vous prie de vous épargner. Que cela ne vous inquiète pas, reprit l'empereur ; je suis résolu à tout, et j'espère que nous aurons meilleure issue de notre négociation que vous ne pensez. Le vieillard, qui voyait briller dans cet homme inconnu quelque chose de ce que la naissance imprime sur le front aux gens de ce rang, crut ne devoir plus faire de résistance. Il objecta seulement qu'étant cassé de vieillesse et à pied, il ne pourrait pas suivre le train du cheval, sur lequel l'empereur était monté. Je suis jeune, répondit le prince ; montez sur mon cheval et j'irai à pied. Le vieillard ne voulut point accepter l'offre : l'empereur trouva l'expédient de le prendre en croupe derrière lui ; le vieillard s'en excusa encore sur ce que, sa pauvreté lui ayant ôté le moyen de changer de linge et d'habits, il craignait de lui communiquer une vermine dont il ne pouvait se garantir. Allez, mon ami, répartit l'empereur, ne laissez pas de monter derrière moi, j'en serai quitte pour changer d'habits. Le vieillard monta donc enfin, et ils furent bientôt rendus tous deux à la maison où ils allaient. L'empereur n'y fut pas plutôt arrivé, qu'il demanda le gouverneur. Celui-ci étant venu fut bien surpris lorsque le prince, en l'abordant, lui découvrit, pour se faire connaître, le dragon en broderie qu'il portait sur l'estomac, et que son habit de chasse cachait. Il semble que pour rendre plus célèbre cette action mémorable de justice et d'humanité, la plupart des grands qui suivaient l'empereur à la chasse, se trouvèrent là autour de lui, comme si on leur eût donné rendez-vous. Car ce fut dans cette grande assemblée qu'il fit mille reproches sanglants au persécuteur du bon vieillard, et qu'après l'avoir obligé de lui rendre son bien et son fils, il lui fit sur-le-champ trancher la tête. Il fit plus ; il mit le vieillard en sa place, et l'avertit de prendre garde que, la fortune changeant ses mœurs, un autre ne profitât un jour de ses injustices, comme il venait de profiter de celles d'autrui.

Quel trait dans un empereur à peine âgé de quatorze ans.

Variétés philosophiques et littéraires.

25. *Histoire d'un bon religieux.*

Un religieux fut mandé, il y a quarante ans, pour disposer à la mort un voleur de grand chemin; on l'enferma avec le patient dans une chapelle. Pendant qu'il faisait ses efforts pour l'exciter au repentir de son crime, il s'aperçut que cet homme était distrait, et l'écoutait à peine. Mon cher ami, lui dit-il, pensez que, dans quelques heures, il faudra paraître devant Dieu: eh! qui peut vous distraire d'une affaire pour vous de si grande importance? Vous avez raison, mon père, lui dit le patient; mais je ne puis m'ôter de l'esprit qu'il ne tiendrait qu'à vous de me sauver la vie, et une telle pensée est bien capable de me donner des distractions. Comment m'y prendrais-je pour vous sauver la vie, lui répondit le religieux? et quand cela serait en mon pouvoir, pourrais-je hasarder de le faire, et vous donner par-là occasion d'accumuler vos crimes; S'il n'y a que cela qui vous arrête, répondit le patient, vous pouvez compter sur ma parole; j'ai vu le supplice de trop près pour m'y exposer de nouveau. Le religieux fit ce que nous eussions fait, vous et moi, en pareille occasion; il se laissa attendrir, et il ne fut plus question que de savoir comment il faudrait s'y prendre. La chapelle où ils étaient, n'était éclairée que par une fenêtre qui était proche du toit, et élevée de plus de quinze pieds. Vous n'avez, dit le criminel, qu'à mettre votre chaise sur l'autel, que nous pouvons transporter au pied du mur; vous monterez sur la chaise, et moi sur vos épaules, d'où je pourrai gagner le toit. Le religieux se prêta à cette manœuvre, et resta ensuite tranquillement sur la chaise, après avoir remis à sa place l'autel qui était portatif. Au bout de trois heures, le bourreau qui s'impatientait frappa à la porte, et demanda au religieux ce qu'était devenu le criminel : Il faut que ce soit un ange, répondit froidement le religieux ; car, foi de prêtre, il est sorti par cette fenêtre. Le bourreau qui perdait à ce compte, après avoir demandé au religieux s'il se moquait de lui, courut avertir les juges. Ils se transportèrent à la chapelle, où notre homme assis leur montra la fenêtre, les assura en conscience que le patient s'était enfilé par là, et que peu s'en était fallu qu'il ne se recommandât à lui, le prenant pour un ange ; qu'au surplus, si c'était un criminel, ce qu'il ne comprenait pas, après ce qu'il lui avait vu faire, il n'était pas fait pour en être le gardien. Les magistrats ne purent conserver leur gravité vis-à-vis du sang froid de ce bon homme, et ayant souhaité un bon voyage au patient, ils se retirèrent. Vingt ans après, ce religieux passant par les Ardennes, se trouva égaré au moment où le jour finissait ; une façon de paysan l'ayant examiné attentivement, lui demanda où il voulait aller, et l'assura que s'il voulait le suivre, il le mènerait dans une ferme qui n'était pas fort éloignée, et où il pourrait tranquillement passer la nuit. Le religieux se trouva fort embarrassé ; la curiosité avec laquelle cet homme l'avait regardé, lui donnait des soupçons ; mais considérant que, s'il avait quelques mauvais desseins, il ne lui serait pas possible d'échapper de ses mains, il le suivît en trem.blant. Sa peur ne fut pas de longue durée ; il aperçut la ferme dont le paysan lui avait parlé ; et cet homme, qui en était le maître, dit en entrant à sa femme de tuer un chapon avec les meilleurs pou_lets de sa basse-cour et de bien régaler son hôte.

Pendant qu'on préparait le souper, le paysan rentra suivi de huit enfants, à qui il dit : Mes enfants remerciez ce bon religieux, sans lui vous ne seriez pas au monde, ni moi non plus : il m'a sauvé la vie. Le religieux se rappela alors les traits de cet homme, et reconnut le voleur duquel il avait favorisé l'évasion. Il fut accablé des caresses et des actions de grâces de la famille ; et lorsqu'il fut seul avec cet homme, il lui demanda par quel hasard il se trouvait si bien établi. Je vous ai tenu ma parole, lui dit le voleur ; et déterminé à vivre en honnête homme, je vins en demandant l'aumône jusqu'à ce lieu, qui est celui de ma naissance ; j'entrai au service du maître de cette ferme, et ayant gagné les bonnes grâces de mon maître par ma fidélité et mon attachement, il me fit épouser sa fille, qui était unique. Dieu a béni les efforts que j'ai faits pour être homme de bien, j'ai amassé quelque chose ; vous pouvez disposer de moi et de tout ce qui m'appartient, et je mourrai content à présent que je vous ai vu, et que je puis vous prouver ma reconnaissance. Le religieux lui dit qu'il était trop payé du service qu'il lui avait rendu, puisqu'il faisait un si bon usage de la vie qu'il lui avait conservée. Il ne voulut rien accepter de ce qu'on lui offrait, mais il ne put jamais refuser au paysan de rester quelques jours chez lui, où il fut traité comme un prince. Ensuite ce bon homme le força de se servir au moins d'un de ses chevaux pour achever sa route, et ne voulut point le quitter qu'il ne fût sorti des chemins dangereux qui sont en grand nombre dans ces contrées.

Extrait de la Morale en action.

26. *Belle leçon d'un Monarque à son fils.*

Un roi plein d'humanité pour ses sujets, avait un
fils d'un caractère tout opposé ; se croyant d'une
autre nature que le commun des hommes, il traitait
les peuples et les grands eux-mêmes avec un ton de
hauteur et de dureté qui les révoltait. Son père,
craignant qu'il ne les rendît malheureux lorsqu'il
serait sur le trône, et que, las de sa domination, ils
ne se soulevassent contre lui, travaillait en vain à
lui faire perdre son orgueil et sa fierté. Un jour
qu'il témoignait sa peine à un de ses courtisans, ce
confident zélé prit sur lui, avec le consentement du
roi, de corriger le jeune prince. Il saisit la circonstance où la princesse son épouse venait de lui
donner un fils. La nuit suivante, il fit mettre un
autre enfant qui venait de naître, à côté de celui-ci,
après avoir pris les précautions nécessaires pour ne
pas risquer de les confondre. Le prince, à son réveil, n'a rien de plus pressé que de courir au berceau de son fils : quelle est sa surprise, lorsqu'il y
voit deux enfants tout-à-fait semblables, et n'ayant
aucune marque extérieure qui les distingue ! De l'é-
tonnement, il passe à tous les éclats de l'emportement et de la fureur. Le roi survient, attiré par ses
cris : « Eh quoi, mon fils, lui dit-il, déjà prévenu
par son confident, vous est-il si difficile de discerner
quel est ici l'enfant qui vous appartient ? Votre
sang, qui coule dans ses veines, peut-il lui laisser
rien de commun avec les autres mortels ? La nature
n'a-t-elle pas imprimé en lui des caractères de supériorité et de grandeur, auxquels il soit impossible
de se méprendre ? Et ce fils de l'héritier présomptif

de ma couronne peut-il ressembler au dernier de ses sujets ? » Le jeune prince comprit aisément le sens de ces paroles, et devint aussi affable et aussi humain que l'était son père.

M. le Dauphin, père de Louis XVI, a fait à nos princes, dès leurs plus tendres années, une leçon non moins forte, et plus touchante encore. Il fit apporter en leur présence les registres de la paroisse sur laquelle ils avaient été baptisés. « Vous voyez, leur dit-il, votre nom précédé et suivi d'une foule de noms obscurs : comme hommes, vous vous trouvez ici confondus avec une foule d'autres hommes; vous l'êtes également comme chrétiens : c'est qu'en effet, sous ces deux rapports, qui forment en vous ce qu'il y a plus de grand, tous les hommes sont vos égaux. »

Extrait de la Morale en action.

27. *Trait d'Humanité.*

Un jeune homme est dernièrement arrêté dans une petite rue auprès d'une place marchande; on lui demande la bourse ou la vie. Un cœur courageux et sensible distingue bientôt la voix du malheureux que la misère entraîne au crime, de celle du scélérat que la méchanceté y porte. Le jeune homme sent qu'il a un infortuné à sauver. « Que de-« mandes-tu, misérable ? que demandes-tu, dit-il « d'un ton imposant à son aggresseur ? » Rien, monsieur, lui répond une voix sanglotante; je ne vous demande rien. — Qui es-tu ? que fais-tu ? — Je suis un pauvre garçon cordonnier, hors d'état de nourrir ma femme et quatre enfants ? — Je ne sais...

mais dis-tu vrai ? (il sentait bien que ce malheureux ne disait que trop la vérité.) Où demeures-tu ? — Dans une telle rue, chez un boulanger. — Voyons, allons. Le cordonnier, subjugué par un ascendant impérieux, mène le jeune homme à sa demeure, comme il l'aurait conduit jusqu'au fond d'un cachot. On arrive chez le boulanger : il n'y avait qu'une femme dans la boutique. Madame, connaissez-vous cet homme ? — Oui, monsieur, c'est un garçon cordonnier, qui demeure au cinquième, et qui a bien de la peine à soutenir sa nombreuse famille ! — Comment le laissez - vous manquer de pain ? — Monsieur, nous sommes des jeunes gens nouvellement établis ; nous ne pouvons pas faire de grosses avances, et mon mari ne veut pas que je fasse à cet homme plus de vingt - quatre sous de crédit. — Donnez lui deux pains.... prends ces deux pains et monte chez toi. Le cordonnier obéit aussi agité que quand il allait commettre un crime, mais d'un trouble bien différent. Ils entrent ; la femme et les enfants se jettent sur la subsistance qui leur est offerte. Le jeune homme en a trop vu ; il sort, et laisse deux louis à la boulangère, avec ordre de fournir du pain à cette famille suivant ses besoins. Quelques jours après il revient voir les enfants auxquels il a donné une seconde vie, et dit à leur père de le suivre. Il conduisit son pauvre client dans une boutique toute montée et bien assortie de meubles, des outils et matières nécessaires pour exercer sa profession. « Serais-tu content et honnête homme, si cette boutique était à toi ? Ah ! monsieur, mais hélas !.... — Quoi ! — Je n'ai pas la maîtrise, et elle coûte. — Mène - moi chez les jurés-syndics. » La maîtrise est achetée, et le cordonnier installé dans sa boutique.

L'auteur d'un si beau trait d'humanité est un jeune homme d'environ vingt-sept ans. On compte que l'établissement de cet artisan lui a coûté trois à quatre mille livres. Il ne s'est point fait connaître, et l'on a fait d'inutiles recherches pour le découvrir.

Extrait de la Morale en action.

28. *Le Cheval et le Mouton.* (Fable.)

Le soleil venait de paraître, les prairies riantes retentissaient du chant des oiseaux, la nature entière semblait renaître au plaisir et à la joie. Un troupeau de moutons traversait les champs près de l'endroit où paissait un vieux Coursier, orgueilleux du souvenir de ses exploits passés, qui jadis, sous plus d'un général fameux, avait porté l'effroi dans les bataillons ennemis, et fait trembler la plaine dans sa course intrépide : Serais-je destiné, dit-il avec un fier dédain, malgré mon rang et ma dignité, moi qui me suis fait un nom à la guerre, moi qui ne respirais que la gloire des combats, qui plus d'une fois ai bondi dans les vastes champs de la Germanie sur des monceaux de morts et de mourants, qui me suis fait jour à travers le fer et la flamme, qui, intrépide au milieu du carnage, blanchissais de sueur sous les plus illustres guerriers, qui cent fois ai affronté la mort ; serais-je donc, pour prix de tant de travaux, réduit à paître de société avec un vil troupeau de brebis, à avoir pour camarades de timides animaux, qui de leurs jours n'entendirent ni le mugissement des canons, ni les sons aigus de la trompette, pour qui la gloire n'eut aucun attrait, qui n'en connaissent pas même le nom ; et je serais obligé de partager mes repas avec cette ignoble race ! Loin d'ici, vils animaux, loin d'ici ; n'approchez pas du pâturage réservé aux guerriers.

Un vieux Mouton entendit ce discours, et d'un air soumis, après plus d'une révérence, lui adressa ces mots : Je reconnais, Seigneur, la grandeur de votre dignité ; je sais quels nombreux services vous avez rendus à l'État ; vos exploits ont droit à la renommée. Cependant, à quelques égards, on ne saurait adopter votre sentiment ; ce n'est pas que j'ose en aucune manière me comparer à vous ; hélas ! je ne suis qu'une humble et chétive pécore, mais je puis avoir aussi des qualités qui concourent au bien public. Vos exploits ne sont dus qu'à la guerre ; les douceurs de la paix nous échurent en partage. La toison dont on nous prive, des milliers de mains sont employées à la travailler dans toute l'étendue de la Grande-Bretagne ; de loin et de près, la renommée de nos laines se répand partout. Le tapis brillant qui couvrit les flancs de votre seigneurie, crût en premier lieu sur le dos d'une modeste brebis ; le drap qui garantit le soldat ou des rigueurs de l'hiver ou de l'intempérie des saisons, n'eut pas d'autre origine ; votre illustre général ne dédaigne pas de se vêtir de la dépouille de l'animal que vous déprisez avec tant de hauteur. Après nous enfin, notre chair fait les délices de l'homme, tandis que le cheval mort cessant d'être utile, est livré à la dent vorace des chiens affamés. Songez-y, Seigneur, et soyez un peu plus modeste. Toutes choses ont dans leur espèce leur utilité propre ; ne vous livrez donc pas aux mouvements de votre orgueil; ayez des autres et de vous-même une opinion plus juste, puisqu'à tout prendre, vous verrez que dans mon espèce je vaudrai autant que vous.

Extrait du Fablier de la Jeunesse.

29. *L'Outrage vengé.*

La ville de Thèbes ayant été emportée d'assaut par les troupes d'Alexandre, fut abandonnée à la licence et à la cupidité du soldat. Quelques Thraces ayant forcé la maison d'une dame de qualité et de vertu, nommée Timocléa, pillèrent tous ses meubles et tous ses trésors, et leur capitaine l'ayant prise elle-même par force, et assouvi sa brutale passion, lui demanda si elle n'avait point de l'or et de l'argent caché. Timocléa, animée d'un violent désir de se venger, lui ayant répondu qu'elle en avait, le mena seul dans son jardin, lui montra un puits, et lui dit, que dès qu'elle avait vu la ville forcée, elle avait jeté là elle-même tout ce qu'elle avait de plus précieux. L'officier ravi s'approcha du puits, se baissa pour regarder dedans, et en examiner la profondeur. Timocléa, qui était derrière, le poussa de toute sa force, le précipita dans le puits, et jeta dessus quantité de pierres, dont elle l'assomma. En même temps elle fut prise par les Thraces, et on la mena à Alexandre les fers aux mains. A sa contenance et à sa démarche Alexandre connut d'abord que c'était une femme de qualité et d'un grand courage; car elle suivait fièrement ces brutaux, sans témoigner aucun étonnement, ni faire paraître la moindre crainte. Le roi lui ayant demandé qui elle était, elle lui répondit qu'elle était sœur de Théagène, qui avait

combattu contre Philippe pour la liberté de la Grèce,
et qui avait été tué à la bataille de Chéronée, où il
commandait. Alexandre admira la réponse généreuse
de cette dame, et encore plus l'action qu'elle avait
faite, et commanda qu'on la laissât aller où elle voudrait avec ses enfants.

ROLLIN. *Histoire ancienne.*

30. *L'Art de donner.*

Turenne aperçut dans son armée un officier d'une
naissance distinguée, mais pauvre et très-mal monté.
Il l'invita à dîner, le tira en particulier après le repas, et lui dit avec bonté : J'ai, monsieur, une prière
à vous faire : vous la trouverez peut-être un peu hardie;
mais j'espère que vous ne voudrez pas refuser votre
général. Je suis vieux, continua-t il, et même un peu
incommodé; les chevaux vifs me fatiguent, et je vous
en ai vu un, sur lequel je crois que je serai fort à
mon aise. Si je ne craignais de vous demander un trop
grand sacrifice, je vous proposerais de me le céder.
L'officier ne répond que par une profonde révérence,
et va dans l'instant prendre son cheval, qu'il mène
lui-même dans l'écurie de Turenne, qui le lendemain lui en envoie un des plus beaux et des meilleurs de l'armée. Il n'est pas plus ordinaire de donner
de cette manière, que d'avoir l'âme de Turenne.

Lettres de Boursault.

31. *Le Cheval.* (Description.)

La plus noble conquête que l'homme ait jamais
faite, est celle de ce fier et fougueux animal, qui
partage avec lui les fatigues de la guerre et la gloire

des combats : aussi intrépide que son maître, le cheval voit le péril et l'affronte ; il se fait au bruit des armes, il l'aime, il le cherche, et s'anime de la même ardeur. Il partage aussi ses plaisirs : à la chasse, aux tournois, à la course, il brille, il étincelle. Mais, docile autant que courageux, il ne se laisse point emporter à son feu ; il sait réprimer ses mouvements : non seulement il fléchit sous la main de celui qui le guide, mais il semble consulter ses désirs ; et, obéissant toujours aux impressions qu'il en reçoit, il se précipite, se modère ou s'arrête, et n'agit que pour y satisfaire. C'est une créature qui renonce à son être pour n'exister que par la volonté d'un autre ; qui sait même la prévenir ; qui, par la promptitude et la précision de ses mouvements, l'exprime et l'exécute ; qui sent autant qu'on le désire, et ne rend qu'autant qu'on veut ; qui, se livrant sans réserve, ne se refuse à rien, se sert de toutes ses forces, s'excède, et même meurt pour mieux obéir.

BUFFON.

32. *Le Danger de mal raisonner.* (Fable.)

Un jeune rat, grand raisonneur, s'ennuyant du trou de ses pères, résolut d'aller chercher fortune ailleurs et de se loger agréablement. Il sort sans rien dire à personne, et dédaignant de prendre conseil ; et le voilà qui trotte, qui grimpe d'appartements en appartements, tant qu'il trouva la chambre aux noix et au lard. Quelle fortune ! point de chat pour le moment, et s'il en survient, un abri sûr contre leurs griffes ! or cet abri sûr, ce rempart inexpugnable où l'on trouvait le vivre et le couvert, et où se rencontrait une jolie fenêtre bien grillée, crainte d'accident, était une souricière. Je vous ait dit que le jeune étourdi était un raisonneur puissant. Voici ce qu'il se dit à lui-même : *Certainement*, cette maison charmante ne peut être là que pour moi ; elle est petite, je ne suis pas gros ; il y a du lard appétissant, et j'ai faim ; *donc* c'est une hôtellerie pour les Rats voyageurs. Entrons.... Que risqué-je ? Rien du tout : *car*, si je puis entrer, je pourrai sortir ; *par conséquent* je n'ai rien à craindre.... J'ai tout à gagner. — Après ces deux beaux arguments il saute légèrement, mord de suite à l'hameçon, et de suite aussi *crac*, la planche tombe, et mon rat est prisonnier. L'homme au lard arriva, suivi d'un gros matou ; la maison de bois fut secouée d'un bras vigoureux, et notre ambitieux raisonneur, malgré ses *car*, malgré ses *donc*, fut croqué sans pitié.

Extrait du Fablier de la Jeunesse.

33. *Le Prêt généreux.*

Le célèbre cardinal d'Amboise qui partagea avec Louis XII le glorieux surnom de *Père du peuple*, avait fait construire avec beaucoup de soins et de dépenses, sa belle maison de Gaillon ; mais il manquait à ce château une dépendance plus étendue. Un gentilhomme voisin, possesseur d'une terre dont l'acquisition eût beaucoup décoré celle du cardinal, la lui fit proposer. Le ministre répondit que le gentilhomme n'avait qu'à venir, qu'ils parleraient ensemble de cette affaire. Celui-ci ne manqua pas de s'y rendre. Le cardinal, après l'avoir fait dîner avec lui, lui demanda poliment quelle raison l'engageait à se défaire de sa terre ? « Je pourrai, répondit le gentilhomme, mériter par-là l'honneur de votre protection et de vos bonnes grâces; je me verrai en état d'établir avantageusement ma fille; et du reste de ma somme, je me ferai une rente aussi forte que le revenu de ma terre. » Le cardinal lui représenta alors que, sans avoir recours à un moyen qui le dépouillait tout-à-coup d'une terre si ancienne dans sa maison, il aurait dû emprunter à longs termes, et sans intérêts, de quoi marier sa fille. « On ne trouve pas aisément, reprit le gentilhomme, de l'argent à emprunter de cette manière. — C'est moi, répliqua le cardinal, qui vous prêterai l'argent dont vous avez besoin; et je vous accorderai un délai à long terme pour que vous puissiez me le rendre sans vous incommoder, et sans être obligé de vendre votre terre. » Aussitôt il lui fit compter tout l'argent dont il avait besoin, avec obligation de le lui rendre dans l'autre monde. Quelqu'un ayant demandé au généreux prélat le succès de cette affaire. « Au lieu d'une terre, répondit-il, j'ai acquis un ami. Pouvais je la terminer plus heureusement ?

Extrait du Dictionnaire hist. d'Éduc.

34. *Le Tigre et le Faon.* (Fable.)

Dans la vaste enceinte d'une forêt coupée par de riants gazons en pente, couronnée par des taillis épais, une haute colline et des arbres plus hauts encore, dont la tête s'agitait et cédait doucement au souffle du zéphyr, un faon, beau de sa jeunesse, tantôt s'élançait sur la hauteur, tantôt errait sur le gazon ou contemplait dans le miroir d'une eau paisible sa taille élégante et son heureuse forme. Il vivait heu-

reux ; car toujours le bonheur habite avec l'innocence ; l'idée du mal n'avait jamais troublé son repos ;
jamais il n'avait songé à nuire ; jamais il n'avait offensé personne : aussi n'imaginait-il pas que personne
voulût lui nuire. Satisfait et content, la gaîté, les
plaisirs remplissaient ses jours du matin au soir. Hélas ! qu'il est dur de penser que souvent nous touchons
à notre perte au moment où nous croyons avoir le
moins à craindre.

Le jeune faon s'éloignait, en bondissant, de ses
camarades les chevreuils et les daims ; un tigre, tapi
dans une épaisse fougeraie, la paupière demi-close,
accroupi comme un chat, attendait sa proie. Au moment où le faon passait, il s'élance comme un trait,
étend sous ses griffes redoutables l'animal innocent,
qui, tremblant à la vue de sa gueule entr'ouverte, lui
dit d'une voix douce et affaiblie par la peur : Quel mal
ai-je pu faire dans le cours de ma vie ? Ennemi des
combats, je n'ai offensé aucun des animaux qui habitent les forêts ; bien moins encore ai-je songé à
vous nuire, à vous que depuis ma naissance je n'a-
vais pas encore vu. Dans l'enceinte des forêts, on applaudit à ma douceur ; ne soyez donc pas cruel envers
moi ; que la douce pitié vous touche en ma faveur.

Le tigre, d'un air content et redoutable, fixait ses
yeux étincelants sur le faon. Chétive et présomptueuse créature, lui dit-il en grinçant des dents,
toi qui t'avises de faire ainsi ton éloge, promène tes
regards dans la forêt, et reconnais que toute son
étendue est de mon domaine ; comment as-tu osé
troubler la paix de mon empire, et plus encore approcher de l'ombre paisible où je repose en silence,
méditant le bonheur de mes sujets, le moyen de
prévenir la guerre et l'effusion du sang. Tu t'avise-

rais de m'interrompre ainsi dans mes heures de contemplation ! Non, je ne souffrirai pas une pareille audace !... Non..., pour expier ton crime, tu mourras.

Nous devons tous, répliqua le faon, l'ombre paisible aux bontés de la nature ; elle l'a départie à tous les animaux ; les oiseaux, le sanglier, le loup, y ont un droit égal, ainsi que le lion, l'ours, le léopard, et tant d'autres.

Entendant le nom du lion, de l'animal qu'il était accoutumé à craindre, le tigre en fureur déchire le malheureux faon, le dévore et lèche ses babines ensanglantées : ainsi l'innocence devint la proie de la force et d'une criminelle tyrannie.

Jeunes gens, pour qui j'écris cette fable, donnez-y quelque attention. Vous voyez combien le faon était innocent, combien il était heureux de l'être ; que ceci vous apprenne que l'aimable innocence a besoin d'être unie à une grande prudence. Tant qu'il y aura des tigres, des loups et des ours, les faons auront leurs piéges à éviter. Ce n'est point assez d'avoir l'esprit en paix, le cœur constamment porté à la vertu ; les villes comme les forêts ont leurs tigres, leurs ours, leurs panthères, et cent autres animaux nuisibles, élevés par leurs crimes et leur honte, cachés partout bien mieux que les tigres dans la forêt, et prêts à s'élancer sur le jeune imprudent qui les approche, pour le perdre et anéantir sa vertu.

Extrait du Fablier de la Jeunesse.

35. *Le Courage de l'Amitié.*

Deux matelots, l'un Espagnol et l'autre Français, étaient dans les fers à Alger ; le premier s'appelait Antonio, Roger était le nom de son compagnon d'esclavage. Le hasard voulut qu'ils fussent employés aux mêmes travaux. L'amitié est la consolation des malheureux ; Antonio et Roger en éprouvèrent toutes les douceurs ; ils se communiquèrent leurs peines et leurs regrets : ils parlaient ensemble de leur famille, de leur patrie, de la joie qu'ils ressentiraient, si jamais ils étaient libres ; ils pleuraient enfin dans le sein l'un de l'autre, et cet adoucissement leur suffisait pour porter leurs chaînes avec plus de courage, et pour soutenir les fatigues auxquelles ils étaient condamnés.

Ils travaillaient à la construction d'un chemin qui traversait une montagne. L'Espagnol un jour s'arrête, laisse tomber languissamment ses bras, et jette un long regard sur la mer : « Mon ami, dit-il à Roger, avec un profond soupir, tous mes vœux sont au bout de cette vaste étendue d'eau : que ne puis-je la franchir avec toi ? Je crois toujours voir ma femme et mes enfants qui me tendent les bras du rivage de Cadix, ou qui donnent des larmes à ma mort. » Antonio était absorbé dans cette image accablante ; chaque fois qu'il revenait à la montagne, il promenait sa vue mélancolique sur cet immense espace qui le séparait de son pays : il formait les mêmes regrets.

Un jour il embrasse avec transport son camarade ; j'aperçois un vaisseau, mon ami, tiens, regarde, ne le vois-tu pas comme moi ? il n'abordera pas ici, parce qu'on évite les parages barbaresques ; mais demain, si tu veux, Roger, nos maux finiront, nous serons libres ? Oui, demain ce navire passera à environ deux lieues du rivage, et alors du haut de ces rochers nous nous précipiterons dans la mer, et nous atteindrons le vaisseau, ou nous périrons, la mort n'est-elle pas préférable à une cruelle servitude? Si tu peux te sauver, répond Roger, je supporterai avec plus de résignation mon malheureux sort ; tu n'ignores pas, Antonio, combien tu m'es cher! cette amitié qui m'attache à toi, ne finira qu'avec ma vie ; je ne te demande qu'une seule grâce, mon ami ; va trouver mon père...... si le chagrin de ma perte et sa vieillesse ne l'ont pas fait mourir, dis-lui...... Que j'aille trouver ton père, mon cher Roger, eh! que prétends-tu faire? me serait-il possible d'être heureux, de vivre un seul instant, si je te laissais dans les fers?...... Mais, Antonio, je ne sais point nager, et tu le sais, toi.— Je sais t'aimer, repart l'Espagnol, en fondant en larmes, serrant avec chaleur Roger contre sa poitrine; mes jours sont les tiens ; nous nous sauverons tous deux ; va, l'amitié me prêtera des forces, tu te tiendras attaché à cette ceinture.— Il est inutile, Antonio, d'y penser; je ne saurais m'exposer à faire périr mon ami ; l'idée seule m'inspire de l'horreur; cette ceinture m'échapperait, ou je t'entraînerais avec moi, je serais la cause de ta perte. — Eh bien, Roger, nous..... Mais pourquoi former ces craintes ? Je te l'ai dit, l'amitié soutiendra mon courage, je t'aime trop pour qu'elle ne fasse pas des miracles; cesse de combattre mon dessein, je l'ai résolu; je m'aperçois que les monstres qui nous gardent nous épient, il y a de nos compagnons même qui seraient assez lâches pour nous trahir. Adieu, j'entends la cloche qui nous rappelle, il faut nous séparer ; adieu, mon cher Roger, à demain.

Ils sont renfermés dans leur bagne. Antonio était rempli de son projet ; il se voyait déjà franchissant

la Méditerranée, libre et dans le sein de ses com-
patriotes ; il était dans les bras de sa femme et de
ses enfants. Roger se présentait un tableau bien différent ; son ami, victime de sa générosité, emporté
avec lui au fond de la mer, périssant enfin, quand
peut-être, en ne s'occupant que de sa seule conservation, il eût pu se sauver et être rendu à une
famille qui, selon les apparences, gémissait et souffrait de son esclavage. Non, se disait dans son cœur
l'infortuné Français, je ne céderai point aux solli-
citations d'Antonio : je ne lui causerai point la mort,
pour prix de cette amitié si généreuse qu'il m'a
vouée : il sera libre ; mon malheureux père appren-
dra du moins que je vis encore, que je l'aime
toujours : hélas ! je devais être l'appui de sa vieillesse, le consoler ; je lui étais nécessaire : peut-être,
dans ce moment, expire-t-il dans l'indigence, en
désirant de voir et d'embrasser son fils..... Allons,
qu'Antonio soit heureux, je mourrai avec moins de
douleur.

On ne vint point le lendemain à l'heure ordinaire, tirer les esclaves de la prison : l'Espagnol
était dévoré d'impatience, et Roger ne savait s'il
devait se réjouir ou s'affliger de ce contre-temps.
Enfin, on les rend à leurs travaux ; ils ne pouvaient
se parler, leur maître, ce jour-là, les avait accom-
pagnés. Antonio se contentait de regarder Roger et
de soupirer ; quelquefois il lui montrait des yeux la
mer, et ne pouvait, à cet aspect, contenir des mouvements qui étaient prêts à lui échapper. Le soir
arrive, ils se trouvent seuls : Saisissons le moment,
s'écrie l'Espagnol, en s'adressant à son compagnon,
viens. — Non, mon ami, jamais je ne pourrai me
résoudre à exposer ta vie ; adieu, adieu, adieu...

Antonio, je t'embrasse pour la dernière fois ; sauve-toi, je t'en conjure, ne perds pas de temps, souviens-toi toujours de notre tendre amitié : je te prie seulement de me rendre le service que tu m'as promis à l'égard de mon père ; il doit être bien vieux, bien à plaindre ; va le consoler ; s'il avait besoin de quelques secours.... mon ami.....

A ces mots, Roger tomba dans les bras d'Antonio, en versant un torrent de pleurs ; son âme était déchirée. — Tu pleures, Roger ; ce ne sont pas des pleurs qu'il faut, c'est du courage ; une minute, nous sommes perdus ; peut-être ne retrouverons-nous jamais l'occasion ; choisis ; ou laisse-toi conduire, ou je me brise la tête sur ces rochers.

Le Français se jette aux genoux de l'Espagnol, veut encore lui faire des représentations, lui montrer les risques infaillibles qu'il court, s'il s'obstine à vouloir le sauver avec lui ; Antonio le regarde tendrement, l'embrasse, gagne le sommet d'un rocher, s'élance avec lui dans la mer. Ils vont d'abord au fond, reviennent ensuite au-dessus des flots. Antonio s'arme de toutes ses forces, nage en retenant Roger, qui semble s'opposer aux efforts de son ami, et craindre de l'entraîner dans sa chute.

Les personnes qui étaient dans le vaisseau restaient frappées d'un spectacle qu'elles ne pouvaient distinguer : elles croyaient qu'un monstre marin s'approchait du navire. Un nouvel objet détourne leur curiosité : on aperçoit une chaloupe qui s'empressait de quitter le rivage, et poursuivre avec précipitation ce qu'on avait pris pour quelque poisson monstrueux ; c'étaient les soldats préposés à la garde des esclaves, qui brûlaient de reprendre Antonio et Roger. Celui-ci les voit venir, et, en même temps, il jette les yeux sur son ami, qui commençait à s'affaiblir ; il fait un effort et se détache d'Antonio, en lui disant : On nous poursuit, sauve-toi, et laisse-moi périr, je retarde ta course. A peine a-t-il dit ces mots, qu'il tombe au fond de la mer. Un nouveau transport d'amitié ranime l'Espagnol ; il s'élance vers le Français, le reprend au moment qu'il périssait, et tous les deux disparaissent.

La chaloupe, incertaine de quel côté poursuivre sa route, s'était arrêtée, tandis qu'une barque détachée du navire allait reconnaître ce qu'ils n'avaient fait qu'entrevoir ; les flots recommençaient à s'agiter ; on distingue enfin deux hommes, dont l'un tenant l'autre embrassé, s'efforçait de nager vers la barque. On fait force de rames pour voler à leur secours. Antonio est près de laisser échapper Roger ; il entend qu'on lui crie de cette barque, il serre son ami, fait de nouveaux efforts, et saisit d'une main défaillante un des bords de la barque. Il est prêt à retomber, on les retient tous deux : les forces d'Antonio étaient épuisées, il n'a que le temps de s'écrier : Qu'on porte du secours à mon ami, je me meurs ; et toutes les horreurs de la mort se répandent sur son visage. Roger qui était évanoui, ouvre les yeux, lève la tête, et voit Antonio étendu à ses côtés, et ne donnant plus aucun signe de vie ; il s'élance sur son corps, l'embrasse ; l'inonde de ses larmes, pousse mille cris : Mon ami, mon bienfaiteur, c'est moi qui suis ton assassin ! mon cher Antonio, tu ne m'entends plus ; est-ce donc là ta récompense pour m'avoir sauvé la vie ? Ah ! qu'on se hâte de me l'ôter, cette vie malheureuse, je ne puis plus la supporter, j'ai perdu mon ami.

Roger veut se poignarder ; on lui arrache une

épée dont il s'était saisi ; il apprend , au milieu des sanglots , les détails de son aventure aux gens de la barque ; il retombait toujours sur le corps d'Antonio ne m'empêchez point de mourir ; oui , mon ami , je vais te suivre, ajoutait-il, en couvrant le corps pâle de ses baisers et de ses larmes. Ayez pitié , au nom de Dieu, laissez-moi mourir.

Le Ciel, qui sans doute est touché des larmes des hommes , lorsqu'elles sont sincères, sembla donner une marque signalée de sa bonté en faveur d'un sentiment si rare. Antonio jette un soupir, Roger pousse un cri de joie ; on se réunit à lui pour donner du secours au malheureux Espagnol ; enfin il lève un œil mourant ; ses premiers regards cherchent à se fixer sur le Français ; à peine l'a-t-il aperçu, qu'il s'écrie : J'ai pu sauver mon cher Roger.

La barque arrive au vaisseau : ces deux hommes inspirent une sorte de respect à l'équipage, tant la vertu a de droits sur tous les cœurs ! ils excitent un intérêt puissant ; tous se disputent le plaisir de les obliger. Roger arrive en France, court dans les bras de son père, qui pensa expirer d'un excès de joie. Il fût nommé gondolier de Versailles. L'Espagnol, à qui on avait offert un poste très-avantageux pour un homme de son état, aima mieux rejoindre sa femme et ses enfants : mais l'absence ne diminua rien de son amitié ; il demeura en correspondance de lettres avec Roger. Ces lettres sont des chefs-d'œuvre de naïveté et de sentiment ; on pourra un jour les rendre publiques, pour l'honneur d'un sentiment qui a produit tant d'actions héroïques.

Extrait de la Morale en action.

36. *Discours de Pacuvius à son fils Pérolla.*

Oh! mon fils, je t'en prie, je t'en conjure, au nom des saints nœuds qui lient les enfants aux auteurs de leurs jours, oui, promets-moi, mon fils, de ne pas souiller les regards de ton père, du crime et du supplice affreux que ce crime attirera sur ta tête. Il n'y a que peu d'instants où, partout ce qu'il y a de Dieux, nous avons scellé dans la main d'Annibal le serment de lui être fidèles, et ce serait pour l'assassiner de cette même main dont les Dieux ont reçu l'engagement sacré, l'assassiner lui, dont le cœur s'est livré à nous dans tous les épanchements de la confiance? Tu quittes cette table hospitalière où tu as été admis par une faveur que deux Campaniens seuls partagent avec toi, et à cette même table tu ferais ruisseler le sang de ton hôte? J'ai pu obtenir d'Annibal la grâce de mon fils, et je ne pourrais obtenir de mon fils celle d'Annibal? Mais non, je le veux encore, foule aux pieds tout ce qu'il y a de plus sacré, la bonne foi, la religion, la piété filiale; fais ce qu'on ne fit jamais, si notre perte à tous deux n'est pas la suite inévitable de ton crime. Seul, tu prétends attaquer Annibal? Eh! que feras-tu de cette foule d'hommes libres et d'esclaves qui l'entourent? Comment échapper à tous ces yeux ouverts, qui veillent sans cesse à sa conservation? Tous ces bras armés pour sa défense, s'engourdiront-ils au moment de ton horrible frénésie? Que dis-je? Le regard seul d'Annibal, ce regard terrible que n'ont pu soutenir des armées entières, qui fait trembler le peuple Romain, pourras-tu le soutenir? Et au défaut de tout autre secours, auras-tu bien le cœur de me frapper moi-même, moi, ton père, couvrant de mon corps le corps de ton ennemi? Oui, il faudra que tes coups percent au travers de ce cœur paternel pour aller percer le sien. Ah? mon fils, laisse à ton père l'honneur de te fléchir, plutôt qu'à d'autres celui de te vaincre! Que mes prières aient sur toi le pouvoir qu'elles ont eu aujourd'hui pour toi-même.

Quelques larmes roulaient dans les yeux du jeune homme; le père, qui les aperçoit, s'élance dans ses bras; il le serre des plus fortes étreintes; il ne le quitte point, et ne cesse de le supplier qu'après avoir obtenu enfin qu'il jette son arme, et qu'il jure d'abandonner son projet.

Trad. de Tite-Live. DUREAU DE LA MALLE.

37. Ibrahim.

Depuis nombre d'années une paix profonde régnait dans le Schirvan, province de la Perse, les habitants heureux, jouissaient gaiement de tous les biens qu'un prince sage peut, avec facilité, procurer à ses sujets. Ce prince était Ibrahim. Livré tout entier au bonheur de ses peuples, il gouvernait son empire par des lois excellentes; il veillait attentivement à ce que ses ministres rendissent chacun la justice la plus exacte. Il animait avec prudence l'industrie, l'agriculture, les arts; distribuait avec sagesse, selon la nécessité, les récompenses et les punitions. Par ce moyen, il avait su établir d'une manière certaine la sûreté et la tranquillité dans toutes ses provinces, et y introduire une bonne et délicieuse abondance.

Lorsque le peuple était au comble de la joie, et bénissait unanimement Ibrahim, il arriva tout-à-coup, une nouvelle malheureuse, qui le plongea tout entier dans la plus affreuse consternation. L'orgueilleux Tamerlan, devenu alors la terreur de l'Asie, avide d'étendre plus loin les limites de son empire, s'approchait de la province de Schirvan avec une armée nombreuse, pour la subjuguer et la joindre à ses autres conquêtes.

A cette triste nouvelle, Ibrahim plus inquiet pour son peuple, qu'il voyait menacé des plus grands malheurs, que pour lui-même, convoque de suite ses ministres à un conseil, pour y délibérer avec eux sur ce qu'il fallait faire. Osman, général de ses armées, s'écria aussitôt, la guerre! la guerre! Il faut combattre. Que le fier Tamerlan arrive, il trouvera ici quelqu'un qui saura rabattre son orgueil. Il n'y a personne parmi nous, Sire, qui ne soit décidé à verser son sang pour votre défense, celle de ses enfants, de ses champs et de sa patrie. L'orgueilleux connaîtra combien il est difficile de vaincre des nations déterminées à tout perdre, plutôt que de se soumettre à son joug cruel. Usbec, préposé à la garde du trésor royal, se lève aussi, et dit : Sire, moi qui suis le premier de vos sujets, je vous offre mon sang et ma vie, si vous vous décidez à la guerre, et si vous trouvez que par elle nous pouvons avoir le bonheur de nous sauver. Mais, comment nos armées, beaucoup inférieures en nombre, et qu'une longue paix n'a point habituées aux combats, pourront-elles opposer une résistance suffisante à une armée si puissante, animée d'ailleurs par de longues victoires? Il me semble que la paix serait préférable? Mais au lieu de la paix, peut-on s'attendre, de la part du cruel Tamerlan, à autre chose qu'à un esclavage honteux et insupportable? Je ne vois donc pas d'autre moyen de salut que la fuite. Vous devez vous retirer vous-même, et vos trésors, dans un autre pays. Nous suivrons fidèlement vos pas, quelque part que vous puissiez les porter. Tamerlan ne restera pas long-temps dans un état dépeuplé. Son ambition l'excitera bientôt à pousser plus loin ses conquêtes. Les troubles étant passés, le Ciel nous donnera le moyen de regagner notre patrie, et de rentrer dans nos antiques foyers.

Les opinions des assistants étaient partagées en deux partis. Le premier voulait qu'à la force de Tamerlan on opposât la force et l'intrépidité. Le second pensait que prudemment il fallait éviter son irruption par la fuite. Ibrahim après avoir écouté ces avis différents : Je loue, dit-il, le courage et la valeur de ceux qui veulent exposer avec vaillance leur vie à des dangers aussi évidents. Cette nouvelle preuve de zèle augmenterait encore mon amour pour vous, si je pouvais vous aimer davantage ; mais ma tendresse ne me permettra pas de vous voir verser un sang qui m'est si cher. La fuite pourrait bien me sauver ; mais elle excitera la fureur de Tamerlan qui s'exercera avec plus de violence sur ceux de mes sujets qui en deviendront les malheureuses victimes. Béni soit le Ciel qui me suggère un meilleur moyen par lequel j'espère vous sauver tous. Vous le connaîtrez bientôt ; cependant priez avec ferveur le Ciel de seconder mes vœux.

L'assemblée étant dissoute, il s'occupe aussitôt de préparer les présents les plus riches, et de toutes sortes d'espèces, avec lesquels il se dispose à aller au-devant de Tamerlan pour obtenir de lui le salut de son peuple. Tamerlan avait mis en usage, et l'ordre en était établi dans sa cour, que tous les dons qui lui étaient offerts, fussent des objets

en substance, au nombre de neuf. Ibrahim se con-
formant à cet ordre, se présente devant lui ; il lui
offre neuf superbes coursiers richement harnachés ,
couverts d'or et de perles ; neuf léopards dressés à
la chasse, tous avec des colliers garnis d'or ; neuf
tentes d'une broderie superbe, en or et en argent ;
neuf tapis des Indes, travaillés avec la plus grande
habileté ; neuf vases d'or entourés des diamants les
plus précieux, ensuite plusieurs autres présents ,
tous très-riches et d'un travail extraordinaire. Il
lui donne en outre quelques esclaves, mais ils
n'étaient qu'au nombre de huit. Où est l'autre ,
demanda alors avec orgueil le roi Tartare ? Il est à
vos pieds, répond Ibrahim en se prosternant : Vous
n'aurez pas d'esclave plus soumis, ni plus fidèle.
Mes chaînes seront trop douces, pourvu que j'ob-
tienne de votre couroux la vie et le salut de mon
peuple au désespoir. Ah ! ayez pitié de lui seul ; ga-
rantissez-le de toute attaque ; disposez de moi
comme il vous plaira ; je suis tout à vous. Cette
action attendrit Tamerlan ; et quoique son cœur
fût naturellement féroce, il change tout-à-coup ; il
relève Ibrahim avec bonté, et lui dit : Une vertu si
rare mérite bien autre chose que l'esclavage. Vous
serez le premier et le plus intime de mes amis. Vous
me tiendrez lieu de frère et de père. Retournez ,
joyeux et satisfait, vers votre peuple. Continuez à
faire son bonheur, comme vous l'avez fait jusqu'ici.
Si mon destin ne m'appelait pas à de plus vastes et
plus éclatantes entreprises, mon plaisir le plus doux
serait de m'appliquer à vous imiter entièrement, en
vivant dans un royaume de peu d'étendue.

Extrait du Précepteur des Enfants.

38. *Le Cheval.* (Fable..)

Un cheval bridé était depuis plus de deux heures attaché à la porte d'une maison. Les mouches le piquaient, et ces moments de mal-être le conduisirent insensiblement à penser à la dureté de son sort. Y avait-il dans le monde un animal plus tourmenté? plier souvent sous le poids du cavalier et du porte-manteau; tirer un chariot chargé; tenter l'impossible pour se garantir des coups de fouet, et n'y point réussir; n'oser faire un pas, qu'au gré du maître qui quelquefois ne lui laissait pas le temps d'étancher sa soif: telle était la vie pénible à laquelle il se voyait condamné. Ainsi, disait-il, il me fait user la vigueur de ma jeunesse dans les travaux de la servitude! et quel est mon salaire? quelques moments de repos dans une écurie; un peu de foin, d'avoine et de paille, et jamais une minute de récréation. Ces idées le tourmentent de plus en plus; il rompt sa bride dans sa colère, il gagne les champs à grand galop, franchit les torrents et les montagnes, et se réfugie dans une épaisse forêt. Enfin le voilà donc libre! il est vrai; une heure après il y fut dévoré par les loups.

L'état de servitude est dur sans doute, mais préférable encore à l'état d'une entière indépendance, quand on ne peut y vivre en sûreté.

Extrait du Fablier de la Jeunesse.

39. *Discours d'un vieillard sur les avantages de la vie champêtre.*

O mon fils! ma famille et mes troupeaux ont toujours été à l'abri des injures et des outrages, et le bruit des combats n'a point encore troublé notre retraite.

Peut-être le Ciel propice veille sur l'humble innocence et la protège; peut-être que, semblable à la foudre qui épargne les vallons et ne frappe que la cime des montagnes, la fureur de ces étrangers n'écrase que la tête altière des rois; notre pauvreté vile et méprisée ne tente point l'avidité du soldat.

Pauvreté vile et méprisée, et cependant si chère à mon cœur! je ne désire ni les sceptres, ni les trésors; les soucis de l'ambition ou de l'avarice n'habitent point mon âme : une onde pure me désaltère, et je ne crains point qu'une main perfide y mêle des poisons : mes brebis, mon jardin, fournissent à ma table frugale des mets qui ne me coûtent que des soins.

Comme nos besoins, nos désirs sont bornés : mes enfants gardent mon troupeau, et je ne dois rien à des mains mercenaires. Les chevreaux qui bondissent dans la plaine, les poissons qui se jouent dans les ondes, les oiseaux qui étalent au soleil leur superbe plumage, voilà mes spectacles et mes plaisirs.

Il fut un temps où, séduit par les illusions de la jeunesse, je connus d'autres désirs : je dédaignai la houlette des bergers, et je fus loin des lieux qui m'avaient vu naître : je vécus à Memphis; je fus admis dans le palais des rois : quoiqu'intendant des jardins, je vis, je connus la cour et ses injustices.

Jouet long-temps d'une trompeuse espérance, je

souffris les rebuts et les dégoûts ; enfin mes beaux jours s'écoulèrent, et avec eux mon espoir et mon ambition : je pleurai les loisirs de cette vie simple et paisible ; je soupirai après le repos que j'avais perdu ; je dis enfin, adieu grandeur ! adieu palais ! et rendu à nos bois, j'y retrouvai la paix et le bonheur.

Extrait de la Jérusalem délivrée.

40. *La maison, les amis et les plaisirs d'un Philosophe à la campagne, s'il était riche.*

Je n'irais pas me bâtir une ville en campagne, et mettre au fond d'une province les Tuileries devant mon appartement. Sur le penchant de quelque agréable colline bien ombragée, j'aurais une petite maison rustique, une maison blanche avec des contrevents verts ; et quoiqu'une couverture de chaume soit en toute saison la meilleure, je préférerais magnifiquement, non la triste ardoise, mais la tuile, parce qu'elle a l'air plus propre et plus gaie que le chaume, qu'on ne couvre pas autrement les maisons dans mon pays, et que cela me rappellerait un peu l'heureux temps de ma jeunesse. J'aurais pour cour une basse-cour, et pour écurie une étable avec des vaches, pour avoir du laitage que j'aime beaucoup. J'aurais un potager pour jardin, et pour parc un joli verger. Les fruits, à la discrétion des promeneurs, ne seraient ni comptés ni cueillis par mon jardinier, et mon avare magnificence n'étalerait point aux yeux des espaliers superbes auxquels à peine on osât toucher. Or, cette petite prodigalité serait peu coûteuse, parce que j'aurais choisi mon asyle dans quelque province éloignée, où l'on voit peu d'argent et beaucoup de denrées, et où règnent l'abondance et la pauvreté.

Là, je rassemblerais une société plus choisie que nombreuse d'amis aimant le plaisir, et s'y connaissant, des femmes qui pussent sortir de leur fauteuil et se prêter aux jeux champêtres, prendre quelquefois, au lieu de la navette et des cartes, la ligne, les gluaux, le rateau des faneuses et le panier des vendangeurs. Là, tous les airs de la ville seraient oubliés ; et, devenus villageois au village, nous nous trouverions livrés à des foules d'amusements divers, qui ne nous donneraient chaque soir que l'embarras du choix pour le lendemain. L'exercice et la vie active nous feraient un nouvel estomac et de nouveaux goûts. Tous nos repas seraient des festins, où l'abondance plairait plus que la délicatesse. La gaîté, les travaux rustiques, les folâtres jeux, sont les premiers cuisiniers du monde, et les ragoûts fins sont bien ridicules à des gens en haleine depuis le lever du soleil. Le service n'aurait pas plus d'ordre que d'élégance : la salle à manger serait partout, dans le jardin, dans un bateau, sous un arbre, quelquefois au loin, près d'une source vive, sur l'herbe verdoyante et fraîche, sous des touffes d'aunes et de coudriers : une longue procession de gaies convives porterait, en chantant, l'apprêt du festin ; on aurait le gazon pour table et pour chaises ; les bords de la fontaine serviraient de buffet, et le dessert pendrait aux arbres. Les mets seraient servis sans ordre, l'appétit dispenserait des façons ; chacun, se préférant ouvertement à tout autre, trouverait bon que tout autre se préférât de même à lui : de cette familiarité cordiale et modérée naîtrait sans grossièreté, sans fausseté, sans contrainte, un conflit badin, plus charmant cent fois que la politesse, et plus fait pour lier les cœurs. Point d'importuns laquais épiant nos discours, critiquant

tout bas nos maintiens, comptant nos morceaux d'un
œil avide, s'amusant à nous faire attendre à boire,
et murmurant d'un trop long dîner. Nous serions nos
valets pour être nos maîtres; chacun serait servi par
tous : le temps passerait sans le compter, le repas
serait le repos, et durerait autant que l'ardeur du
jour. S'il passait près de nous quelque paysan retour-
nant au travail, ses outils sur l'épaule, je lui réjoui-
rais le cœur par quelques bons propos, par quelques
coups de bon vin qui lui feraient porter plus gaiement sa misère; et moi j'aurais aussi le plaisir de
me sentir émouvoir un peu les entrailles, et de me
dire en secret : « Je suis encore homme. »

Si quelque fête champêtre rassemblait les habitants du lieu, j'y serais des premiers avec ma troupe.
Si quelques mariages, plus bénis du Ciel que ceux
des villes, se faisaient à mon voisinage, on saurait
que j'aime la joie, et j'y serais invité. Je porterais à
ces bonnes gens quelques dons simples comme eux,
qui contribueraient à la fête, et j'y trouverais en
échange des biens d'un prix inestimable, des biens
si peu connus de mes égaux, la franchise et le vrai
plaisir. Je souperais gaiement au bout de leur longue
table, j'y ferais chorus au refrain d'une vieille chan-
son rustique, et je danserais dans leur grange, de
meilleur cœur qu'au bal de l'Opéra.

J. J. ROUSSEAU. Emile

41. Discours de Tancrède à Renaud.

Guerrier indompté, lui dit-il, je sais que rien
ne peut résister à ton bras, je sais que c'est au milieu des armes, au sein de la terreur que ta haute
vaillance triomphe avec plus d'éclat, mais à Dieu

ne plaise qu'aujourd'hui elle se déploie si cruellement pour notre malheur.

Dis-mois, quels sont tes desseins ? veux-tu donc tremper tes mains dans le sang de tes amis et de tes frères ? Veux-tu, en immolant indignement des Chrétiens, percer le Dieu même dont ils sont les membres ? Un honneur passager, de vains égards pour une opinion qui, semblable aux flots de la mer, paraît et s'évanouit, pourront-ils plus sur toi, que la foi, que l'amour d'une gloire qui nous immortalise dans le Ciel ?

Ah ! je t'en conjure au nom de notre Dieu, triomphe de toi-même ; dépouille ta fierté, ton orgueil : cède à l'orage. Non, ce ne sera point une lâcheté ; ce sera le sublime effort d'une vertu qui t'assure la palme de la victoire. Si ma jeunesse méritait de servir aux autres d'exemple, je te dirais que moi aussi j'ai été offensé : mais je n'ai point armé mon bras contre des Chrétiens ; j'ai su dompter mon ressentiment.

Vainqueur de la Cilicie, j'y avais arboré l'enseigne de la croix : Baudouin arrive ; il cache son ambition sous le voile de l'amitié, me trompe et s'empare lâchement de ma conquête. Je pouvais peut-être m'en ressaisir par la force des armes : j'eus le courage de ne le point tenter.

Ton âme s'indigne contre l'idée de la prison ; tu rougirais de voir tes bras chargés de fers honteux : tu veux suivre les lois et les usages que le vulgaire a consacrés sous le nom de l'honneur. Laisse-moi ici pour te défendre auprès de Godefroi ; toi, va dans Antioche demander un asyle à Bohemond. Il vaut mieux te dérober aujourd'hui à un arrêt qu'un premier mouvement rendrait peut-être injuste.

*4

Bientôt si l'Égypte ou quelque autre puissance infidèle s'arme contre nous, nous regretterons le secours de ton bras : cette éclipse d'un moment donnera plus d'éclat à ta valeur ; et privé de toi, le camp ne paraîtra plus qu'un corps animé, sans vigueur et sans vie.

Extrait de la Jérusalem délivrée.

42. *Lettre d'un Philosophe à un jeune homme qui demandait à s'établir près de lui pour profiter de ses leçons.*

Vous ignorez, Monsieur, que vous écrivez à un pauvre homme accablé de maux, et, de plus, fort occupé, qui n'est guère en état de vous répondre, et qui le serait encore moins d'établir avec vous la société que vous lui proposez. Vous m'honorez, en pensant que je pourrais vous y être utile, et vous êtes louable du motif qui vous le fait désirer ; mais sur le motif même, je ne vois rien de moins nécessaire que de vous établir à Montmorency : vous n'avez pas besoin d'aller chercher si loin les principes de la morale.

Rentrez dans votre cœur, et vous les y trouverez ; et je ne pourrai rien vous dire à ce sujet, que ne vous dise encore mieux votre conscience, quand vous la voudrez consulter. La vertu, Monsieur, n'est pas une science qui s'apprend avec tant d'appareil : pour être vertueux, il suffit de vouloir l'être ; et si vous avez bien cette volonté, tout est fait ; votre bonheur est décidé.

S'il m'appartenait de vous donner des conseils, le premier que je voudrais vous donner serait de ne point vous livrer à ce goût que vous dites avoir pour la vie contemplative, et qui n'est qu'une paresse de l'âme, condamnable à tout âge, et surtout au vôtre. L'homme n'est point fait pour méditer, mais pour agir ; la vie laborieuse que Dieu nous impose n'a rien que de doux au cœur de l'homme de bien qui s'y livre en vue de remplir son devoir, et la vigueur de la jeunesse ne vous a pas été donnée pour la perdre à d'oisives contemplations.

Travaillez donc, monsieur, dans l'état où vous ont placé vos parents et la Providence : voilà le premier précepte de la vertu que vous voulez suivre ; et si le séjour à Paris, joint à l'emploi que vous remplissez, vous paraît d'un trop difficile alliage avec elle, faites mieux, Monsieur, retournez dans votre province : allez vivre dans votre famille ; servez, soignez vos vertueux parents : c'est là que vous remplirez véritablement les soins que la vertu vous impose.

Une vie dure est plus facile à supporter en province que la fortune à poursuivre à Paris, surtout quand on sait, comme vous ne l'ignorez pas, que les plus indignes manèges y font plus de fripons gueux que de parvenus. Vous ne devez point vous estimer malheureux de vivre comme fait monsieur votre père ; et il n'y a point de tort que le travail, la vigilance, l'innocence et le contentement de soi ne rendent supportable, quand on s'y soumet en vue de remplir son devoir.

Voilà, Monsieur, des conseils qui valent tous ceux que vous pourriez venir prendre à Montmorency : peut-être ne seront-ils pas de votre goût, et je crains que vous ne preniez pas le parti de les suivre ; mais je suis sûr que vous vous en repentirez un jour. Je vous souhaite un sort qui ne vous force jamais à vous en souvenir.

J. J. ROUSSEAU.

43. *Discours de Satan aux Divinités de l'enfer pour les animer contre l'armée des Chrétiens.*

Divinités de l'enfer, vous qui méritiez mieux d'être assis au-dessus du soleil, dans ces régions d'où vous tirez votre origine ; vous que la grande révolution précipita jadis avec moi du séjour du bonheur dans ces horribles cachots, je ne vous rappellerai point les soupçons jaloux et les cruels dédains du tyran qui nous opprime, ni notre glorieuse et trop funeste entreprise. Arbitre de tout, il règne aujourd'hui sur les étoiles ; et nous, l'événement a décidé que nous étions des rebelles.

Au lieu de ce jour pur et serein, au lieu de ce soleil, au lieu de ces globes lumineux, qu'autrefois nous habitions, le barbare nous a renfermés dans cet abîme obscur : il ne nous permet plus d'aspirer à nos premiers honneurs, à notre félicité première. En encore, ah cruel souvenir ! souvenir affreux qui aigrit mes peines et mes supplices, dans cet immortel séjour sa haine appela l'homme, l'homme, sa créature, cet insecte aussi vil que la fange dont il est né !

C'était trop peu pour sa vengeance : afin de mieux nous punir, il a livré en proie à la mort son fils même. Il est venu ce fils ; il a brisé les barrières du Tartare ; il a osé porter ses pas dans notre empire, et nous arracher des âmes que le sort nous avait dévouées. Riches de nos dépouilles, il est re-

tourné dans les cieux, et l'enfer vaincu a servi d'ornement à son triomphe.

Mais pourquoi renouveler encore nos profondes
douleurs ? qui ne connaît pas et ses injures et les
affronts qu'ils nous a faits? en quel temps, en quel
lieu le barbare a-t-il suspendu le cours de ses outrages ? mais oublions d'anciens ressentiments ; de
nouvelles offenses doivent enflammer notre courroux. Eh ! ne voyez-vous pas comme il tente de
rappeler toutes les nations à son culte ?

Et nous, engourdis par nos malheurs, nous traî-
nerons dans l'inaction des moments inutiles ! un généreux courroux n'enflammera pas votre courage ?
et nous souffrirons que chaque jour le peuple soumis
à ses lois s'agrandisse dans l'Asie, qu'il subjugue la
Palestine, que le culte, que la gloire de notre op-
presseur s'étende encore, que son nom retentisse
dans de nouvelles langues, qu'il soit chanté dans de
nouvelles hymnes, qu'on le grave sur de nouveaux
bronzes et sur des marbres nouveaux ?

Nous souffrirons que nos idoles tombent anéan-
ties : que nos autels deviennent ses autels, qu'à lui
seul on adresse des vœux, que pour lui seul l'encens
brûle, qu'à lui seul on offre de l'or et des parfums ?
et nous, pour qui jamais temple ne fut impénétrable, nous n'aurons plus un asyle sur la terre ;
et privé du tribut accoutumé, errant au milieu
d'un empire solitaire, votre roi régnera sur des
déserts !

Non : J'en jure par cette antique valeur qui respire et qui vit encore en nous. Ne sommes-nous pas
tels que nous étions, lorsque, armés du fer et de la
flamme, nous disputâmes l'empire des cieux ? Nous
succombâmes, je l'avoue, dans ce combat ; mais

le courage ne manque point à nos projets : la palme fut au plus heureux ; il nous resta la gloire d'avoir tout osé, et de n'avoir pas été accablés par notre infortune.

Mais pourquoi vous arrêterai-je encore ? Allez, ô mes fidèles compagnons, ma force et mon appui ! Allez, volez, anéantissez dans son berceau une puissance ennemie : éteignez cette flamme naissante avant qu'elle ait embrasé la Palestine : mêlez-vous parmi eux, et pour les perdre, employez tour-à-tour, et la ruse et la force.

Que ma volonté soit le destin. Que les uns errent dispersés ; que les autres tombent sous vos coups : que d'autres, idolâtres d'un doux regard, esclaves d'un sourire, languissent plongés dans la mollesse et dans de honteuses amours ; que rebelles et divisés, Chrétiens contre Chrétiens, eux-mêmes ils se déchirent et s'égorgent. Que tout le camp périsse exterminé, et que les derniers vestiges en disparaissent.

Extrait de la Jérusalem délivrée.

44. *Les deux Chiens.* (Fable.)

Un bon Mari qui chérissait sa femme,
Toujours pour elle complaisant,
Ne venait jamais vers sa Dame,
Qu'il n'eût en main nouveau présent.
Un jour aux pieds de son amie
Ce tendre époux dépose un jeune chien.
De la fidélité c'est l'image chérie,
Nous n'aimons pas à beaucoup près si bien.
Il est charmant, on le caresse,
On lui prodigue avec vivacité
Tous ces aimables noms qu'inventa la tendresse :
Jamais chien ne fut plus fêté,

  Le lit de Madame , sa table,
  Tout se partage avec Bijou.
Il prend sur ses genoux un repos délectable,
Bijou plaît même aux gens , tout le monde en est fou.
Aussi je conviendrai, narrateur équitable,
Que cet heureux destin Bijou le méritait :
    Il était gai , leste, il sautait
    Pour son maître et pour sa maîtresse ,
Par-dessus un bâton s'élançait , rapportait,
        Enfin c'était
    Un modèle de gentillesse.
  Mais , ô douleur ! plus Bijou grandissait,
    Plus , hélas ! il enlaidissait.
Bientôt il a perdu sa forme délicate ;
Son oreille écourtée et son grossier museau ,
  Son corps robuste , et son énorme pate,
Tout annonce un mâtin , un vrai chien de troupeau.
Je l'avoue à regret , mais Bijou n'est pas beau.
Madame s'en dégoûte , et dit avec rudesse :
Qu'on ôte de mes yeux cet objet qui les blesse ;
    Comme il est massif , qu'il est lourd !
    Par malheur Bijou n'est pas sourd !
Mais à l'injure opposant la tendresse ,
Il vient presqu'à genoux caresser sa maîtresse :
  Un coup de pied : oh ! Pataud , à la cour.
Et voilà mon Bijou dégradé de noblesse.
    Plus de biscuits , plus de poulets ,
    Doux aliments de sa jeunesse ,
Du pain noir , une eau sale , hélas ! ce sont les mets
Qu'avec économie, et jusqu'à la vieillesse ,
  Il recevra de la main des valets.
Allons , dit-il , allons , plus de délicatesse.
C'est payer un peu cher les frais de ma laideur ;
Mais pour l'homme ici bas tout change , et mon espèce
Du destin comme lui doit subir la rigueur.
Du moins consolons-nous au sein de la sagesse ,
Et montrons un courage égal à mon malheur.
Mais cependant , Monsieur , à sa moitié chérie ,
    Vient de faire un présent nouveau :
    C'est une Levrette jolie ,
    Corps élancé , jambe en fuseau
    Et le plus fin petit museau......

Oh ! c'est vraiment une bête accomplie.
   Zéphyrette, c'était son nom ;
   Parcourez cent lieux à la ronde,
   Vous n'en trouverez pas comme elle.,
     Oh mon dieu non :
Elle est toujours et par saut et par bond,
C'est une espiègle en malice féconde,
Et malgré sa folie, un petit cœur si bon,
   Elle caresse tout le monde......
A la maison des champs on passait tout l'été.
   Certaine nuit, où d'un sommeil léger,
Chacun sur un coucher mollement apprêté
    Savourait le charme tranquille,
    Par-dessus les murs du jardin
    Deux voleurs, glaives nus en main,
S'introduisent sans bruit dans le champêtre asyle,
    Tous deux marchent d'un pas tremblant
    Tout doucement, si doucement......
    Ils éprouvent en frissonnant
Que le chemin du crime est toujours difficile.
    Du pâle flambeau de la nuit
L'Incertaine lueur qui devant eux vacille,
    Et le vent léger qui bruit
    Parmi le feuillage mobile,
    Tout les glace, tout retentit
Dans leur cœur effrayé, que le remords poursuit.
   Pataud frémit, son oreille est dressée,
    Et la crinière hérissée,
   Le nez en l'air, il écoute, il attend,
    Puis contre terre va flairant,
   Et tout d'un coup, furieux il s'élance,
    Avec un affreux hurlement,
Sur le premier qui devers lui s'avance.
    Armé d'un fer étincelant
    Le brigand en vain se défend :
Pataud blessé, mais plus terrible encore
    Le saisit de l'ongle et des dents,
    Met en lambeaux ses vêtements,
    Il le déchire, il le dévore.
    Il court à l'autre scélérat,
    Lutte contre lui, le renverse,
     Dans leur sang, dans le sien',

Se baigne, se débat,
Mord avec désespoir le glaive qui le perce,
     Et sort triomphant du combat.
Cependant à ses cris, on s'éveille, on s'alarme,
     On reconnaît sa voix, on s'arme,
     Chacun descend, et Madame et Monsieur,
Et Zéphyrette aussi d'une course légère.
     Dieu! quel tableau! quel spectacle d'horreur,
          Le sang ruiselle sur la terre.
          Deux hommes mourants, déchirés,
          Et Pataud, punisseur de crimes,
Luttant contre la mort entre ses deux victimes.
D'horreur et de pitié les cœurs sont pénétrés;
          Mais, que fait là Zéphyrette?
     Les scélérats sanglans et terrassés
     Par la gentille et fringante levrette,
          Étaient tendrement caressés.
Pauvre Pataud! c'est toi que j'ai pu méconnaître,
A qui j'ai préféré cet ingrat petit être,
Qui paraît tout aimer et ne sait rien chérir.
Ah! dit l'homme, du moins quand tu vas cesser d'être
     Jouis de tout mon repentir.
     Rouvrant l'œil au jour qu'il va fuir
Pataud mourant se traîne vers son maître,
Et le caresse encore à son dernier soupir.
Fortune, emplois, faveurs, dignités, et le reste,
     Tout parmi nous s'accorde à l'intriguant,
Au bas flatteur, à l'homme adroit, souple, rampant;
On ne pense jamais au mérite modeste.

MONVEL.

45. *Discours du maréchal de Biron à Henri IV.*

Quoi! Sire, on vous conseille de monter sur mer, comme s'il n'y avait pas d'autre moyen de conserver votre royaume que de le quitter! Si vous n'étiez pas en France, il faudrait percer au travers de tous les hasards et de tous les obstacles pour y venir ; et maintenant que vous y êtes, on voudrait que vous en sortissiez ; et vos amis seraient d'avis que vous fissiez de votre bon gré ce que les plus grands efforts de vos ennemis ne sauraient vous contraindre de faire. En l'état où vous êtes, sortir seulement de la France pour vingt-quatre heures, c'est s'en bannir pour jamais.

Le péril, au reste, n'est pas si grand qu'on vous le dépeint : ceux qui nous pensent envelopper sont, ou ceux mêmes que nous avons tenus enfermés si lâchement à Paris, ou gens qui ne valent pas mieux, et qui auront plus d'affaires entre eux-mêmes que contre nous. Enfin, Sire, nous sommes en France, il nous y faut enterrer : il s'agit d'un royaume, il faut l'emporter ou y perdre la vie ; et quand même il n'y aurait point d'autre sûreté pour votre personne sacrée que la fuite, je sais bien que vous aimeriez mieux mille fois mourir de pied ferme, que de vous sauver par ce moyen. Votre majesté ne souffrirait jamais qu'on dise qu'un cadet de la maison de Lorraine lui aurait fait perdre terre, encore moins qu'on la vît mendier à la porte d'un prince étranger.

Non, Sire, il n'y a ni couronne ni honneur pour vous au-delà de la mer. Si vous allez au-devant du secours de l'Angleterre, il reculera ; si vous vous présentez au port de la Rochelle en homme qui se sauve, vous n'y trouverez que des reproches et du mépris. Je ne puis croire que vous deviez plutôt fier votre personne à l'inconstance des flots et à la merci de l'étranger, qu'à tant de braves gentilshommes et à tant de vieux soldats qui sont prêts à lui servir de rempart et de bouclier ; et je suis trop serviteur de votre majesté, pour lui dissimuler que si elle cherchait sa sûreté ailleurs que dans leur vertu, ils seraient obligés de chercher la leur dans un autre parti que dans le sien.

MÉZERAY. *Histoire de France.*

46. *La Fuite du Collège.*

Au fond d'un noir collége à neuf ans relégué,

. . . .

Je regrettais l'asyle, où, du matin au soir,
Jouer, manger, dormir, était mon seul devoir.

. . . .

Enfin je résolus de quitter le séjour,
Maman, où l'on ne peut vous montrer son amour.

. . . .

Or, aux portes campé, veillait, d'un œil sévère,
Un dogue à face humaine, implacable Cerbère,

. . . .

Pour tromper ses regards, dans l'ombre de la nuit,
Je me glisse en rampant aux pieds de son réduit :
Me voilà libre enfin !.....Mais où trouver asyle ?
D'un enfant inconnu qui voudra dans la ville ?
Ou, si quelqu'un m'accueille, aisément deviné,
Je crains d'être au collége à l'instant ramené.

Qu'eussiez-vous fait, lecteur ? Pour moi, dans la campagne,
Je vais chercher mon gîte au pied d'une montagne.
Là s'étendait un bois dont la profonde horreur
Convient au fugitif et charme le voleur ;
Bois vaste, où, vers le centre, un chêne au vert feuillage
Offrait de ses rameaux l'hospitalier ombrage.
Je me couche à ses pieds, invoquant le sommeil,
Mais en vain : tout-à-coup, de son éclat vermeil,
Comme une étoile au ciel, une faible lumière,
En rayons inégaux, vient frapper ma paupière.
Inquiet, je l'observe : ô prodige glaçant !
Cette lumière marche et croît en s'avançant !
Alors je n'y tiens plus : au chêne je m'accroche ;
Des pieds, des mains je grimpe ; enfin, de proche en proche,

Sanglant, j'arrive au haut. Là, comme d'une tour,
Promenant mes regards sur les bois d'alentour,
Je revois ma lueur de sinistre présage,
Que suit de vingt brigands l'effrayant assemblage.

L'un traînait un baril ; l'autre, au bout d'un bâton,
Sur son dos abaissé, transportait un mouton ;
Tous marchaient, à grands pas, vers l'arbre remarquable
Qui prêtait à ma peur un abri secourable.
Ciel, protège un enfant ! préféré parmi tous,
Cet arbre, ce même arbre était leur *rendez-vous* !

Ils arrivent : je vois, je vois leur troupe infâme !
D'un bois sec qui pétille ils excitent la flamme,
Et bientôt une main qui tourne avec lenteur,
Sur deux appuis fourchus d'une égale hauteur,
Du mouton en travers exposé sur la broche,
Rôtit le corps fumant qui fuit et qui s'approche.

Cependant sur mon arbre assez mal affourché,
De l'aspect des brigands surtout effarouché,
Tremblant au moindre bruit, retenant mon haleine,
Je n'osais remuer et respirais à peine.
Mais qui peut résister aux arrêts du destin ?
Alors qu'un feu plus vif avance leur festin,
Le vent mal dirigé, de l'ardente ramée
Vers mon nez trop sensible élève la fumée :
J'éternue à grand bruit ! ! ! Tous les yeux sont en l'air ;
Moins prompt est le clin-d'œil, moins rapide est l'éclair ;
On se lève, on s'approche, on voit sous le feuillage
L'oiseau nouvellement échappé de sa cage.

« Par la mort, dit le chef, nous sommes observés :
« Qui va là ? qui se cache en ces lieux élevés?
« Répondez, descendez, ou bien je vais moi-même ...»
Hélas ! j'étais muet en ce péril extrême.
Le voilà donc sur l'arbre en un saut élancé ;
Il arrive au sommet par son poids balancé,
Et, d'un bras vigoureux, m'attirant en arrière,
Me force de rouler, non de descendre à terre.
Muse, raconte ici le rire triomphant
Qui partit en éclats, à l'aspect d'un enfant
Dont l'âge encor si tendre et l'air plein d'innocence
Ecartait du péril la frivole apparence.

Pourtant on m'interroge, et moi, pâle, interdit,
Je réponds qu'échappé du collège maudit,
Je cherche, dans ces bois, une retraite sûre.
Le fait paraît plaisant et chacun me rassure.

Le rôt, en ce moment, pénétré de chaleur,
Par l'odeur de ses sucs, par l'or de sa couleur,
Annonce à l'appétit la joyeuse nouvelle
Que Vulcain a dompté sa crudité rebelle.
On s'assied à l'entour; on mange, et du tonneau
On tire une liqueur qui trouble le cerveau.
. . . .

Enfin tous sont repus, la barique est vidée;
A partir, de ce pas, la troupe est décidée;
Un seul point la retient : que fera-t-on de moi?
« Le salut général est la suprême loi, »
Dit un drôle aux yeux noirs, « consultons la prudence;
« Il vaut mieux assurer qu'espérer le silence;
« Point de fausse pitié : l'on ne peut avoir tort,
« Lorsque, pour l'éviter, on sait donner la mort.
« Vous m'entendez, j'espère : ainsi, malgré son âge
« Et l'air intéressant de son heureux visage,
« Si j'en suis cru par vous, cet enfant périra,
« Et de nous chez les morts seulement parlera.

Il dit : à son avis qui paraissait fort sage
Chacun applaudisait et joignait son suffrage,
Quand le chef (qui l'eût cru ?) prenant un ton plus doux
Dit : « Voyez, mes amis, un enfant à genoux;
« Il implore sa grâce, ah! nous pouvons la faire;
« J'en conçois un moyen qui ne peut vous déplaire;
« Car enfin que craint-on ? qu'il n'observe nos pas?
« Eh bien! pourquoi fermer ses yeux par le trépas,
« Voyez-vous ce baril ? Le traîner embarrasse;
« De ses flancs arrondis qu'il occupe l'espace,
« Qu'on l'y scelle, et qu'ainsi dûment emprisonné
« A sa bonne fortune il soit abandonné.
« Que verra-t-il alors, et qu'importe qu'il vive? »

Le conseil est goûté de la troupe attentive.
A l'ouvrage aussitôt tous appliquent leurs bras
Le fond sollicité saute sans embarras;

Un abîme est ouvert, on m'y plonge, on m'y scelle,
Et je crains, pour mes yeux, une nuit éternelle.

Alors succède aux voix un murmure incertain,
Au murmure, un bruit sourd qui meurt dans le lointain;
Tout se tait, je suis seul; mais non moindre est ma peine,
Non moins triste mon sort et ma vie incertaine.
Hélas! pour respirer, je n'avais, comme on voit,
De mon obscur baril que l'orifice étroit;
Ma bouche s'y collait et cherchait avec peine
Un peu d'air qu'au passage aspirait mon haleine;
Je me désespérais.... lorsque, tout près de moi
J'entends venir, flairer, rôder, je ne sais quoi,
Qui, flairant et rôdant, promène sur ma bouche
Comme un léger duvet qui la flatte et la touche.
A ce tact inconnu, je recule soudain,
Et, portant en avant une inquiète main,
Je saisis par hasard, sans dessein, sans adresse,
Une queue à longs poils de la plus belle espèce,
Souple et noble ornement, avec grâce attaché,
D'un renard, en ces lieux, par l'odeur alléché.
L'animal d'opérer sa retraite brillante;
Il entraîne avec lui ma prison sautillante,
Qui, tantôt contre un arbre et tantôt contre un roc,
Dans ses flancs résonnans recevant quelque choc,
Devait, en se brisant, selon toute apparence,
Opérer du captif l'heureuse délivrance.
Cet espoir me plaisait; puis, à ne rien celer,
Je goûtais, en enfant, cette façon d'aller.

. . . .

Un craquement subit éparpille en débris
Les cercles du baril et ses frêles débris
Tout tombe, je respire et revois la lumière.
J'adresse alors au Ciel ma fervente prière,
Et, sauvé du péril, par un juste retour,
En lâchant le renard, je le sauve à mon tour.

Mais voici le plus beau : dans la vaste étendue
Du tableau qui d'abord vient s'offrir à ma vue,
Quel objet, croyez-vous, blanchi d'un faible jour,
Me frappe, me surprend ?.... C'était le doux séjour

Où demeurait maman, auquel tendait ma course,
Enfin de mes malheurs le terme et la ressource;
Lieu charmant où j'allais, dans un heureux loisir,
Réparer les moments dérobés au plaisir.
J'y cours d'un pied léger, savourant par avance
Le bonheur qu'à coup sûr va causer ma présence.
Hélas! je m'abusais; lentement introduit
Au chevet de maman d'abord on me conduit;
Mais, malgré l'intérêt de ma touchante histoire,
Malgré tous mes périls, et malgré ma victoire,
. . . .
Elle ne goûte point le précoce héroïsme
D'un *Brutus* de neuf ans qui fuit le despotisme,
Prétend qu'on obéisse et qu'on ne dise rien,
Que tout ce qu'on m'a fait n'était que pour mon bien;
Et, pour mieux le prouver, selon nos mœurs premières,
Me fait par sa Marthon donner les étrivières.

Au collége bientôt, sur un grand palefroi,
En croupe, un vieux laquais m'entraîne plein d'effroi.
. . . .
Et la porte sur moi, pour un durable terme;
Sans pitié, sur ses gonds, tourne, crie et se ferme.

. . . .
Ainsi puni j'apprends aux enfants à venir
Qu'enfermés au collége, ils doivent s'y tenir?

L. DE P....

Mercure de France.

47. *Discours de Véturie à Coriolan.*

Et pouvez-vous, mon fils, ajouta-t-elle en élevant la voix, refuser une proposition si équitable, à moins que vous ne vouliez préférer une vengeance cruelle et opiniâtre aux prières et aux larmes de votre mère? Songez que votre réponse va décider de ma gloire, et même de ma vie. Si je remporte à Rome l'espérance d'une paix prochaine, si j'y rentre avec les assurances de votre réconciliation, avec quels transports de joie ne serai-je pas reçue par nos concitoyens? Le peu de jours que les Dieux me destinent encore à passer sur la terre, seront environnés de gloire et d'honneurs. Mon bonheur ne finira pas même avec cette vie mortelle : s'il est vrai qu'il y ait différents lieux pour nos âmes après la mort, je n'ai rien à craindre de ces endroits obscurs et ténébreux où sont relégués les méchants; les Champs Elysées, ce séjour délicieux destiné pour les gens de bien, ne suffiront pas même pour ma récompense. Après avoir sauvé Rome, cette ville si chère à Jupiter, j'ose espérer une place dans cette région pure et sublime de l'air, qu'on dit être habitée par les enfants des Dieux. Mais je m'abandonne trop à des idées si flatteuses. Que deviendrai-je si tu persistes dans cette haine implacable dont nous n'avons que trop ressenti les effets ? Nos colonies chassées par tes armes de la plupart des villes qui reconnaissent l'empire de Rome; tes soldats furieux répandus dans la campagne, et portant le fer et le feu de tous côtés, ne devraient-ils pas avoir assouvi ta vengeance ? As-tu bien eu le courage de venir piller cette terre qui t'a vu naître et qui t'a nourri si long-temps ? De si loin que tu as pu apercevoir Rome, ne t'est-il point venu dans l'esprit que tes Dieux, ta maison, ta mère, ta femme et tes enfants étaient renfermés dans ses murailles! Crois-tu que couverte de la honte d'un refus injurieux, j'attende paisiblement que tes armes aient décidé de notre destinée! Une femme romaine sait mourir, quand il le faut ; et si je ne te puis fléchir, apprends que j'ai résolu de me donner la mort en ta présence : tu n'iras à Rome qu'en passant sur le corps de celle qui t'a donné la vie; et si un spectacle aussi funeste n'est pas capable d'arrêter ta fureur, songe au moins qu'en voulant mettre Rome aux fers, ta femme et tes enfants ne peuvent éviter la mort, ou une prompte servitude.

Coriolan, agité de différentes passions, paraissait interdit : la haine et le désir de la vengeance balançaient dans son cœur l'impression qu'y faisait malgré lui un discours si touchant. Véturie qui le voyait ébranlé, mais qui craignait que la colère ne l'emportât sur la pitié : « Pourquoi ne me réponds-tu point, mon fils, lui dit-elle ? Méconnais-tu ta mère ? As-tu oublié les soins que j'ai pris de ton enfance ? Et toi, qui ne fais la guerre que pour te venger de l'ingratitude de tes concitoyens, peux-tu, sans te noircir du même crime que tu veux punir, refuser la première grâce que je t'aie jamais demandée ? Si j'exigeais que tu trahisses les Volsques qui t'ont reçu si généreusement, tu aurais un juste sujet de rejeter une pareille proposition ; mais Véturie est incapable de proposer rien de lâche à son fils, et ta gloire m'est encore plus chère que ma vie. Je demande seulement que tu éloignes tes troupes des murailles de Rome : accorde-nous une trêve d'un an, pendant lequel terme on puisse travailler à établir une paix solide. Je t'en conjure, mon fils, par Jupiter tout bon et tout puissant qui préside au Capitole, par les mânes de ton père et de tes ancêtres. Si mes prières et mes larmes ne sont pas capables de te fléchir, vois ta mère à tes pieds, qui te demande le salut de sa patrie. »

Vertot. Révolutions Romaines.

48. *Pensée d'un Philosophe sur l'idée que l'âme n'est point matérielle.*

Plus je rentre en moi, plus je me consulte, et plus je lis ces mots écrits dans mon âme : *Sois juste et tu seras heureux!* Il n'en est rien pourtant, à considérer l'état présent des choses : le méchant prospère, et le juste reste opprimé. Voyez aussi quelle indignation s'allume en nous, quand cette attente est frustrée ! la conscience s'élève et murmure contre son auteur ; elle lui crie en gémissant : « Tu m'as trompé ! »

« Je t'ai trompé, téméraire ! qui te l'a dit ? Ton âme est-elle anéantie ? as-tu cessé d'exister ? ô Brutus ! ô mon fils ! ne souille point ta noble vie en la finissant : ne laisse point ton espoir et ta gloire avec ton corps aux champs de Philippes. Pourquoi dis-tu : *la vertu n'est rien,* quand tu vas jouir du prix de la tienne ? Tu vas mourir, penses-tu ; non, tu vas vivre, et c'est alors que je tiendrai tout ce que je t'ai promis. »

On dirait, aux murmures des impatients mortels, que Dieu leur doit la récompense avant le mérite, et qu'il est obligé de payer leur vertu d'avance. O ! soyons bons premièrement, et puis nous serons heureux. N'exigeons pas le prix avant la victoire, ni le salaire avant le travail. Ce n'est point dans la lice, disait Plutarque, que les vainqueurs de nos jeux sacrés sont couronnés, c'est après qu'ils l'ont parcourue.

Si l'âme est immatérielle, elle peut survivre au corps ; et si elle lui survit, la Providence est justifiée. Quand je n'aurais d'autre preuve de l'immatérialité de l'âme, que le triomphe du méchant et l'oppression du juste dans ce monde, cela seul m'empêcherait d'en douter. Une si choquante dissonance dans l'harmonie universelle, me ferait chercher à la résoudre. Je me dirai : « Tout ne finit pas pour moi avec la vie ; tout rentre dans l'ordre à la mort. »

J. J. Rousseau. Emile.

49. *Pensée d'un homme de bien sur la mort.*

Le dernier de tous les maux, et le pire aux yeux de bien des hommes, c'est la mort. Ah ! elle est un mal sans doute pour celui qui n'a rien à espérer après cette vie ; elle est un grand mal pour celui qui ne peut compter ses jours que par l'abus qu'il en a fait ; pour le méchant qui a commis le crime avec goût, avec réflexion, par habitude, et qui ne s'est point repenti : elle en est un pour celui dont la vie stérile et sans honneur n'a contribué en rien à la gloire de son Dieu, au bonheur de ses semblables, et qui meurt sans avoir vécu. Mais est-elle donc un mal pour celui à qui elle promet la jouissance du vrai bonheur ; pour l'homme vertueux et bienfaisant, qui n'a pas reçu son âme en vain, dont presque tous les moments ont été marqués par le désir, par le soin de bien faire, et quelques-uns seulement par le regret d'avoir mal fait ? Est-elle un mal pour le juste, dont elle termine les combats, et dont elle couronne la victoire ; pour celui qui, par une bonne vie, a appris à bien mourir ? Ah ! dès qu'il a fait tout le bien qu'il a pu, dès qu'il s'est repenti du peu de mal qui est échappé à sa faiblesse, il a assez vécu pour lui-même, et la mort est un gain pour lui.

Eh ! qu'aura donc la mort de si terrible pour moi

quand elle viendra terminer une vie que j'aurai tâché de rendre utile, et dont j'ai pleuré les fautes et expié les erreurs? Plein de confiance dans la bonté d'un Dieu qui, tout à la fois mon juge et mon père, m'aura aidé lui-même à satisfaire à sa justice, je mourrai regretté de mes concitoyens qui se souviendront de moi, de mon roi qui me connaîtra mieux, de mes ennemis peut-être, qui ne verront plus rien dans leur prétendu rival dont ils puissent être jaloux, et qui avoueront qu'il n'a pas dépendu de lui qu'ils ne fussent plus heureux : je mourrai regretté de vous, mes chers enfants ; de vous, ma plus douce joie et le seul bien que je puisse quitter avec peine. Vous recueillerez mes cendres ; vous mettrez votre offrande sur le tombeau qui les renfermera ; vous l'arroserez de vos larmes ; et, pour vous consoler mutuellement, vous vous direz l'un à l'autre : « Il est parvenu au terme après lequel il soupirait, ne lui envions pas son bonheur : puissions-nous seulement, quand le temps sera venu, le partager avec lui ! Non, nous ne l'avons pas perdu pour toujours ; non, il n'est pas mort tout entier, et c'est maintenant qu'il vit heureux. » Ainsi, Valmont, la vie n'est point un fardeau, lorsqu'elle mène à une bonne mort ; la mort n'est point un mal, lorsqu'elle conduit à une vie meilleure.

Comte de VALMONT.

5o. *Le Cheval d'Espagne.*

ON court bien loin pour chercher le bonheur;
A sa poursuite en vain l'on se tourmente :
C'est près de nous, dans notre propre cœur,
Que le plaça la nature prudente.

. . . .

Je veux au moins prouver dans une fable
Que ces vrais biens s'attrapent sans courir.

Certain coursier né dans l'Andalousie
Fut élevé chez un riche fermier ;
Jamais cheval de prince ou de guerrier,
Ni même ceux qui vivaient d'ambroisie,
N'eurent un sort plus fortuné , plus doux.
Tous dans la ferme aimaient notre andaloux,
Tous pour le voir allaient à l'écurie
Vingt fois le jour ; et ce coursier chéri
D'un vœu commun fut nommé Favori.

Favori donc avait de la litière
Jusqu'aux jarrets, et dans son ratelier
Le meilleur foin qui fût dans le grenier.
Soir et matin les fils de la fermière,
Encore enfants , ménageaient de leur pain
Pour l'andaloux ; et lorsque dans leur main
Le beau cheval avait daigné le prendre,
C'étaient des cris , des transports de plaisir ;
Tous lui donnaient le baiser le plus tendre :
Dans la prairie ils le menaient courir ;
Et le plus grand de la petite troupe ,
Aidé par tous , arrivait sur sa croupe :
Là , satisfait, et d'un air triomphant ,
Des pieds, des mains , il pressait sa monture :
Et Favori modérait son allure,
Craignant toujours de jeter bas l'enfant.

De Favori ce fut là tout l'ouvrage
Pendant long-temps : mais quand il vint à l'âge

De trente mois, la femme du fermier
Le prit pour elle ; et notre cavalière,
En un fauteuil sise sur le coursier,
La bride en main, dans l'autre la croupière
Les pieds posés sur un même étrier,
Allait, trottait au marché faire emplette,
Chez ses voisins acquitter une dette,
Ou visiter son père déjà vieux.
A son retour, notre bonne Sanchette
Accommodait Favori de son mieux,
Et lui doublait l'avoine et les caresses.

 Plus on grandit, plus on devient vaurien.
Ce Favori que l'on traitait si bien,
Ce cher objet de si douces tendresses,
Fut un ingrat ; et quand il eut quatre ans,
Il s'indigna dans le fond de son âme
D'être toujours monté par une femme :
Est-ce donc là, disait-il dans ses dents,
Le noble emploi d'un coursier d'Ibérie ?
Avec des bœufs j'habite l'écurie
D'une fermière, et frémis de courroux
Quand on me voit, comme un ânon docile,
Au petit trot cheminer vers la ville,
Ayant pour charge une femme et des choux.
Non, je ne puis souffrir cette infamie,
Je suis né fier ; et, dussé-je périr,
Je prétends bien dans peu m'en affranchir.
Orgueil ! orgueil ! c'est par toi qu'on oublie
Vertus, devoirs ; par toi tout a péri :
Tu perdis l'homme, et perdis Favori.

 Un beau matin que la bonne Sanchette,
Selon l'usage, allait toute seulette
Vendre au marché les fruits de son jardin,
Elle eut besoin, je ne sais pour quoi faire,
De s'arrêter un moment en chemin.
D'un saut léger elle est bientôt à terre :
Mais le bridon échappe de sa main ;
Et Favori s'en aperçoit à peine,
Qu'au même instant, s'élançant dans la plaine,

Il casse, brise et disperse dans l'air
Et charge et selle et harnois et croupière,
Des quatre pieds fait voler la poussière,
Et disparaît aussi prompt que l'éclair.

Las ! que devint notre bonne Sanchette ?
Dans sa surprise elle resta muette,
Suivit long-temps des yeux le beau coursier,
Et puis pleura, puis retourna chez elle,
Et raconta cette affreuse nouvelle.
Tout fut en deuil chez le triste fermier ;
De Favori tous regrettent la perte ;
Enfants, valets, vont à la découverte
Dans les hameaux, dans chaque bourg voisin :
L'avez-vous vu des coursiers le modèle,
Le plus aimé, le plus beau ? C'est en vain ;
De Favori nul ne sait de nouvelle ;
Il est perdu. Sanchette soupira,
Et dit tout bas : Peut-être il reviendra.

En attendant, Favori ventre à terre
Galope et fuit sans perdre un seul moment.
Il aperçoit bientôt un régiment
De cavaliers qui marchait à la guerre ;
Hommes, chevaux, par leur air belliqueux,
Par leur fierté, leur armure brillante,
Dans tous les cœurs répandent l'épouvante,
Ou le désir de combattre auprès d'eux.
A cet aspect notre coursier s'arrête ;
Il sent dresser tous ses crins ondoyants,
Et, l'œil en feu, les naseaux tout fumants,
Fixe, immobile, écoute la trompette :
Puis tout-à-coup, frappant la terre et l'air,
Il bondit, vole à travers la prairie,
Arrive auprès de la cavalerie,
S'ébroue, hennit, et jetant un œil fier
Sur ces guerriers, enfants de la victoire,
Il semble dire : Et j'aime aussi la gloire.

Le colonel, qui voit ce beau coursier,
Veut s'en saisir ; il vient avec adresse
Auprès de lui, le flatte, le caresse,
Et par un frein en fait son prisonnier.

A l'instant même une peau de panthère,
Aux griffes d'or tombantes jusqu'à terre
Couvre le dos du superbe animal,
Un plumet rouge orne sa tête altière,
Et cent rubans tressés dans sa crinière
Lui donnent l'air coquet et martial.
Sur Favori le colonel s'élance,
Presse les flancs du coursier généreux ;
Et Favori, dans son impatience,
Mordant son frein, fier du poids glorieux,
Vole à travers les escadrons poudreux.

Voilà, voilà, disait-il en lui-même,
Le noble emploi pour lequel je suis né !
Vivre en repos, c'est vivre infortuné ;
Gloire et périls sont le bonheur suprême.
Sous ce harnois que je dois être beau !
Je voudrais bien, dans le crystal de l'eau,
Me voir passer, voir ma mine guerrière.
Pour être heureux, ma foi, vive la guerre ?

Comme il parlait, le chef du régiment
Reçoit l'avis qu'une troupe ennemie
Doit dans la nuit l'attaquer brusquement.
Tout aussitôt une garde choisie
Est disposée autour du logement :
Le colonel la commande lui-même ;
Et Favori, dont la joie est extrême
De voir qu'on est menacé d'un danger,
Passe la nuit sans dormir ni manger.
Qu'importe ? il est soutenu par le zèle.
Point d'ennemis, voilà son seul chagrin.
Mais tout-à-coup arrive le matin
Un officier qui porte la nouvelle
Que la bataille est pour le lendemain.
Le colonel veut être de la fête ;
L'armée est loin, mais jamais rien n'arrête,
Lorsque la gloire est au bout du chemin :
On part, on veut arriver pour l'aurore.
Toujours à jeun Favori néanmoins
Ne se plaint pas, mais il saute un peu moins.
Le jour se passe, il faut marcher encore

Toute la nuit ; et Favori rendu
Fait un soupir ; mais l'amour de la gloire,
Et le désir de vivre dans l'histoire,
Et l'éperon, réveille sa vertu.
Il marche, il va, se soutenant à peine.
Quand, vers minuit, d'une forêt prochaine
Un gros parti fond sur le régiment.
On veut se battre : hélas ! c'est vainement ;
Nos cavaliers, harassés de la route,
Sont enfoncés, tués, mis en déroute ;
Et, dans le choc, Favori tout sanglant,
Couvert de coups, deux balles dans le flanc.
Parmi les morts resté sur la poussière,
Ne voyait plus qu'un reste de lumière :
Ah ! disait-il, je le mérite bien ;
J'ai fait un crime, il faut que je l'expie :
Je fus ingrat, il m'en coûte la vie ;
C'était trop juste : et ce n'est pas le bien
Que Favori dans ce moment regrette ;
Ce n'est que vous, ô ma chère Sanchette.
Disant ces mots, il perd tout sentiment ;
Et l'ennemi, vainqueur dans ce moment,
Bien résolu de n'épargner personne,
Le glaive au poing poursuivant les fuyards,
Pille, massacre, et bientôt abandonne
Ce champ couvert de cadavres épars.

Le lendemain de cet affreux carnage,
Certain meunier, dans la plaine passant,
Vit Favori sur la terre gisant ;
Il respirait ; le meunier le soulage,
Clopin clopant le mène à son village,
Prend soin de lui, le panse, le nourrit,
Pour abréger, en un mot, le guérit.
Mais prétendant se payer de sa peine,
Il veut user de son convalescent ;
Chargé de sacs, sous le poids gémissant,
Dix fois le jour il le mène et ramène
Dans les marchés, au village, au moulin,
Le suit de près un bâton à la main ;
Et ce bâton, fait d'une double épine,
De Favori vient chatouiller l'échine
Pour peu qu'il bronche ou s'amuse en chemin.

Ce fut alors qu'il regretta Sanchette.
Mais la frayeur rend sa douleur muette;
Brisé de coups, il n'ose pas gémir :
L'excès des maux l'abrutit et l'accable,
Et, se croyant pour toujours misérable,
Il ne demande au Ciel que de mourir.

Notre coursier, dégoûté de la vie,
Vivait toujours, sans trop savoir pourquoi;
Quand un matin, un écuyer du roi,
Qui parcourait toute l'Andalousie
Pour remonter la royale écurie,
Vit Favori, de plusieurs sacs chargé,
Par le bâton au moulin dirigé,
Et conservant sous ce triste équipage
Ce coup-d'œil noble et cet air de grandeur
D'un roi vaincu cédant à son malheur,
Ou d'un héros réduit en esclavage.
Bon connaisseur était cet écuyer;
De Favori s'approchant davantage;
Il l'examine, et demande au meunier
Combien il veut de ce jeune coursier :
L'accord se fait ; aussitôt on délivre
De son fardeau notre bel animal ;
Son nouveau maître à l'instant s'en fait suivre,
Et le conduit vers le palais royal.

Oh ! pour le coup, se disait à lui-même
Notre héros, la fortune est pour moi :
Plus de chagrins, je suis cheval du roi.
Cheval du roi, c'est le bonheur suprême :
Je n'aurai plus qu'à manger et dormir,
De temps en temps à la chasse courir,
Sans me lasser, et, gros comme un chanoine,
A mon retour choisir l'orge ou l'avoine
Que mes valets viendront vanner, je croi,
Avec grand soin pour le cheval du roi.

Ainsi parlant, il entre à l'écurie.
Tout lui promet le bonheur qu'il attend
De peur du froid sur son corps l'on étend :
Un drap marqué des armes d'Ibérie;

On le caresse, et sa crèche est remplie
D'orge et de son ; il est pansé, lavé,
Deux fois le jour ; le soir, sur le pavé
Litière fraîche ; et cette douce vie
Lui rend bientôt son éclat, sa beauté,
Son poil luisant, sa croupe rebondie,
Et son œil vif, et même sa gaîté.

Il fut heureux pendant une quinzaine.
Il possédait tous les biens à son souhait ;
Mais un seul point lui faisait de la peine,
C'est que jamais le roi ne le montait.
Nul écuyer n'aurait eu cette audace ;
Et leur respect pour monsieur Favori
Fait qu'avec soin il est choyé, nourri,
Mais que toujours il reste en même place.

Tant de respect lui devient ennuyeux
Ce long repos, à sa santé contraire,
Le rend malade et triste et soucieux,
En peu de temps charge son caractère :
Ce qu'il aimait lui devient odieux ;
Plus d'appétit, rien qui puisse lui plaire ;
Un froid dégoût s'empare de son cœur,
Plus de désir, partant plus de bonheur.
Ah ! disait-il, que tout ceci m'éclaire !
Gloire, grandeur, vous qui m'avez séduit,
Vous n'êtes rien qu'une erreur mensongère,
Un feu follet qui brille et qui s'enfuit :
Si le bonheur habite sur la terre,
Il vous évite autant que la misère ;
Il va cherchant la médiocrité,
C'est là qu'il loge ; et sa sœur et son frère
Sont le travail et la douce gaîté.
Il sont chez vous, ô ma bonne Sanchette ;
Plus que jamais Favori vous regrette.

Notre cheval ainsi philosophant
Est fort surpris de voir qu'on lui prépare
Selle et bridon du travail le plus rare :
Le fils du roi, le jeune et noble infant,
Ce même jour doit faire son entrée ;
Et Favori, qui sera son coursier,

Porte harnois digne du cavalier.
D'or et d'azur sa housse est diaprée,
De beaux saphirs sa bride est entourée,
Et d'argent pur est fait chaque étrier.

Notre héros, dans ce bel équipage,
De tant d'honneurs n'a pas l'esprit tourné,
Il commençait à devenir fort sage.

L'infant sur lui doucement promené,
Suivi des siens, entouré de la foule,
Vers son palais à grand'peine s'écoule.
Quand Favori, qui ne songeait à rien,
Voit une femme, et tout-à-coup s'arrête,
Dresse l'oreille en relevant la tête,
Et reconnaît..... vous le devinez bien !
Qui donc?.... Sanchette.... O moment plein de charmes !
Il court vers elle, il hennit de plaisir ;
De ses deux yeux tombent deux grosses larmes ,
Larmes d'amour et de vrai repentir.
Tout comme lui la sensible Sanchette
Pleure de joie ; et notre jeune infant,
Surpris, touché, veut qu'au même moment
De Favori l'histoire lui soit faite.
Sanchette alors raconte en peu de mots
Que Favori fut élevé chez elle ;
Puis elle dit, non sans quelques sanglots,
Quand et comment il devint infidèle.
De ce récit le prince est attendri :
Tenez, dit-il, je vous rends Favori,
Il est à vous avec son équipage ;
Montez dessus, retournez au village ;
A pied j'irai jusqu'au palais royal,
Sans que ma fête en soit moins honorée,
Car j'ai bien mieux signalé mon entrée
Par un bienfait que par un beau cheval.
Il dit, descend, et ne veut rien entendre.
Sanchette alors monta, sans plus attendre,
Sur Favori, qui, content désormais,
Gagna la ferme, et n'en sortit jamais.

Extrait des Œuvres de Florian.

51. *Lettre d'un Père à son fils, sur l'existence de Dieu.*

O mon fils ! contemple le monde que tu habites ; de quelque côté que tu tournes tes regards, dans le tout et dans les parties, quel ordre, quels rapports n'apercevras-tu pas ? Chaque chose est évidemment faites l'une pour l'autre : la terre, les cieux, la mer, les éléments et les saisons, tout se lie, tout s'enchaîne, et concourt à l'harmonie de tous les êtres : et songe que les proportions ne s'étendent pas à ce monde tout seul ; il faut qu'elles embrassent l'immensité de l'univers, et l'assemblage de ces corps célestes dont les distances prodigieuses et l'étonnante grandeur épuisent les calculs des plus vastes génies. Ces astres qui roulent sur nos têtes, ces globes de lumière qui brillent au firmament, ces mondes semés de toute part avec tant de magnificence et d'éclat, forment un système complet où tous les corps pèsent les uns sur les autres, et s'impriment un mouvement réciproque ; où tout se tient, et par des lois générales se prête un secours mutuel de dépendance. Si l'ordre, si la protection, si les rapports se démentent dans un seul de ces vastes corps, si étroitement liés, si nécessairement enchaînés, le reste du système s'écroule ; et ici, Valmont, les proportions sont immenses, et les rapports sont infinis.

Maintenant, mon fils, de l'infiniment grand, descends à l'infiniment petit. A l'aide d'un microscope, considère ces animalcules, qui sont des millions de fois plus petits qu'un grain de poussière ; ils ont leur tête, leur bouche, leurs yeux, et dans ces yeux leurs fibres, leurs muscles et leur prunelle ; ils ont leurs veines, leurs nerfs et leurs artères ; ces veines ont leur sang, ces nerfs leurs esprits, ces esprits animaux ont leurs particules, ces particules ont leurs pores ; et ces pores sont remplis de parcelles, qui, chacune, ont leur figure, et se rompent et se divisent en de moindres parties. De toutes ces parties innombrables, et dont aucun effort d'esprit ne peut nous faire concevoir la petitesse, se forme, dans la proportion la plus exacte, un être vivant et animé. Cet être a des aliments qui lui sont propres, il a son chyle et ses humeurs ; il a ses fonctions comme les autres corps, la trituration, la circulation du sang, la digestion, la génération, et toutes ces opérations, qui sont autant de merveilles de la nature, et de témoignages irrésistibles de l'intelligence, de la sagesse, et de la toute puissance de son auteur.

Si tu veux des objets qui soient plus à ta portée, choisis, mon fils, parmi ceux qui t'environnent, ou, si tu l'aimes mieux, prends au hasard, et examine. L'oiseau qui vole, le poisson qui nage, l'araignée qui file, l'abeille qui a sa police et ses lois, l'insecte industrieux qui pourvoit avec tant d'art à ses besoins et à ceux de ses petits qui vont éclore, la chenille rampante qui se métamorphose dans le plus léger papillon, la plante qui végète, l'arbuste qui croît à l'aide des sucs qui le nourrissent, la semence que la terre reçoit dans son sein et te rend au centuple, le pepin qui devient pour ton usage arbre, fleurs et fruits, l'édifice mobile de ton propre corps, dont Galien n'a pas pu exposer la structure sans s'écrier, dans l'enthousiasme dont il était saisi, qu'il avait chanté le plus bel hymne en l'honneur

de la Divinité; chaque partie de la nature, chaque être examine-le selon les lois les plus sévères ; considère bien sa construction et sa fin; partout, mon fils , partout tu trouveras de l'ordre , et tu en seras transporté. Tu verras que, dans la moindre fleur, la plus petite feuille, la moindre plume, l'auteur de toutes choses n'a pas négligé le juste rapport des parties entre elles : tu verras que l'art est toujours grossier auprès de la nature ; que plus on soumet l'un à la critique , plus il paraît imparfait ; et plus on étudie les ouvrages de l'autre , plus on y découvre de beautés et de perfections : tu verras dans tout l'univers un arrangement de causes sans nombre , qui agissent partout avec poids et mesure , pour opérer des effets prévus et déterminés ; et saisi d'admiration tu t'écrieras avec Pope :
« l'ordre est la première loi du ciel. »

Comte de VALMONT.

52. *La Fidélité mal récompensée.*

On lit dans un antique ouvrage,
  Qu'autrefois sous Charles-Martel ,
  Le seigneur d'un très-vieux châtel,
Y consumait les fruits d'un fertile héritage.
  Il avait là son prudent aumôn'er,
Un faucon, dans les airs avide braconnier,
  Son sénéchal, une moitié fort sage:
  Il n'y manquait qu'un héritier.
Déjà le bon seigneur, voisin de la vieillesse,
Se voyant sans enfants, tremblait pour sa noblesse ;
Mais de ses vœux enfin, l'hymen importuné,
  D'un beau garçon le rendit père,
  Dieu sait, dans un jour si prospère,
  Si l'on fêta le nouveau-né !

Outre la nourrice ordinaire,
Qui gouvernait ce fruit d'un tendre amour,
Deux autres, au besoin, prêtant leur ministère,
Auprès de lui dormaient et veillaient tour-à-tour.

Deux amants dans le voisinage,
Aux autels d'hyménée avaient serré ces nœuds,
Et pour leur rendre hommage,
Leurs vassaux préparaient des jeux,
Des courses de chevaux; c'était alors l'usage.

Les spectateurs furent nombreux;
Pas un seul cavalier qui n'y menât sa Dame.
Tout fier d'avoir un fils qui comblait tous ses vœux,
Notre époux résolut de donner à sa femme
Le plaisir d'aller voir ces jeux.
Tous leurs gens les accompagnèrent;
Les trois femmes seules restèrent
Pour garder le cher nourrisson.
Seules! non, je dis mal; car le jeune Titon,
Chien des mieux faits, cher à son maître,
Et qui, comme on va voir, était digne de l'être,
Avec elles était resté.
Mais quand de toutes parts vers la fête on s'avance,
Que faire-là? L'ennui vient; on commence
D'entendre les clameurs; (car grande est l'affluence):
Lorsqu'on entend, on est tenté
De voir aussi; bientôt la curiosité
L'emporte sur la vigilance.
Pour endormir plus promptement
Le nourrisson, chacune use d'adresse;
Le mobile berceau, balancé mollement,
Toujours d'un égal mouvement,
Allant, venant, flotte sans cesse;
Et pour mieux assoupir ses sens,
Certaine voix soporative,
En frédons longs et languissants
Traîne une romance plaintive.

Puis au haut de la tour, gaîment
On courut voir si la course était belle :
Souvent ainsi l'oubli d'un seul moment
Ouvre de pleurs une source éternelle.
Un gros serpent, de venin tout gonflé,
    Des fentes d'un vieux mur fêlé,
    Vient étaler sa crête étincelante,
Son dos bien argenté, sa prunelle sanglante,
Vers la salle où l'enfant goûtait un doux repos ;
Son corps qui du soleil réfléchit la lumière,
    Dans sa marche rampante et fière,
Promène en longs replis ses tortueux anneaux.
Par la fenêtre ouverte il glisse, de manière
Que tout près du berceau le voilà parvenu.
Las ! il voit un enfant endormi, presque nu.....
Sa tête sur son bras est mollement penchée ;
Son sein tout découvert est plus blanc en effet
    Qu'une goutte de lait
    Qui s'était lors de sa lèvre épanchée.
    Tout réveille à l'envi la faim
    Du vorace et cruel reptile ;
    Sur sa tête, on eût vu soudain
    Frissonner sa crête mobile ;
D'un venin plus cruel que la flamme et le fer,
Son dard s'enfle, s'échappe ; et plein d'impatience,
Vers l'enfant qui sommeille, en sifflant il s'élance.

    Mais à deux pas, l'œil et l'oreille en l'air,
    Sur un lit, notre chien fidèle
    Veillait et faisait sentinelle.
    Sur le serpent il fond comme un éclair.
L'arrête en son chemin, suspend sa faim cruelle ;
Le petit animal, en grondant le harcelle,
Contre son aiguillon arme griffes et dents,
    Et bientôt le sang qui ruisselle
    Inonde les deux combattants.
Le courage en leurs cœurs soudain se renouvelle,
    Et leur choc est si vigoureux,
    Que le berceau se renverse auprès d'eux.

Mais tel fut son bonheur extrême,
Que l'enfant, (ah ! sur lui le Ciel a dû veiller),
Fut du berceau couvert à l'instant même,
Sans aucun mal , même sans s'éveiller.
Enfin, après mainte épreuve hardie,
Titon avec adresse attaque son rival ;
Par la tête il saisit le vorace animal,
L'écrase entre ses dents , et le laisse sans vie.
Puis voyant qu'il ne peut, malgré tout son effort ,
Relever le berceau , plus prudent il le quitte ;
Et tout en haletant il remonte bien vîte
Sur le lit pour veiller encor.
Cependant, la course finie,
Les femmes , de la tour viennent à pas pressé ;
Mais de quel désespoir leur âme fut saisie ,
Quand on vit le berceau dans le sang renversé !
Elles crurent soudain que pendant leur absence,
L'enfant avait été dévoré par le chien ;
Et la fuite en cette occurrence,
Leur parut l'unique moyen
De se soustraire à la vengeance.
On part ; mais d'un trouble si grand
Elles se sont laissé surprendre ,
Que voulant fuir la mère , on a pris justement
La route qu'elle devait prendre.
On la rencontre au même instant.
« Où courez-vous , s'écria-t-elle ?
« Quelle est la funeste nouvelle
« Que vous nous apportez ? Mon enfant est-il mort ?
« Parlez ». La nourrice d'abord
Tombe à ses pieds , implore sa clémence,
Lui confesse à grands cris qu'ayant eu l'imprudence
De quitter son fils un moment,
Le chien l'a fait périr impitoyablement.
La Dame , à ce récit , tombe sans connaissance.
A l'instant même arrive son époux,
Qui la trouve presque sans vie.
« Ciel ! qu'avez-vous ? Soudain, d'une voix affaiblie :
« Ce que j'aimais le plus , lui dit-elle, après vous,

« Votre bonheur, mon bien suprême,
« Mon fils est mort. Le chien, élevé par vous-même,
« L'a dévoré ». Le père eût été moins surpris,
Quand il eût vu tomber la foudre en sa présence.
Muet de désespoir à grands pas il s'avance
      Vers l'appartement de son fils.
A peine est-il entré, que d'un air d'allégresse,
Le fidèle Titon accourt en bondissant,
Malgré mainte blessure et les maux qu'il ressent,
   Plus empressé, le lèche, le caresse;
Par des gestes divers, par plus d'un cri touchant,
Il exprime à la fois sa joie et sa tendresse.
On croirait qu'il ressent tout le prix du bienfait
      Qu'à son cher maître il vient de rendre;
      Vous diriez qu'il a du regret
      De ne pouvoir se faire entendre,
      Pour lui conter ce qu'il a fait.
Son maître, hélas! qui ne peut le comprendre;
Jette les yeux sur lui, voit son museau sanglant;
Par ces signes menteurs, sa colère est trompée;
Il le juge coupable, et tirant son épée,
      Il abbat sa tête à l'instant.
   Après ce coup, plus morne et plus farouche,
Tandis qu'il tient son front caché sous son manteau,
   L'enfant s'éveille; un cri sort de sa bouche:
   Le père accourt, soulève le berceau:
Il voit.... Dieu! quel objet pour les regards d'un père!
Ce fils, qu'il avait cru privé de la lumière,
   Qui lui sourit encore! Il pousse un cri;
      On accourt; dans ses bras, la mère
      Soulève ce gage chéri,
Tremble en le regardant, l'observe, se rassure;
   Elle le voit bien vivant, sans blessure;
      Et de joie enfin tous les yeux
   Laissent couler des pleurs délicieux.
Puis en cherchant partout, pour deviner l'histoire,
On trouve un gros serpent, fumant encor, dit-on,
Dont la tête écrasée annonçait de Titon
      Et le combat et la victoire.

Tout s'éclaircit ; le père enfin
A reconnu le crime de sa main.
Il a privé du jour un serviteur fidèle ;
Et quand il croit d'un fils venger la mort cruelle ,
De son libérateur, il devient l'assassin.
Tant qu'il vécut, il en eut souvenance :
Et s'imposa , pour expier
La mort de ce bon chien, la même pénitence
Qu'on imposait alors au meurtrier.
Il lui fit décerner jusqu'aux honneurs funèbres :
Et pour rendre à jamais célèbres
Et ses vertus et ses revers ,
Sur sa tombe lui-même , il écrivit ces vers :
« De mes amis , la mort ici recèle
« Le plus infortuné comme le plus fidèle ».

IMBERT.

PLAIDOYER

SUR LA PERTE D'UN NEZ, D'UN BRAS, D'UNE JAMBE ET D'UN OEIL.

Discours préliminaire du Juge.

Quel heureux changement de scène et d'acteurs offre un nouveau spectacle dans le palais de Thémis ! Aujourd'hui de généreux rivaux semblent préférer au fracas des armes le tumulte du barreau. Accoutumés à suivre les drapeaux de Mars, ils se rangent aux pied des tribunaux de la justice : ils y paraissent, non comme la plupart des hommes pour solliciter contre un ennemi la sévérité de nos arrêts, mais pour se disputer la gloire d'avoir le plus souffert pour la patrie. Quelle plus noble émulation pouvait s'emparer de ces graves guerriers? Or, pour établir le fond de la contestation, il faut d'abord développer en peu de mots le sujet qui l'a fait naître.

Philandre, vieil officier, eut quatre amis engagés comme lui dans le service, qui, également courageux, l'aimèrent également et ne différèrent entre eux que par la différence des blessures qu'ils avaient reçues.

Dans les dispositions testamentaires, Philandre a laissé par un codicile quatre legs d'une valeur inégale, pour être distribués à ses amis suivant la grandeur de la perte qu'ils on faite. Il abandonne cette décision à notre équité : il s'agit donc de savoir en quel rang nous devons placer les divers malheurs qu'ils ont essuyés.

La disposition des legs suivra cet arrangement; mais, avant de prononcer, écoutons les quatre avocats qu'ils ont choisis : il nous feront connaître les motifs sur lesquels ces braves concurrents appuient leur prétentions.

53. *Discours pour Nasicobole qui a perdu le nez.*

Je viens, Messieurs, solliciter vos suffrages pour un guerrier qui, déjà avancé en âge, a consacré ses plus beaux jours au service de son prince : à combien de dangers ne s'est-il pas exposé, dès sa plus tendre enfance? dans quels combats n'a-t-il pas signalé sa valeur? mais surtout à quel prix n'a-t-il pas acheté la gloire dont il s'est vu couronné? Que ne puis-je ici emprunter de l'éloquence les plus vives couleurs pour peindre à vos yeux et le courage que Nasicobole fit éclater dans la dernière bataille, et le malheur dont l'aveugle fortune récompensa sa bravoure.

Les deux armées étaient en présence, les drapeaux étaient déployés, on n'attendait que le signal, la trompette sonne la charge, Nasicobole suivi de sa troupe, et le sabre à la main, taille en pièces tout ce qui s'oppose à son passage; rien ne résiste à son bras; tout tombe sous ses coups; il enfonce les plus épais bataillons, et culbute les plus fiers escadrons; et, lorsqu'il est prêt de jouir du fruit de la victoire, son nez, semblable à un vieux chêne que son antiquité ne peut soustraire aux coups de la coignée, son nez, dis-je, tombe sous le fer de l'ennemi, et va se perdre dans la poussière.

Quel revers plus funeste! quel désastre plus af-

freux ! mais, pour mieux concevoir la grandeur de
la perte qu'a faite notre héros, représentez-vous,
Messieurs, le nez le plus parfait qui ait été formé
sous le ciseau de la nature. Non, ce n'était point un
de ces nez avortons dans lesquels elle paraît avoir
épargné la matière et négligé la façon ; ce n'était
point de ces nez d'écarlate que le dieu de la treille
a couvert de bourgeons, et enluminé de rubis ; ce
n'était point de ces nez crochus qui, des lèvres fidèles avant-coureurs, se précipitent au fond du verre
et boivent les premiers ; ce n'était point de ces nez af-
filés, dont l'ombre répandue sur les dents semble
marquer l'heure, ainsi que sur un cadran : tous ces
différents nez ont sans doute leur mérite, et je ne prétends pas les déprimer ; mais pourraient-ils disputer
la préséance à celui dont nous déplorons la perte.
Que ne puis-je, Messieurs, vous en faire les juges !
que ne peut-il se montrer avec ses premiers charmes,
ce nez aquilain, ce nez majestueux, qui fut le siége
des grâces, le trône de la gravité, l'enseigne de la
sagesse et le chef-d'œuvre de la nature !

Mais à quoi bon exhaler ma douleur en regrets
superflus : il s'agit de toucher vos cœurs, en vous représentant l'état déplorable où Nasicobole se voit
réduit. Il suffit pour cela d'examiner la conduite de
la nature ; car en donnant des yeux, des jambes et
les bras, elle les a, pour ainsi dire, prodigués ; pour
ce qui est du nez, comme ce don était le plus précieux, elle s'est montrée moins libérale, et s'est bornée à l'unité. Or, c'est ce qui rend plus malheureux
que les autres celui dont je défends les intérêts, et
c'est ce qui lui donne l'avantage sur ses compétiteurs.
En effet, à l'un reste encore un œil pour se conduire,
à l'autre un bras pour agir, au troisième une jambe

pour marcher ; mais, à l'infortuné Nasicobole lui reste-t-il, je vous le demande, lui reste-t-il un nez qu'il puisse moucher ?

De plus, ses rivaux peuvent paraître avec honneur dans le monde ; leur blessure n'a rien qui n'annonce leur courage, et qui ne relève leur gloire ; n'est-il pas, au contraire, humiliant pour un brave guerrier d'être, en quelque façon, confondu avec ces lâches déserteurs des premiers temps, qui, subissant toute la sévérité des lois, n'éprouvaient pas un plus rude traitement. Ce qui marque la lâcheté de ceux-ci, direz-vous, prouve la valeur de celui-là ; comme si le glaive qui l'a frappé avait gravé sur la place de son nez les glorieuses circonstances d'une si étrange catastrophe. N'est-il pas plutôt à présumer que la singularité de cet événement le rendra moins croyable. Dépositaire des faits les plus merveilleux, l'histoire nous fournit-elle un pareil exemple, nous produit-elle un fait semblable ? Elle nous cite quantité de héros qui n'ont apporté de la guerre que des membres mutilés ; Rome dans ses fastes a conservé la mémoire d'un des Horaces qui perdit l'œil au combat, mais dans quelles annales trouverez-vous un guerrier dont le nez n'ait été, pour ainsi dire, invulnérable. J'en appelle à vous, illustre Scipion ; les différents ennemis que vous eûtes à combattre, songèrent-ils à vous défigurer de la sorte et à vous ravir le glorieux surnom de Nasica ?

Que dirai-je maintenant des railleries sanglantes qu'il faut regarder désormais comme l'apanage de ce brave militaire ; c'est sur la place difforme de cette partie la plus éminente du visage que tomberont chaque jour mille traits perçants aiguisés par des esprits caustiques et mordants.

Je ne parlerai point ici de tant de choses si utiles et

si nécessaires, dont le nez seul peut procurer l'usage. Hélas ! ce n'est point pour lui que se perfectionne tous les jours, selon les lois d'une théorie savante, cet instrument qui est pour les yeux de la vieillesse d'un si merveilleux secours, cet instrument qu'on peut appeler l'œil de l'œil même. Trop infortuné, trop malheureux Nasicobole, je vois déjà votre vue s'affaiblir, et je ne vous vois point de nez pour placer vos lunettes. Messieurs, la grandeur de cette perte ne peut être bien appréciée que par ceux qui ne peuvent se passer de lunettes ; et il en est sans doute dans cette assemblée qui sentent, mieux que je ne puis l'exprimer, combien Nasicobole est à plaindre de se voir privé d'un pareil secours.

Si du moins à cette perte cruelle ne se joignait pas la perte de ce qu'il y a de plus doux et de plus délicieux ! mais, ô regrets superflus ! il se voit sevré pour toujours de mille douceurs, de mille plaisirs, de mille délices. Non, ce n'est plus pour lui qu'Apollon cultive dans une région lointaine cette plante fortunée qui, réduite en poussière, flatte si agréablement l'odorat ; qui desséche les humeurs trop abondantes du cerveau, qui calme les maux de tête, qui égaye l'air sombre et rêveur, qui réveille les idées et fait éclore les saillies, sel des conversations ; dont l'usage presque universel est devenu si nécessaire aux trois-quarts des hommes, qu'une tabatière vide un seul jour ferait souffrir un cruel martyr à leurs nez, s'ils ne trouvaient un prompt secours dans la politesse vigilante et active des premiers qu'ils rencontrent et qui préviennent, sinon leurs désirs, du moins leurs demandes.

Ce n'est plus pour lui que, sous la main de la docte Minerve, l'écaille prend mille formes diffé-

rentes que varie l'industrie, que symétrise le bon
goût, il ne peut plus, en soulageant les besoins de
son nez, offrir à l'admiration des connaisseurs ces
ouvrages délicats de l'art, où de nouveaux Martins
étalent de brillants vernis.

Ce n'est plus pour lui que les grâces expriment
du jasmin, de l'ambre et de l'oranger des parfums
exquis ; ce n'est plus pour lui que les fleurs que le
zéphyr fait éclore exhalent dans les jardins une odeur
agréable : privé des plaisirs les plus doux et les plus
innocents, Nasicobole l'est encore du commerce des
hommes. Ce qui rend la vie, je ne dis pas seulement
douce, mais supportable, n'est-ce pas cet aimable
commerce des hommes, que l'on appelle société ;
ce qui nous soulage dans l'affliction, n'est-ce pas
d'avoir de fidèles amis pour répandre dans leur sein
les chagrins qui nous dévorent ; ce qui nous charme
et nous fait oublier nos douleurs, n'est-ce pas l'usage
des plaisirs que nous assaisonnent ceux qui vivent
avec nous. Or, nulle société pour Nasicobole ; la sanglante blessure qui lui a ravi cette partie la plus éminente du visage, le rend pour ses proches un objet
de dégoût et d'horreur : point d'amis ; loin d'essuyer
ses larmes et sa blessure, ils redoutent sa présence :
nul plaisir ; s'il se rencontrait dans un cercle, cet
essaim folâtre disparaîtrait à son approche.

Obligé de vivre dans la solitude et éloigné de la
compagnie des hommes, Nasicobole ne trouverait
pas le comble du malheur dans ce bannissement, si
son cœur, son esprit et son caractère étaient moins
faits pour la société, s'il savait moins en goûter et en
faire goûter les charmes. Quelles grâces et quels
agréments ne répandaient pas dans son commerce
son esprit doux, simple et liant ; ses manières aisées,

officieuses et prévenantes ; ce tour de pensées, ce don de s'exprimer, ce talent de peindre, de raconter ; cette fleur de politesse, cette connaissance délicate et profonde des bienséances, que lui a donnée le grand usage du monde dont il a été jusqu'ici les délices ! à des qualités si heureuses, qui ne sont jamais sans le penchant le plus doux et le plus invincible pour le commerce enchanteur de la société, la nature a assorti une taille noble, aisée, une belle figure, une physionomie prévenante, de ces physionomies où l'âme se peint, jette un intérêt qui séduit au premier coup-d'œil, et qu'un examen attentif ne fait que rendre plus touchant. Je vous le demande, Messieurs, Nasicobole, obligé par sa funeste blessure de s'ensevelir dans une solitude avec tant d'aimables qualités, ne doit - il pas y trouver les horreurs du tombeau ? son triste sort ne le rend-il pas digne des faveurs de Thémis ? pourriez-vous lui refuser la consolation qu'il attend de vos cœurs sensibles et de votre équité ? Jugez, Messieurs ; mais voyez tous ces nez attentifs et comme en suspens sur l'arrêt que vous allez prononcer ; ne semblent - ils pas solliciter en faveur de Nasicobole ; et mépriser la perte qu'il a faite, ne serait ce pas insulter à une si respectable assemblée ?

54. *Discours pour Dorimène qui a perdu une jambe.*

Je ne puis me défendre, Messieurs, d'admirer avec vous les traits d'éloquence répandus dans le discours de l'orateur qui vient de déplorer avec tant d'art le sort de Nasicobole ; mais je ne puis concevoir aussi quel était son but en répandant tant de fleurs sur un nez qui n'est plus. Pour moi, négligeant, Messieurs, ces tours oratoires qui charment l'esprit sans le toucher, qui l'amusent sans le convaincre, je vais tâcher d'apporter, en faveur de Dorimène, des raisons moins spécieuses, mais plus solides. Et d'abord qu'il me soit permis de comparer le corps à un édifice : l'Être-Suprême en est l'architecte, les deux bras sont comme les deux ailes du bâtiment, les yeux et le nez en sont l'ornement, et les jambes l'unique appui. Maintenant, vous le savez, que les tourelles dont est flanqué un château se dégradent, ce n'est qu'un accompagnement dont il peut se passer ; que la façade perde avec le temps certains reliefs dont elle était ornée, ce n'est qu'un léger dommage dont aisément on se console ; mais que l'édifice, mal appuyé sur sa base, chancèle, penche vers sa ruine, c'est sans contredit un malheur qu'on ne peut s'empêcher de déplorer : tel est cependant celui de Dorimène. Ce généreux guerrier, partout bravant les feux que vomissaient contre lui cent bouches d'airain, se vit brusquement arrêté dans sa course, frustré d'un de ses soutiens, et hors d'état de suivre le drapeau de la victoire qui le conduisait au triomphe.

Je ne m'attacherai pas ici, Messieurs, à l'exemple de mon rival, à vous dépeindre la jambe qu'a perdue mon héros, à vous la présenter souple dans ses mouvements, exacte dans ses dimensions ; outre que je craindrais encore de la défigurer par la grossièreté des traits de mon pinceau, je ne puis dissimuler que la nature s'appliquant surtout à former la grande âme qui devait animer la machine, sembla négliger la jambe qui devait en être le support.

Q'importe, après tout, qu'elle eût autant de défauts que celle du dieu qui forgeait la foudre ; lui rendait-elle moins de services, et la perte qu'il en a faite lui a-t-elle été moins sensible ? Abandonnons les vains agréments de la beauté à ces jeunes damoiseaux qui s'élancent du sommet de l'Hélicon dans les jardins de Cythère, et préfèrent aux travaux de la guerre les soins de la toilette et de la parure ; mais ne les cherchons point dans un guerrier, et au lieu de louer des avantages frivoles dont il ne jouit jamais et qu'il n'envia jamais, plaignons les funestes maux dont il se voit accablé. En vain les doctes enfants de Podalyre ont emprunté une jambe qu'ils ont substituée à celle qui fut l'ouvrage de la nature : en vain celle-ci, façonnée par le ciseau d'un habile ouvrier, a-t-elle des grâces que l'autre n'avait pas ; ce n'est, je l'ose dire, qu'un faible secours, et ce secours même, hélas ! est quelquefois inutile dans le besoin : témoin l'aventure d'un vénérable vieillard qui coulait des jours tranquilles dans le sein de l'indigence. Un jour que ce vertueux octogénaire, étendu sur la paille, reposait entre les bras du sommeil, une étincelle cachée sous une cendre trompeuse s'ouvre un passage et porte l'incendie dans sa cabane. En un instant le chaume qui la couvre s'embrase de toutes parts. Il s'éveille au bruit pétillant des fragiles roseaux ; la frayeur le saisit, il ramasse ses forces, il se lève et cherche des yeux le bois qui lui servait d'appui ; mais il le voit à demi consumé : que faire ? saisi d'un généreux désespoir, soutenu sur le seul pied qui lui reste, il veut en se traînant chercher à échapper aux flammes ; mais il en était la proie, si de courageux amis ne fussent accourus à son secours.

Si de pareils accidents sont aussi rares que terribles,

il est mille autre dangers qui ne menacent que trop souvent nos jours, et où une jambe de bois est d'un faible secours. Un ennemi vous poursuit; vous voyez venir à vous un trait meurtrier; un animal furieux veut s'élancer sur vous; vous vous trouvez sur les bords d'un précipice; le chemin est glissant, la pente est rapide; tirez vous du danger avec une jambe de bois. Je ne parle point des chutes journalières, dont on ne se relève pas toujours sans laisser sur la terre des traces de sang, et sans blessure meurtrière; mais que Dorimène échappe à mille accidents qui le menacent, peut-il se garantir de mille frayeurs, sa vie ne doit-elle pas en être empoisonnée? Si le sort des morts vous paraît le plus à plaindre, Dorimène est sans contredit de ses concurrents le plus malheureux, puisqu'il a déjà un pied dans le tombeau : osez, après cela, orateur plus ingénieux que solide, osez nous disputer la palme : dites-nous, avec une téméraire assurance, que, semblable à Tantale qui brûlait de soif au milieu des eaux, Nasicobole est consumé de chagrins au milieu des plaisirs. J'entre dans un vaste appartement, où des lustres placés de distance en distance semblent ramener dans les plus épaisses ténèbres le jour le plus brillant : une illustre assemblée se présente à mes regards sous des visages empruntés : j'entends un rival d'Orphée dont les doigts voltigeant sur une lyre harmonieuse, en savent animer les cordes, et charmer les oreilles par une agréable mélodie. Je vois en même temps se renouveler tous les miracles qu'opérait le chantre de la Thrace, tous les pieds s'ébranler au son de l'instrument, danser en cadence, et Nasicobole caché sous le masque se distinguer par la légèreté de ses membres, tandis que spectateur oisif, Dorimène applaudit et gémit en secret de ne pouvoir partager la joie qui règne dans les cœurs.

Il serait temps de mettre fin à ce discours ; mais permettez-moi, Messieurs, d'ajouter un dernier trait pour achever de vous peindre ce malheureux. C'est en lui donnant une épouse, que les destins ont mis le comble à son malheur. Lassée d'une dépendance qui coûtait trop à sa fierté, cette femme impérieuse secoue le joug, elle ordonne avec hauteur, elle commande avec empire, et si cet infortuné mari s'oppose à ses volontés, on voit dès le lever de l'aurore cette impitoyable mégère renfermer sous la clef la jambe inanimée de son époux. A son réveil, il se tourmente et s'afflige, il prie et conjure ; mais en vain, n'écoutant que son ressentiment, cette femme inflexible le fait languir des jours entiers sur un lit de douleur et dans une gênante captivité.

Pouvez-vous, Messieurs, vous défendre d'adoucir son sort, en lui accordant l'honneur de la victoire (1).

---

(1) Nous avons cru devoir retrancher la phrase suivante qui terminait ce discours : L'intérêt même de son rival le demande : c'est par votre défaite, Nasicobole, que vous allez triompher ; maintenant vos larmes, vos maux vont cesser ; un merveilleux changement va s'opérer, votre blessure va disparaître ; car bientôt (puissent les Dieux confirmer ce présage !) bientôt sans avoir le nez long, vous aurez un pied de nez.

55. *Discours pour Philomer qui a perdu le bras droit.*

Rappelez-vous , Messieurs, les premiers temps de cette dernière guerre où l'Angleterre , cette fière rivale de la France, engagea plusieurs combats sur mer, où la valeur française ne fixa pas toujours de son côté la fortune , qui n'est jamais plus inconstante que sur ce capricieux élément. Philomer , monté sur un vaisseau qu'il commandait ; fut écarté de la flotte par un coup de vent : bientôt deux vaisseaux ennemis le rencontrèrent , le poursuivirent à toutes voiles , le chargèrent avec furie , et engagèrent un combat sanglant, où celui-ci victorieux couronna son front de lauriers ; mais perdit presqu'en même temps le bras qui les avait moissonnés. Quelle fut, hélas ! son affliction en voyant ce bras invincible , la terreur de la nation la plus belliqueuse, ce bras , dis-je , séparé de son corps (1) , et devenu le jouet du plus capricieux élément ! vous la concevez mieux , sans doute, que je ne pourrais vous le dépeindre : suivons-le dans sa course ; ramenons-le dans la terre qui le vit naître ; conduisons - le dans sa famille , c'est-là que son cœur doit être percé du trait le plus sensible. Après une absence de plusieurs années, il reparaît enfin dans sa patrie : instruits de son retour , ses enfants s'attroupent, ils accourent pour se jeter dans ses bras....... ; mais que deviennent tout-à-coup ces transports d'allégresse.....? Je vois cette petite troupe, interdite et déconcertée, s'arrêter à

---

(1) *Il y avait* : ce bras , dis-je , tomber dans la Manche, et devenir le jouet, etc.

son approche, chercher d'un œil inquiet le bras qu'elle n'aperçoit pas, faire aussitôt retentir l'air des cris les plus perçants, éclater en soupirs et en sanglots, environner ce père infortuné, le baigner de ses larmes, Philomer y mêler les siennes, et ressentir plus que jamais le poids de sa disgrâce. Heureux encore si les sentiments de douleur que produit en lui la tendresse devaient être adoucis par les divertissements de la vie! mais en perdant un bras, Philomer a perdu l'usage de ses talents, et par-là celui de ses plaisirs. Autrefois, retiré à la campagne, épris des charmes de la solitude, il se levait avant l'aurore, il visitait ses jardins, il parcourait ses vergers, et voyait avec plaisir les fleurs qu'il avait cultivées de sa main, s'épanouir aux premiers rayons du soleil, et revenir de la langueur que leur avait causé l'absence de cet astre bienfaisant. Lorsqu'au milieu de sa course, cet astre dardait ses rayons enflammés, habile dans l'art de jouer des instruments, Philomer pénétrait dans un bois, il s'enfonçait dans un bocage, il défiait le rossignol au combat; et cet oiseau, perché sous un épais feuillage, tantôt prêtait l'oreille à ses accents, tantôt lui disputait la victoire par ces airs mélodieux qui font les délices du printemps, et dont la voix de Calliope ou la lyre d'Apollon n'égalèrent jamais la douceur. Lorsque l'ombre commençait à se répandre sur les collines, il se plaisait soit à poursuivre à travers les bruyères un lièvre fugitif, soit à voler où l'appelaient les tendres gémissements d'une plaintive tourterelle qui cherche sa compagne, soit à se cacher sous un cabinet de verdure, et à tendre des piéges aux oiseaux d'alentour.

Tels étaient, Messieurs les plaisirs innocents qui

partageaient ses jours, et que lui procurait le bras dont nous pleurons la perte. Mais ce qui l'afflige d'avantage, c'est de ne pouvoir plus essuyer les fatigues de la guerre, et d'être inutile au service de son prince et au salut de sa patrie. Mars rassemble-t-il ses soldats? partez trop heureux Nasicobole, reprenez les armes, courez où la gloire vous appelle, affrontez les dangers, terrassez l'ennemi, vengez-vous et faites connaître à l'univers qu'un héros peut avoir saigné du nez au combat sans manquer de bravoure ; vous le pouvez encore. Et vous, fortuné Dorimène, qu'un coursier rapide vous emporte au milieu des bataillons, qu'il vous ouvre un passage à travers les cadavres, qu'il vous confonde dans la mêlée ; ce fer qui brille dans vos mains moissonnera tout ce qui se présentera devant vous, et le pied qui vous manque vous fera parvenir plutôt aux grades militaires ; tandis que le malheureux Philomer, hors d'état de partager avec vous les périls et les fruits de la victoire, ne pourra qu'envier vos exploits, sans pouvoir aspirer à leurs récompenses. D'ailleurs, ayant désormais l'avantage de courir moins de risque, ne ferez-vous pas paraître plus d'intrépidité? semblable à ce brave officier qui, ayant perdu la jambe que l'art avait suppléée à celle de la nature, ne songe qu'à remédier à ce désordre loin de s'en affliger : ils ont bien perdu leurs peines, s'écria-t-il avec assurance, j'en ai une autre dans ma valise : aussitôt il se la fait apporter ; il l'adapte à son genou et se remonte aux ennemis comme un Achille invulnérable.

Enfin, pour mieux concevoir tout le malheur de Philomer, représentez-vous, Messieurs, ces vieillards courbés sous le poids des années, ces siècles ambulants qu'on voit traîner encore à leur côté un

glaive antique dont la meilleure qualité est de n'a-
voir jamais été homicide, et qui, rouillé dans le
fourreau, est moins pour eux une arme défensive
qu'un utile ornement : tel se montre à peu près
Philomer que la perte de son bras rend incapable de
repousser une attaque, ou du moins de prévenir les
affronts que la vue de son épée et la crainte d'en voir
armer son bras arrêtaient sur les lèvres de tout ennemi qui le connaissait.

Encore s'il pouvait décharger ses peines dans le sein
d'un ami, et franchir la distance des contrées qui sé-
parent des personnes chères, par ce secours ingénieux
qui nous rend hommes de tous les siècles, citoyens de
tous les lieux, de cet art merveilleux par le secours
duquel on peint la pensée, on la trace par des figures,
on la présente sous des traits distincts ; mais la fortune trop cruelle proscrit pour lui ce commerce qui
fut l'ouvrage et l'invention de l'amitié ; elle lui a ôté
jusqu'à la consolation de confier au papier des secrets
dont personne ne doit être dépositaire. Son épouse,
dira-t-on, dans ce pressant besoin, ne peut-elle pas lui
prêter le secours de sa plume ? oubliez-vous, Messieurs, qu'il peut s'agir de secrets importants, et
qu'un célèbre Romain disait qu'il brûlerait sa che-
mise, s'il savait qu'elle eût connaissance de sa pensée. Finissons cependant ; mais songez, Messieurs,
avant que de faire pencher la balance, songez au bras
qui la soutient, et vous ne pourrez sans doute vous
défendre de pleurer celui qu'a perdu Philomer.

56. *Discours pour Monoc qui a perdu un œil* (1).

Si l'on doit juger de la grandeur d'une perte par la valeur inappréciable de l'objet de nos regrets, que penserez-vous, Messieurs, du malheur de Monoc? quels droits n'aura-t-il pas à votre sensibilité? mais, pour ne pas tarder à satisfaire vos désirs empressés sur l'histoire de son infortune, le croiriez-vous, Messieurs, c'est dans le siége d'une place, dans l'attaque d'une lunette, qu'il a perdu un de ses yeux. Au seul nom de lunette, l'idée de clarté se présente aussitôt à vos esprits; mais celle-ci, par un caprice de la fortune, ne produisit que l'obscurité, et ce qui communément sert à conserver la vue, fut l'instrument

---

(1) On a cru devoir supprimer le commencement de ce discours que voici : Si Monoc entre le dernier en lice, ne croyez pas, Messieurs, que, dans le jugement qu'on va porter, il doive occuper la dernière place. Nasicobole avait sans doute des raisons pour marcher le premier, et je crois que la crainte de se casser le nez en allant seul et sans guide n'a pas dû l'arrêter. Dorimène, que le sort des armes a rendu boiteux, aurait sans doute désespéré d'atteindre ses rivaux, s'il n'eût pris les devants. Je ne suis pas plus surpris de la diligence avec laquelle Philomer les a suivis tous deux ; cet illustre manchot n'avait garde d'attendre les bras croisés, l'issue d'une affaire qui le touche et l'intéresse. Si Monoc ne paraît qu'après eux, accusons moins sa prudence que son infortune ; presque aveugle, n'ayant qu'un œil pour se conduire, n'a-t-il pas dû laisser ses concurrents lui frayer un chemin dans le sanctuaire de la justice? Mais que fais-je? Pourquoi tarder à satisfaire vos désirs empressés, en taisant plus long-temps l'histoire de ses malheurs?

qu'elle employa pour endommager celle de Monoc.
Ainsi les destins, pour ébranler sa fermeté, lui firent
d'abord envisager les périls des deux yeux ensuite,
se faisant un jeu cruel d'insulter à ses triomphes, ils
ne lui laissèrent qu'un œil pour contempler ses
trophées.

Mais comme il faut connaître tout le prix d'une
chose pour payer à celui qui l'a perdue le juste tribut de regrets qu'il mérite, j'ose avancer que l'œil
est l'ouvrage le plus excellent et le plus parfait qu'ait
produit la nature.

Oui, Messieurs, rien n'est comparable à la multi-
plicité des humeurs qui le composent, à la tissure des
membranes qui l'environnent, à la délicatesse des
artères dont il est parsemé, à la souplesse des muscles
qui varient ses regards, et enfin à ces fibres déliées,
de l'accord et de l'union desquelles on voit résulter
une merveilleuse harmonie. L'œil est le miroir de
notre âme : sans le secours de la voix, il en est le fidèle interprète ; c'est par lui qu'elle nous marque
tantôt la fureur dont elle est transportée, tantôt l'a-
mour dont elle est attendrie ; c'est par sa vivacité
qu'il nous en peint la joie ; c'est par sa langueur
qu'il nous en peint la tristesse ; c'est par ses différentes inflexions qu'il nous marque tour à tour l'estime ou le mépris qu'elle a conçu. L'œil s'assujettit
les autres membres, et les tient dans une continuelle
dépendance. La jambe, il en dirige les démarches ;
le bras, il en conduit les mouvements ; et le nez le
plus fin n'est après tout dans la vieillesse, qu'un vil
esclave sur le dos duquel il charge un instrument
utile à sa faiblesse.

Maintenant, ignorez-vous ce que l'œil peut dans le
combat ? Il lance de ces traits de flammes qui, aussi

prompts que l'éclair, aussi terribles que la foudre, vont porter dans les cœurs l'effroi et l'épouvante. Il désarme les plus indomptables, il met en déroute les soldats les plus braves ; et un guerrier fait quelquefois plus par le feu qui étincelle dans ses yeux, que par le fer qui brille dans ses mains.

Si le dieu du sommeil, la tête environnée de pavots, nous tend des piéges agréables, s'il veut captiver nos sens, il commence par endormir ce vigilant Argus, par appesantir ses paupières ; il l'arrose le premier de sa liqueur léthargique, et ensuite il la distribue dans les membres. Alors, travestis sous de grotesques figures, les songes accourent en foule pour composer sa cour, et voltigent d'une aile légère autour de lui : instruits dans l'art de la métamorphose, ils se reproduisent sous mille formes différentes ; ils lui présentent dans les ténèbres les spectacles qu'offre la lumière, et, non moins puissants par les douces illusions que ne l'étaient les fées par les charmes et les prestiges, ils savent renouveler pour son plaisir les merveilles dont la fable nous éblouit.

Après avoir ainsi tracé une légère esquisse de l'œil, qui demandait sans doute des traits plus hardis, un pinceau plus délicat, avouez maintenant qu'on est infiniment heureux de posséder un pareil trésor, et qu'on doit conclure en faveur de Monoc, qu'un homme qui se le voit arracher est infiniment malheureux.

Cette vérité, au reste, doit vous être d'autant moins suspecte, qu'elle est appuyée du témoignage même de son concurrent. Le Ciel attentif à consoler Philomer, lui a donné une nombreuse postérité. Parmi ses enfants, il en est un surtout qui, par son heureux naturel, mérite de plus en plus son amour et sa tendresse. Il le regarde comme son bras droit ; il l'aime, il le flatte, il épuise sur lui toutes ses caresses : toucher à cet enfant chéri, c'est, comme il le dit lui-même, lui toucher à la prunelle de l'œil : il entend par ces mots ce qu'il a de plus cher.

Convenez donc avec moi que l'œil est hors de prix ; conséquemment que la perte qu'en a faite Monoc est sans pareille, et son malheur sans égal. On m'objectera peut-être qu'il a moins pleuré que les autres son infortune, qu'ainsi son sort est moins déplorable. Ne jugez pas, Messieurs, de son affliction par les larmes qu'il a versées, mais par celles qu'il n'a pu répandre : l'on soulage en pleurant, l'on exhale sa douleur. *Solatur lacrymis, egeriturque dolor.* Pour lui, il l'a concentrée dans son cœur ; il en a ressenti tout le poids ; il en a dévoré toute l'amertume, et, tandis que les larmes avaient dans ses rivaux un double cours, hélas ! elles avaient peine à trouver un seul passage dans Monoc. J'aurais encore à vous représenter quelles sont ses vives inquiétudes, ses mortelles alarmes, en pensant qu'il ne peut plus perdre un œil sans devenir aveugle. Mais, pourquoi prolonger plus long-temps cette séance, étant sûr, comme je le suis, Messieurs, que la raison et l'équité, qui s'annoncent et s'expliquent toujours par votre bouche, ne manqueront pas de se déclarer en faveur de Monoc, et de lui assurer l'avantage qu'il sollicite.

57. *Discours au nom des Juges après celui des quatre Orateurs.*

Représentez-vous, Messieurs, un tendre enfant sous ces voûtes antiques où les étrangers font de leurs marchandises un superbe étalage. Que d'objets

différents enchantent tour-à-tour ses yeux étonnés !
l'or, l'argent, l'ivoire et les pierreries, mille brillantes bagatelles enflamment tour-à-tour ses désirs ;
son avidité embarrasse son choix ; il aime ce qu'il
prend, il regrette ce qu'il laisse, il voudrait tout
avoir, parce que tout lui plaît et le charme. Fidèle
image de l'embarras où nous nous trouvons ! telle
est l'impression qu'ont faite sur nous les discours que
nous venons d'entendre. Les orateurs ont donné à
leur sujet certaines couleurs de vérité qui nous ont
autant de fois fait changer de sentiments, qu'ils
nous ont proposé d'objets différents. Notre esprit
ébloui de tous ces traits de lumière diversement réfléchis, voudrait donner successivement à chacun
la préférence sur ses rivaux, ou plutôt les couronner
tous. D'abord nous plaignons, avec raison, la triste
situation où tous les quatre se trouvent réduits ;
nous ne pouvons refuser à leurs malheurs les larmes
qu'ils méritent.

Ce qui mérite surtout nos réflexions, et ce qui
doit faire pencher la balance, ce sont les raisons qui
prouvent combien la perte de ces différentes parties
du corps rend leur sort déplorable et malheureux ;
car ce n'est pas tant la privation de certains plaisirs
et de certains agréments de la vie, que les maux
réels et la situation plus ou moins déplorable qui
résulte de la perte de ces membres, qui ont déterminé le testateur à mettre de l'inégalité dans ses
dons. Ainsi, pour remplir ses vues, il s'agit de
mettre dans le rang qu'exige l'équité les disgrâces
qu'ils ont essuyées. Chacun d'eux prétend être le
plus malheureux ; quoi de plus naturel ! on est plus
sensible à ses maux qu'à ceux des autres. La confiance dont ils accompagnent leurs prétentions n'est

pas non plus sans fondement : chacun a trouvé dans son esprit, encore plus dans sa douleur, des raisons qui les appuient. Ces raisons cependant ne nous paraissent pas également solides, et après les avoir balancées avec toute l'exactitude qu'exige cette affaire, nous croyons que notre jugement sera aussi conforme aux lois de la justice qu'aux dernières volontés du testateur, si nous déclarons Nasicobole le plus malheureux. Devenu par sa blessure un objet de dégoût et d'horreur, il est obligé de fuir la compagnie des hommes : ses parents et ses amis redoutent son approche : le sombre ennui, et le vide affreux d'une solitude forcée devient pour toujours son partage. Quand ce n'est pas l'attrait de la solitude qui nous fait fuir le commerce des hommes, et qu'une triste nécessité nous y arrache malgré nos goûts, nos liaisons et nos penchants, la nature étale en vain ses plus riantes images, en vain elle épuise ce qu'elle a d'agréments et de beautés, pour nous faire oublier les objets que nous avons quittés, la sécheresse et l'amertume se répandent sur tout ce qu'elle offre à nos yeux. Les bois, les fontaines, les ombrages, les ruisseaux argentés, le chant des oiseaux, le jeu des zéphyrs sont bien peu de chose pour surmonter la langueur, pour dissiper les ennuis et les regrets d'un homme condamné à traîner malgré lui, loin des hommes, le reste de ses jours. Puisse Nasicobole trouver dans sa raison et sa vertu des secours assez puissants pour soutenir le poids de son sort accablant. Nous ne pouvons lui refuser le triste avantage qu'il prétend avoir sur ses rivaux : en le déclarant le plus malheureux, nous lui adjugeons le premier legs consistant en une maison de campagne estimée 15,000 fr. Banni pour ainsi dire de la société des hommes, il s'y retirera avec les biens que lui ont laissés ses pères ; il l'embellira, et le soin de bâtir et d'orner sa solitude l'empêchera, par d'utiles distractions, de retomber si souvent sur lui-même, et de se livrer à de sombres et tristes réflexions ; l'occupation lui fera trouver les jours d'une longueur moins affreuse ; ses mouvements et ses fatigues appelleront à la fin de la journée un sommeil bienfaisant qui lui fera perdre le sentiment pénible de lui-même.

Après le sort de Nasicobole, celui de Philomer qui a perdu un bras nous paraît le plus à plaindre : il est privé pour toujours de l'utile secours

De l'art ingénieux
Qui nous peint la parole, et qui parle à nos yeux ;
Qui par des traits divers de figures tracées,
Donne de la couleur et du corps aux pensées ;

il est privé pour toujours de ce commerce enchanteur et si nécessaire, qui rapproche et réunit les personnes que la distance des lieux sépare ; qui leur procure ces muets entretiens où l'esprit et le cœur aiment à s'épancher sous les yeux de l'amitié et de la tendresse. Je ne vois au-dessus de la perte de ce commerce muet avec les absents, que celle du commerce de vive voix avec les hommes.

Philomer est encore obligé de quitter le parti des armes, qu'une noble inclination lui avait fait embrasser dès sa plus tendre jeunesse : au midi de ses années, il se voit fermer pour toujours cette brillante carrière. Ce n'est plus pour lui que les palmes de Mars croissent dans les champs de la Thrace ; il n'a plus de bras pour les aller moissonner. Il est condamné à voir éteindre dans une obscure oisiveté le feu de ses années et de cette valeur qui commençait à lui frayer la route des honneurs militaires et de l'immortalité. Quelle situation plus triste et plus accablante pour un guerrier à qui l'espérance de mourir pour son prince est plus chère que la vie ! Pour lui adoucir le regret de n'avoir pas perdu la vie sur le champ de bataille, nous lui accordons la gloire d'y avoir perdu une partie de lui-même, bien plus précieuse que celle que ses rivaux y ont perdue ; et nous lui assignons en même temps le second legs qui est une magnifique montre enrichie de diamants, prisée 12,000 fr. Il aime, dit-on, l'harmonie, il aime les accords ; il verra donc avec plaisir les ressorts de cette montre conserver entre eux les plus merveilleux arrangements. Sur elle, il réglera sa vie, comme autrefois il régla sa course.

Dorimène ne refusera pas sans doute de souscrire à nos volontés ; ignorerait-il que, dans les besoins les plus pressants auxquels la nature nous assujettit, l'on exige moins le service de la jambe que celui du bras ; que l'art peut suppléer l'un et ne peut remplacer l'autre. Nous ne lui décernons donc que le troisième rang et le troisième legs, c'est-à-dire une petite bibliothèque de livres choisis, estimée 10,000 fr. ; comme il est boiteux, et par-là plus sédentaire que les autres, il est plus capable qu'eux de profiter des trésors qu'elle renferme ; d'ailleurs, si cette impitoyable Euménide, qui le tient dans un continuel esclavage, suit la mode du siècle où nous vivons, on la verra se livrer à la lecture : et devenue femme savante, peut-être cessera-t-elle d'être incommode.

Les raisons que l'avocat de Monoc a apportées

pour solliciter notre suffrage, prouvent à la vérité que l'œil est l'ouvrage le plus excellent et le plus délicat qu'ait produit la nature, et que par conséquent l'œil est d'un grand prix ; mais qui ne sent que la perte des choses du travail le plus achevé n'attire pas un malheur égal ; les choses les plus précieuses ne sont pas les plus nécessaires.

Les vives inquiétudes et les froides alarmes que Monoc ressent en pensant qu'il ne peut plus perdre un œil sans devenir aveugle, outre qu'elles ne sont que passagères, doivent lui paraître bien supportables en comparaison des avantages multipliés et journaliers que lui procureront ses deux bras et ses deux jambes, avantages que ses rivaux ont perdus en perdant l'un de ces membres. Etant le moins à plaindre des quatre, il n'aura donc que la quatrième place et le quatrième legs consistant en un cabinet de curiosités estimé 8,000. On y remarque une lunette de trente pieds, qui, fait par un artiste habile, et en même temps infatigable astronome, mérita les suffrages des plus grands connaisseurs. Ce superbe présent, que le généreux auteur fit à Philandre, nous le faisons passer dans les mains de Monoc, et nous croyons en cela seconder les destins qui, en lui fermant un œil, semblent l'avoir destiné à la fonction d'observateur.

Au reste, Messieurs, je ne regarderai point comme défini le jugement que je viens de prononcer, s'il n'est confirmé par l'approbation de la judicieuse assemblée qui nous honore de sa présence ; notre principale étude étant de mériter dans cette cause comme dans tout le reste l'honneur de son suffrage.

Anonyme.

CORRIGÉ DES MATIÈRES DE VERS.

58. *L'Amour filial.*

Eh ! qui ne connaît pas quelle volupté pure
A ce doux sentiment attacha la nature ?
Fidélia le prouve, elle dont Addisson
A la postérité transmit l'aimable nom.
La mort à son enfance avait ravi sa mère ;
Mais ses traits enchanteurs en offraient à son père
La douce ressemblance et le vivant portrait ;
De ce père chéri le cœur l'idolâtrait.
Son âme dévouée aux plus doux exercices,
A son vieux domestique enviait ses services ;
Les plus humbles emplois flattaient son tendre orgueil :
Elle même avec art dessina le fauteuil
Qui, par un double appui, soutenant sa faiblesse,
Sur un triple coussin reposait sa vieillesse.
Elle-même à son père offrait ses vêtements,
Lui préparait ses bains, soignait ses aliments ;
Elle-même, à genoux, ajustait sa chaussure ;
Elle-même peignait sa blanche chevelure ;
Près de lui rassemblait ses meubles favoris,
Ses amis de l'enfance, et ses livres chéris.
Souvent, quand la beauté, méditant des conquêtes,
Se parait pour le bal, les festins ou les fêtes ;
Elle, auprès du vieillard, au coin de leurs foyers,
Ecoutait le récit de ses exploits guerriers,
Dansait, pinçait son luth : tantôt avec adresse
Lui chantait les vieux airs qui charmaient sa jeunesse ;
Le soir le conduisait au lieu de son sommeil,
Veillait à son chevet, épiait son réveil,
Dressait pour lui la table, et des plantes d'Asie
Lui versait de sa main l'odorante ambroisie.
Vainement ses amis lui disaient quelquefois :
Faut-il vivre toujours sous ces austères lois,
Et même avant l'hymen connaissant le veuvage,
En ces pieux ennuis couler votre jeune âge ?
Hâtez-vous de saisir ces rapides instants ;
Vous les regretterez, il n'en sera plus temps.

Plus prompte que l'éclair, la jeunesse s'envole.
De ces tristes devoirs, qu'un époux vous console !
    Ah ! ma mère n'est plus, disait-elle, et sa mort
D'un père en cheveux blancs m'a confié le sort :
De frivoles plaisirs, que la foule s'amuse ;
Pour moi, mon cœur jouit des biens qu'il se refuse.
Je jouis, quand je vois, au sortir du sommeil,
D'un rayon de gaîté briller son doux réveil.
Je jouis, quand le soir prolongeant ma lecture,
J'endors près de son lit les douleurs qu'il endure.
Je jouis, quand le jour, appuyé sur mon bras,
Mes secours attentifs aident ses faibles pas.
Dans des liens nouveaux ma jeunesse engagée,
Par deux objets chéris se verrait partagée ;
L'amour lui volerait une part de mes soins ;
Je l'aimerais autant, je le soignerais moins.
Non, j'en jure aujourd'hui par l'ombre de ma mère,
Rien ne pourra jamais me séparer d'un père.

DELILLE.

59. Éruption du Vésuve, Famine et Contagion.

Le Vésuve en courroux sous ses monts caverneux,
Recommence à mugir avec un bruit affreux,
Et déchaîne, en poussant une épaisse fumée,
Sur son gouffre tonnant, la tempête enflammée.
Elle échappe soudain, et des sommets ouverts
En colonne de feu s'élance dans les airs.
Des foudres souterrains et des roches fondues
La suivent jusqu'au ciel et retombent des nues.
Le bitume et le soufre, épandus en torrents,
Roulent sur la montagne, en sillonnent les flancs,
Et dans les creux vallons se traçant un passage,
Des fleuves infernaux offrent l'horrible image.
    L'incendie a gagné les antiques forêts.
Les animaux, fuyant dans les sentiers secrets,
Vingt fois, pour s'échapper, retournent sur leur trace :
Partout la mort en feu les repousse et les chasse.

On voit, loin du volcan et de leurs toits brûlants,
Errer de toutes parts les pâles habitants;
Et l'époux qui soutient sa moitié défaillante,
Et du vieillard courbé la marche chancelante,
Et la mère qui croit dérober au trépas
Son fils, unique espoir, qu'elle tient dans ses bras.
Inutiles efforts : les vagues irritées
Franchissent en grondant leurs rives dévastées ;
L'Apennin a tremblé jusqu'en ses fondements :
La terre ouvre en tous lieux des abimes fumants,
Des plus fermes cités ébranle les murailles,
Et les ensevelit au fond de ses entrailles.
    Un jour, peut-être, un jour nos neveux attendris
Découvriront enfin, sous de profonds débris,
Ces villes, ces palais, ces temples, ces portiques,
De nos arts florissants monuments authentiques.
Ainsi dans les remparts qu'Hercule avait bâtis,
Par un malheur semblable autrefois engloutis,
Nous allons admirer de superbes ruines,
Et de l'antiquité fouiller les doctes mines.
Quel sera le destin de tant de malheureux
Echappés par hasard à ce désastre affreux !
De cendres, de cailloux une pluie enflammée
Couvre tout le pays de feux et de fumée.
Le laboureur a vu les trésors des sillons
Sortir de ses greniers en brûlants tourbillons.
En vain il cherche encor dans les arides plaines
Ses buffles vigoureux, compagnons de ses peines ;
Ils ne reviendront plus d'un pas obéissant
Sur ce sol calciné traîner le soc pesant.
Nul secours, nul espoir ne s'offre à sa misère.
Comment nourrir, hélas ! ses enfants et leur mère ?
Ira-t-il secouer le gland dans les forêts ?
Mais l'orage partout a fait tomber ses traits ;
Et les chênes, séchés jusque dans leurs racines,
De ces lieux désolés ont accru les ruines.
Alors parmi les feux, les laves, les tombeaux,
La Famine apparaît ; et traînant ses lambeaux,
Traverse les cités, rôde dans les villages :
D'abord sous l'humble toit exerce ses ravages ;

Puis, des palais pompeux franchissant les degrés,
Entre avec le Besoin sous les lambris dorés,
  Dans l'air en même temps les sombres Euménides
Soufflent de toutes parts leurs poisons homicides.
Une fréquente toux, de longs étouffements,
Sont du premier accès les signes alarmants.
Dès la seconde aurore une brûlante haleine,
Du poumon embrasé ne s'échappe qu'à peine.
La toux, du corps entier fait crier les ressorts,
Et l'humeur, sans sortir, résiste à ses efforts.
Un feu séditieux étincelle au visage.
Le pouls, du sang à peine annonce le passage.
La plus légère étoffe est un pesant fardeau.
Une barre d'acier traverse le cerveau ;
Et le mal, redoublant sa fureur intestine,
Comme un affreux vautour déchire la poitrine.
  Après la triste nuit qu'allonge la douleur,
La langue se noircit, le teint perd sa couleur,
Le malade aux abois porte sur le visage
De sa prochaine mort l'infaillible présage.
Douce espérance, alors tu quittes ses lambris !
Il n'entend plus sa femme, il ne voit plus ses fils.
Son esprit égaré, que la fièvre tourmente,
Erre sur le sommet d'une montagne ardente,
Croit rouler dans un gouffre, et frémit de terreur
En regardant au loin l'immense profondeur.
A ce transport succède une stupeur mortelle.
Le sang glacé s'arrête, et la froide prunelle
Sous les doigts du trépas se fermant sans retour,
Il meurt avant la fin du quatrième jour.
  Dieux ! qui reconnaîtrait ces campagnes fertiles ?
Des hameaux fortunés et d'opulentes villes,
Des maisons qu'entouraient des bocages fleuris,
Charmaient à chaque pas le voyageur surpris.
Deux fois sur les coteaux les brebis étaient pleines,
Et les moissons deux fois jaunissaient dans les plaines ;
La manne y distillait. Les humains trop heureux
Y ployaient sous les fruits qui renaissaient pour eux ;
L'amour et le plaisir, enfants de l'abondance,
Présidaient les concerts, animaient à la danse ;

Echo ne répétait que les chants des bergers ;
Des vignes s'élevaient dans le sein des rochers,
Le laurier, le jasmin, s'arrondissant en voûtes,
De leur ombre odorante embellissaient les routes.
C'était un grand jardin où de nombreux canaux
Portaient de toutes parts la fraîcheur de leurs eaux.
   Quel désastre imprévu ! quelles terribles scènes !
Des torrents sulfureux, de brûlantes arènes,
Tous les feux des enfers, tous les fléaux des cieux,
En un vaste cercueil ont changé ces beaux lieux.

CASTEL. Les Plantes.

60. *Les Châteaux en Espagne.*

   Chacun fait des châteaux en Espagne ;
On en fait à la ville, ainsi qu'à la campagne ;
On en fait en dormant, on en fait éveillé.
Le pauvre paysan, sur sa bêche appuyé,
Peut se croire un moment seigneur de son village.
Le vieillard, oubliant les glaces de son âge,
Se figure aux genoux d'une jeune beauté,
Et sourit.... Son neveu sourit de son côté,
En songeant qu'un matin du bon homme il hérite.
Telle femme se croit sultane favorite ;
Un commis est ministre ; un jeune abbé, prélat ;
Le prélat..... Il n'est pas jusqu'au simple soldat
Qui ne se soit, un jour, cru maréchal de France ;
Et le pauvre lui-même est riche en espérance.
. . . .
Et chacun redevient Gros-Jean comme devant.
Hé bien, chacun du moins fut heureux en rêvant !
C'est quelque chose encor que de faire un beau rêve ;
A nos chagrins réels c'est une utile trêve ;
Nous en avons besoin : nous sommes assiégés
De maux dont à la fin nous serions surchargés,
Sans ce délire heureux qui se glisse en nos veines.
Flatteuse illusion ! doux oubli de nos peines !

Oh ! qui pourrait compter les heureux que tu fais !
L'espoir et le sommeil sont de moindres bienfaits.
Délicieuse erreur ! tu nous donnes d'avance
Le bonheur que promet seulement l'espérance ;
Le doux sommeil ne fait que suspendre mes maux,
Et tu mets à la place un plaisir : en deux mots,
Quand je songe, je suis le plus heureux des hommes ;
Et dès que nous croyons être heureux, nous le sommes.
Il est fou...... Là.... songer qu'on est roi ! seulement !

. . . .

On peut bien quelquefois se flatter dans la vie :
J'ai, par exemple, hier, mis à la loterie,
Et mon billet enfin pourrait bien être bon.
Je conviens que cela n'est pas certain : oh ! non ;
Mais la chose est possible, et cela doit suffire.
Puis, en me le donnant, on s'est mis à sourire,
Et l'on m'a dit : « Prenez, car c'est là le meilleur. »
    Si je gagnais pourtant le gros lot, quel bonheur !
J'achèterais d'abord une ample seigneurie....
Non, plutôt une bonne et grasse métairie ;
Oh ! oui, dans ce canton ; j'aime ce pays-ci ;
Et Justine, d'ailleurs, me plaît beaucoup aussi.
J'aurai donc à mon tour des gens à mon service.
Dans le commandement je serai peu novice ;
Mais je ne serai point dur, insolent, ni fier,
Et me rappellerai ce que j'étais hier ;
Ma foi, j'aime déjà ma ferme à la folie.
Moi ! gros fermier ! j'aurai ma basse-cour remplie
De poules, de poussins que je verrai courir :
De mes mains chaque jour je prétends les nourrir.
C'est un coup d'œil charmant ! et puis cela rapporte.
Quel plaisir quand, le soir, assis devant ma porte,
J'entendrai le retour de mes moutons bêlants,
Quand je verrai de loin revenir à pas lents,
Mes chevaux vigoureux, et mes belles génisses !
Ils sont nos serviteurs, elles sont nos nourrices.
Et mon petit Victor, sur son âne monté,
Fermant la marche avec un air de dignité !
Je serai plus heureux que Monsieur sur son trône :
Je serai riche, riche, et je ferai l'aumône.

Tout bas, sur mon passage, on se dira : « Voilà
« Ce bon monsieur Victor. » Cela me touchera.
Je puis bien m'abuser ; mais ce n'est pas sans cause :
Mon projet est au moins fondé sur quelque chose ;

(Il cherche.)

Sur un billet. Je veux revoir ce cher..... Eh ! mais....
Où donc est-il ? tantôt encore je l'avais.
Depuis quand ce billet est-il donc invisible ?
Ah ! l'aurais-je perdu ? Serait-il bien possible ?
Mon malheur est certain : me voilà confondu.

(Il crie.)

Que vais-je devenir ? Hélas ! j'ai tout perdu.

COLLIN-D'HARLEVILLE.

61. *Le Méchant.*

Que dans ses procédés l'homme est inconséquent !
On recherche un esprit dont on hait le talent ;
On applaudit aux traits *du Méchant* qu'on abhorre,
Et, loin de le proscrire, on l'encourage encore.
Mais convenez aussi qu'avec ce mauvais ton ;
Tous ces gens dont il est l'oracle et le bouffon,
Craignent pour eux le sort des absents qu'il leur livre,
Et que tous avec lui seraient fâchés de vivre :
On le voit une fois, il peut être applaudi ;
Mais quelqu'un voudrait-il en faire son ami ?
— On le craint, c'est beaucoup. — Mérite pitoyable !
Pour les esprits sensés est-il donc redoutable ?
C'est ordinairement à de faibles rivaux
Qu'il adresse les traits de ses mauvais propos.
Quel honneur trouvez-vous à poursuivre, à confondre,
A désoler quelqu'un qui ne peut vous répondre ?
Ce triomphe honteux de la méchanceté
Réunit la bassesse et l'inhumanité.
Quand sur l'esprit d'un autre on a quelque avantage,
N'est-il pas plus flatteur d'en mériter l'hommage,

De voiler, d'enhardir la faiblesse d'autrui,
Et d'en être à la fois et l'amour et l'appui ?
     Vous le croyez heureux ? Quelle âme méprisable !
Si c'est là son bonheur, c'est être misérable.
Étranger au milieu de la société,
Et partout fugitif, et partout rejeté,
Vous connaîtrez bientôt par votre expérience
Que le bonheur du cœur est dans la confiance.
Un commerce de suite avec les mêmes gens,
L'union des plaisirs, des goûts, des sentiments ;
Une société peu nombreuse, et qui s'aime,
Où vous pensez tout haut, où vous êtes vous-même,
Sans lendemain, sans crainte et sans malignité,
Dans le sein de la paix et de la sûreté :
Voilà le seul bonheur honorable et paisible
D'un esprit raisonnable et d'un cœur né sensible.
Sans amis, sans repos, suspect et dangereux,
L'homme frivole et vague est déjà malheureux.
Mais jugez avec moi combien l'est davantage
Un méchant affiché, dont on craint le passage ;
Qui, traînant après lui les rapports, les horreurs,
L'esprit de fausseté, l'art affreux des noirceurs,
Abhorré, méprisé, couvert d'ignominie,
Chez les honnêtes gens demeure sans patrie :
Voilà le vrai proscrit, et vous le connaissez.

. . . .

S'amuser, dites-vous ! Quelle erreur est la vôtre !
Quoi ! vendre tour à tour, immoler l'une à l'autre
Chaque société ; diviser les esprits,
Aigrir les gens brouillés, ou brouiller des amis,
Calomnier, flétrir les femmes estimables,
Faire du mal d'autrui ses plaisirs détestables ;
Ce genre d'infamie et de perversité,
Est-il dans la même âme avec la probité ?
Tout le monde est méchant ! Oui, ces cœurs haïssables,
Ce peuple d'hommes faux, de femmes, d'agréables,
Sans principes, sans mœurs : esprits bas et jaloux,
Qui se rendent justice en se méprisant tous.
En vain ce peuple affreux, sans frein et sans scrupule,
De la bonté du cœur veut faire un ridicule.

Pour chasser ce nuage et voir avec clarté
Que l'homme n'est point fait pour la méchanceté,
Consultez, écoutez pour juges, pour oracles,
Les hommes rassemblés; voyez à nos spectacles,
Quand on peint quelques traits de candeur, de bonté,
Où brille en tout son jour la tendre humanité :
Tous les cœurs sont remplis d'une volupté pure,
Et c'est là qu'on entend le cri de la nature.

GRESSET.

FIN DE LA PREMIÈRE PARTIE.

DEUXIÈME PARTIE.

CHAPITRE PREMIER,

Comprenant des développements d'une Idée en une ou deux Périodes, ou bien un petit nombre de Phrases.—Définitions et Pensées morales.

---

1. *Présomption de la Jeunesse.*

La jeunesse est présomptueuse, elle se promet tout d'elle-même : quoique fragile, elle croit pouvoir tout, et n'avoir jamais rien à craindre ; elle se confie légèrement et sans précaution.

Fénélon. — Télémaque.

2. *Impétuosité et ravage du Conquérant.*

Le conquérant ressemble à un torrent qui, après avoir entraîné tout ce qui s'oppose à son passage, va s'engloutir dans le sable, et ne laisse après lui que les tristes vestiges de ses ravages et de ses fureurs.

Le chevalier De..... — Pensées morales.

Même Pensée.

Ces grands conquérants, qu'on nous dépeint avec tant de gloire, ressemblent à ces fleuves débordés qui paraissent majestueux, mais qui ravagent toutes les fertiles campagnes qu'ils devraient seulement arroser.

FÉNÉLON. — *Télémaque.*

3. *Véritable Liberté.*

L'homme véritablement libre est celui qui, dégagé de toute crainte et de tout désir, n'est soumis qu'aux dieux et à sa raison.

FÉNÉLON. — *Télémaque.*

4. *Quel est le plus malheureux des hommes ?*

Le plus malheureux de tous les hommes est celui qui croit l'être; car le malheur dépend moins des choses qu'on souffre, que de l'impatience avec laquelle on augmente son malheur.

FÉNÉLON. — *Télémaque.*

5. *Le Riche dans l'esprit du monde.*

Qu'est-ce qu'un riche dans l'esprit du monde ? C'est un homme de jeux, de fêtes, de spectacles, d'amusements, dont toute la gloire consiste à être orgueilleusement frivole, tout le mérite à ne rien refuser à ses passions; et qui, ne mettant de bornes à ses désirs que celles de sa fortune, n'est grand le plus souvent qu'à force de crimes et de scandales.

CAMBACÉRÈS.

6. *Dieu est notre unique consolation.*

Quand nous sommes dans l'affliction à cause de la mort de quelque personne pour qui nous avons de l'affection, ou pour quelqu'autre malheur qui nous arrive, nous ne devons pas chercher de la consolation dans nous-mêmes, ni dans les hommes, ni dans tout ce qui est créé ; mais nous devons la chercher en Dieu seul.

PASCAL. — Pensées.

7. *Mort d'un jeune homme.*

L'enfant tombe dans son sang ; ses yeux se couvrent des ombres de la mort ; il les entr'ouvre à la lumière ; mais à peine l'a-t-il trouvée, qu'il ne peut plus la supporter. Tel qu'un beau lys au milieu des champs, coupé dans sa racine par le tranchant de la charrue, languit et ne se soutient plus ; il n'a point encore perdu cette vive blancheur et cet éclat qui charme les yeux, mais la terre ne le nourrit plus, et sa vie est éteinte : ainsi le fils d'Idoménée, comme une jeune et tendre fleur, est cruellement moissonné dès son premier âge.

FÉNÉLON. — Télémaque.

8. *Bonheur et richesse de l'Egypte.*

Si la douleur de notre captivité ne nous eût rendus insensibles à tous les plaisirs, nos yeux auraient été charmés de voir cette fertile terre d'Egypte, semblable à un jardin délicieux arrosé d'un nombre infini de canaux. Nous ne pouvions jeter les yeux sur les deux rivages, sans apercevoir des villes opulentes, des maisons de campagne agréablement situées, des terres qui se couvraient tous les ans d'une moisson dorée sans se reposer jamais, des prairies pleines de troupeaux, des laboureurs qui étaient accablés sous le poids des fruits que la terre épanchait de son sein, des bergers qui faisaient répéter les doux sons de leurs flûtes et de leurs chalumeaux à tous les échos d'alentour.

FÉNÉLON. — *Télémaque.*

9. *L'Esprit.*

Penser peu, parler de tout, ne douter de rien; n'habiter que les dehors de son âme, et ne cultiver que la superficie de son esprit; s'exprimer heureusement; avoir un tour d'imagination agréable, une conversation légère et délicate, et savoir plaire sans se faire estimer; être né avec le talent équivoque d'une conception prompte, et se croire par-là au-dessus de la réflexion; voler d'objets en objets, sans en approfondir aucun; cueillir rapidement toutes les fleurs, et ne donner jamais aux fruits le temps de parvenir à leur maturité : c'est une faible peinture de ce qu'il a plu à notre siècle d'honorer du nom d'esprit.

D'AGUESSEAU. — *Nécessité de la science.*

10. *La Vérité.*

La vérité seule est la lumière de notre esprit, la règle de notre cœur, la source des vrais plaisirs, le fondement de nos espérances, la consolation de nos craintes, l'adoucissement de nos maux, le remède de toutes nos peines : elle seule est la source de la bonne conscience, la terreur de la mauvaise, la peine secrète du vice, la récompense intérieure de la vertu; elle seule immortalise ceux qui l'ont aimée, illustre les chaînes de ceux qui souffrent pour elle, attire des honneurs publics aux cendres de ses martyrs et de ses défenseurs, et rend respectables l'abjection et la pauvreté de ceux qui ont tout quitté pour la suivre; enfin elle seule inspire des pensées magnanimes, forme des âmes héroïques, des âmes dont le monde n'est pas digne, des sages seuls dignes de ce nom.

MASSILLON.

11. *L'Avare.*

Ces hommes abrutis, qui, dévorés de la soif du gain, travaillent toute leur vie comme des forçats pour s'enrichir, se traînent dans la bassesse, se dévouent au mépris et boivent la honte, sans la sentir; ce troupeau d'esclaves que l'avarice charge d'un métal inutile et chasse devant elle jusqu'au tombeau, sont, de tous les fous, les plus vils et les plus malheureux.

YOUNG. — *Traduct. de Letourneur.*

12. *La Sagesse.*

La sagesse n'a rien d'austère ni d'affecté : c'est elle qui donne les vrais plaisirs; elle seule les sait assaisonner pour les rendre purs et durables : elle sait mêler les jeux et les ris avec les occupations graves et sérieuses; elle prépare le plaisir par le travail, et elle délasse du travail par le plaisir. La sagesse n'a point de honte de paraître enjouée quand il le faut.

FÉNÉLON. — *Télémaque.*

13. *L'Ambition.*

Ambition, source féconde du bien et du mal, tu es pour l'homme ce que les ailes sont pour l'oiseau. Dès qu'une fois il a pu s'éloigner de la terre; dès qu'il a gagné les plaines de l'air, ses ailes le portent rapidement dans la région des nuages : elles sont un poids qui l'embarrasse et l'attère, tant qu'il ne fait que raser la surface de nos champs. Ainsi l'ambition, quand elle rampe vers des objets vils et bas, loin d'élever l'homme, devient une chaîne qui l'appesantit et l'accable.

YOUNG. — *Traduct. de Letourneur.*

14. *La Mémoire.*

Quel trésor dans la mémoire ! Elle rend l'existence aux siècles qui ne sont plus, redonne un corps aux êtres évanouis, ranime leurs fantômes, et fait passer dans l'image les couleurs et la vie de l'objet : elle sait redire au présent les destins du passé. Que l'univers s'anéantisse et laisse l'homme seul dans l'espace désert ; l'homme, par la force de cette faculté merveilleuse, pourra retirer l'univers de la nuit des temps et de l'abîme du néant.

YOUNG. — *Traduct. de Letourneur.*

15. *La Bienfaisance des femmes.*

Après l'amitié et l'amour vient la bienfaisance, cette compassion qui unit l'âme au malheureux. On n'ignore point que c'est là surtout le partage des femmes. Tout les dispose à l'attendrissement de la pitié. Les blessures et les maux révoltent leurs sens plus délicats. L'image de la misère et du dégoût offense leur douce mollesse ; l'image des douleurs et des chagrins affecte plus profondément leur âme que leur propre sensibilité tourmente. Elles doivent donc être plus empressées à secourir.

THOMAS. — *Essai sur les femmes.*

16. *Du Bonheur.*

On lit au front de ceux qu'un vain luxe environne,
Que la fortune vend ce qu'on croit qu'elle donne.

LAFONTAINE.

Que la félicité humaine est un objet de pitié pour l'homme dont l'œil peut percer dans l'avenir seulement de l'intervalle d'une heure! La fortune te sourit, Lorenzo; tu te laisses endormir à ses chants flatteurs. Tremble en recevant ses dons; elle vend le bonheur.

YOUNG. — *Traduct. de Letourneur.*

17. *Le Flatteur.*

Qu'est-ce que le flatteur? C'est un esprit souple et commode, qui vient servilement sourire à tous vos regards, se récrier à toutes vos paroles, applaudir à toutes vos actions; c'est un esprit adroit et insinuant, qui étudie vos penchants pour les suivre, vos liaisons pour les cultiver, vos défauts mêmes pour les encenser; c'est un esprit fourbe et dissimulé, qui vous loue et qui vous trompe; qui vous approuve en public, et qui vous condamne en secret, et qui ne donne extérieurement dans votre faible, que pour vous attirer plus sûrement dans le sien; c'est quelquefois un esprit jaloux et envieux qui paraît se faire un plaisir de votre élévation, et qui au fond se fait un tourment de votre prospérité; c'est souvent un esprit aigri, un ennemi couvert, mais qui ne cache sa haine sous les plus grands éloges, que parce qu'il craint tout de votre autorité; c'est toujours un esprit vil et rampant, qui attend tout de sa propre dépendance, et qui, pour colorer encore la honte de sa

servitude, appelle talent et habileté la malheureuse
habitude qu'il a de faire des bassesses.

LAFFITEAU.

18. *Le Chagrin.*

Un fou, rempli d'erreurs, que le trouble accompagne,
Et malade à la ville ainsi qu'à la campagne,
En vain monte à cheval pour tromper son ennui,
Le chagrin monte en croupe, et galope avec lui.

BOILEAU.

Vous fuyez en vain dans les forêts; vous n'empêcherez pas les chagrins de vous y suivre.

YOUNG. — *Traduct. de Letourneur.*

19. *L'Incertitude.*

Pour une âme abandonnée à l'orage des passions,
l'incertitude est le plus grand des maux. Battu sans
cesse par les vagues de l'espérance et de la crainte, le
courage n'a point de prise; la résolution d'être malheureux n'a point de terme où se fixer.

MARMONTEL. — *Les Incas.*

20. *Le séjour des petites villes.*

Le séjour des petites villes m'a toujours paru ennuyeux. L'esprit des hommes s'y rétrécit; le cœur
des femmes s'y glace: on y vit tellement en présence
les uns des autres, qu'on est oppressé par ses semblables: ce n'est plus cette opinion à distance qui
vous anime et retentit de loin comme le bruit de la
gloire; c'est un examen minutieux de toutes les actions de votre vie, une observation de chaque détail
qui rend incapable de comprendre l'ensemble de
votre caractère; et plus on a d'indépendance et d'é-

lévation, moins on peut respirer à travers tous ces petits barreaux.

Madame de STAEL. — *L'Allemagne.*

21. *L'Homme vain.*

La vanité ne peut venir que de l'ignorance : l'homme vain est un aveugle qui se méconnaît lui-même. Il ressemble à l'oiseau dont on a crevé les yeux ; vous le voyez s'élever dans les nues et voler avec plus d'audace, parce qu'il vole dans les ténèbres.

YOUNG. — *Traduct. de Letourneur.*

22. *La Vérité ou la Conscience.*

J'appelle vérité cette règle éternelle, cette lumière intérieure sans cesse présente au-dedans de nous, qui nous montre sur chaque action ce qu'il faut faire ou ce qu'il faut éviter ; qui éclaire nos doutes, qui juge nos jugements, qui nous approuve ou qui nous condamne en secret, selon que nos mœurs sont conformes ou contraires à sa lumière, et qui, plus vive et plus lumineuse en certains moments, nous découvre plus évidemment la route que nous devons suivre.   MASSILLON.

23. *Idée du Pauvre aux yeux du monde.*

Qu'est-ce qu'un pauvre, selon le monde ? Hélas ! quelles couleurs pourraient nous le dépeindre ? C'est un être isolé, proscrit, triste rebut de la nature entière ; qui semble, dit le Sage, comme échappé à la Providence, qui rampe avec dédain sur la surface de la terre ; à qui la misère a comme imprimé sur le front un caractère de honte et d'ignominie : errant, fugitif, et comme retranché du reste des humains ; semblable à ces lieux que la foudre a frappés, et dont on n'approche qu'en tremblant, on ne le rencontre qu'avec peine, on ne l'approche qu'avec horreur : c'est, ce semble, lui faire grâce que de lui parler ; l'humanité en lui n'a plus de droits, le malheur plus de dignité ; on ne le plaint même pas, on ne le secourt qu'avec dégoût ; et, réduit à rougir de son existence, il semble qu'en devenant malheureux, il a cessé d'être homme.

CAMBACÉRÈS.

24. *La Médisance.*

La médisance est un mal inquiet qui trouble la société, qui jette la dissension dans les cités, qui désunit les amitiés les plus étroites, qui est la source des haines et des vengeances, qui remplit tous les lieux où elle entre, de désordre et de confusion ; partout ennemie de la paix, de la douceur et de la politesse : enfin c'est une source pleine d'un venin mortel ; tout ce qui en part est infecté, et infecte tout ce qui l'environne ; ses louanges même sont empoisonnées, ses applaudissements malins, son silence criminel : ses gestes, ses mouvements, ses regards, tout a son poison et le répand à sa manière.

MASSILLON.

25. *Le Malade, au lit de la mort, conçoit encore des espérances de guérison.*

La plupart des hommes meurent sans le savoir ; et sur le petit nombre de ceux qui conservent de la connaissance jusqu'au dernier soupir, il ne s'en trouve peut-être pas un qui ne conserve en même temps de l'espérance, et qui ne se flatte d'un retour vers la vie. La nature a, pour le bonheur de l'homme, rendu ce sentiment plus fort que la raison. Un malade dont le mal est incurable, qui peut juger son état par des exemples fréquents et familiers, qui en est averti par les mouvements inquiets de sa famille, par les larmes de ses amis, par la contenance ou l'abandon des médecins, n'en est pas plus convaincu qu'il touche à sa dernière heure : l'intérêt est si grand qu'on ne s'en rapporte qu'à soi ; on n'en croit pas les jugements des autres, on les regarde comme des alarmes peu fondées : tant qu'on se sent et qu'on pense, on ne réfléchit, on ne raisonne que pour soi, et tout est mort, que l'espérance vit encore.

BUFFON. — *Histoire de l'homme.*

26. *Préjugé sur les Anciens.*

Les anciens ont tout inventé ; c'est sur ce point que leurs partisans triomphent ; donc ils avaient beaucoup plus d'esprit que nous : point du tout ; mais ils étaient avant nous. J'aimerais autant qu'on les vantât sur ce qu'ils ont bu les premiers l'eau de nos rivières, et que l'on nous insultât sur ce que nous ne buvons que leurs restes. Si l'on nous avait mis en leur place, nous aurions inventé ; s'ils étaient en la nôtre, ils ajouteraient à ce qu'ils trouveraient inventé, et il n'y a pas là grand mystère.

FONTENELLE. — *Parallèles des Anciens et des Modernes.*

27. *Respect de quelques personnes pour les Anciens.*

Le respect que l'on porte à l'antiquité est aujourd'hui à tel point, dans les matières où il devrait avoir le moins de force, que l'on se fait des oracles de toutes ses pensées, et des mystères même de ses

obscurités ; que l'on ne peut plus avancer de nouveautés sans péril, et que le texte d'un auteur suffit
pour détruire les plus fortes raisons.

PASCAL. — *Pensées.*

28. *Le Bonheur n'est pas dans l'opulence.*

Chercher le bonheur dans l'opulence, c'est imiter dans sa folle erreur cet animal adroit qui nous
imite dans nos actions. Il prend pour l'objet l'image
qui se peint sur la glace qui le répète : surpris, il la
fixe d'un œil avide ; il veut la toucher ; il se tourmente autour pour la saisir : il ne peut concevoir
pourquoi cette ombre qu'il poursuit est impalpable
et le fuit sans cesse.

YOUNG. — *Traduct. de Letourneur.*

29. *Le Travail.*

S'occuper, c'est savoir jouir :
L'oisiveté pèse et tourmente :
L'âme est un feu qu'il faut nourrir,
Et qui s'éteint, s'il ne s'augmente.   VOLTAIRE.

Dieu a attaché le plaisir à l'emploi du temps ; la
peine à sa perte. Si l'ennui nous gagne, courons au
travail ; le remède est infaillible. Ne prenons jamais
l'inaction pour le repos. Les soins de la vie en font
la consolation et l'agrément. Celui qui n'en a point
est obligé de s'en créer, de s'en imposer de volon-
taires, sous peine de rester malheureux. L'âme jouit
quand elle est occupée ; oisive, elle éprouve des tourments insupportables. La joie est un fruit qui ne peut
croître que dans le champ du travail, et quand ce
n'est pas un plaisir, c'est un supplice d'exister.

YOUNG. — *Traduct. de Letourneur.*

30. *La Curiosité ou les Manies.*

La curiosité n'est pas un goût pour ce qui est bon ou ce qui est beau, mais pour ce qui est rare, unique, pour ce qu'on a, et ce que les autres n'ont point. Ce n'est pas un attachement à ce qui est parfait, mais à ce qui est couru, à ce qui est à la mode : ce n'est pas un amusement ; mais une passion, et souvent si violente qu'elle ne cède à l'amour et à l'ambition que par la petitesse de son objet : ce n'est pas une passion qu'on a généralement pour les choses rares, et qui ont cours ; mais qu'on a seulement pour une certaine chose qui est rare, et pourtant à la mode.

LA BRUYÈRE. — *Les Caractères.*

31. *Les Tombeaux de la campagne.*

C'est surtout à la campagne que l'impression des tombeaux se fait vivement sentir : une simple fosse fait souvent verser plus de larmes que les catafalques dans les cathédrales ; c'est là que la douleur prend de la sublimité ; elle s'élève avec les vieux ifs des cimetières ; elle s'étend avec les plaines et les collines d'alentour ; elle s'allie avec tous les effets de la nature, le lever de l'aurore, le murmure des vents, le coucher du soleil et les ténèbres de la nuit. Les travaux les plus rudes et les destinées les plus humiliantes n'en peuvent éteindre l'impression dans les cœurs des misérables.

BERNARDIN DE ST.-PIERRE.

CHAPITRE II.

Comprenant des Récits, des Lettres, des Descriptions.

SECTION PREMIÈRE.

DES RÉCITS.

32. *L'Amitié fraternelle.*

LE fils d'un riche négociant de Londres s'était livré dans sa jeunesse à tous les excès : il irrita son père, dont il méprisa les avis. Le vieillard, prêt de finir sa carrière, fait un acte par lequel il déshérite son jeune fils, et meurt. Dorval, instruit de la mort de son père, fait de sérieuses réflexions, rentre en lui-même et pleure ses égarements passés. Il apprend bientôt qu'il est déshérité : cette nouvelle n'arrache de sa bouche aucun murmure injurieux à la mémoire de son père ; il la respecte jusque dans l'acte le plus désavantageux à ses intérêts ; il dit seulement ces mots : *je l'ai mérité.* Cette modération parvient aux oreilles de Genneval son frère, qui, charmé de voir le changement de mœurs de Dorval, va le trouver, l'embrasse, et lui adresse ces paroles à jamais mémorables : « Mon frère, par un testament, notre père com-« mun m'a institué son légataire universel ; mais il n'a « voulu exclure que l'homme que vous étiez alors, « et non celui que vous êtes aujourd'hui ; je vous « rends la part qui vous est due. »

Extrait de la Morale en action.

33. *Mort d'Amazili.*

Abandonnée à elle-même, la malheureuse se plongea dans l'abîme de sa douleur. Se voir à jamais séparée de son frère et de son amant, ou les voir se livrer eux-mêmes aux meurtriers de leurs parents, aux destructeurs de leur patrie ! Ils ne s'y résoudraient jamais ; et quand ils pourraient s'y résoudre, en seraient-ils plus épargnés ? On avait appris à les craindre ; on n'aurait garde de laisser au Mexique de si redoutables vengeurs. Dans le silence de la nuit, ces réflexions animées par l'image de sa patrie qui s'offrait sanglante à ses yeux, l'agitèrent si violemment, qu'il n'était rien de plus affreux pour elle, que de penser que, pour sa délivrance, on pût vouloir la loi des Castillans..... Amazili, l'âme encore pleine du trouble de la nuit, attendait sur la poupe que la clarté qui commençait à se répandre, fût plus vive ; et cependant ses yeux, à travers le mélange des ombres et de la lumière, se fatiguaient à découvrir le fort qui dominait la mer. D'abord elle croit l'entrevoir ; elle le voit enfin, et sur le mur elle découvre deux hommes que son cœur lui assure être son frère et son amant. « Ils me cherchent des yeux, « dit-elle, ils ne peuvent vivre sans moi. Je les « rendrai faibles et lâches, perfides envers leurs « patrie, infidèles envers un roi, leur bienfaiteur « et leur ami. Non, non, je ne mets point ce fu- « neste prix à ma vie ; et si elle est pour eux une « honteuse chaîne, je saurai les en délivrer. » Alors, pour fixer leurs regards, elle détache sa ceinture et la fait voltiger dans l'air. L'un des deux, c'est son cher Télasco, répond à ce signal, en faisant voltiger de même le panache de plumes dont il ornait sa tête; et lorsqu'elle est bien assurée que leurs yeux, attachés sur elle, observent tous ses mouvements, elle tire une flèche de son carquois, lève le bras, et dit, mais sans espoir d'être entendue : « Adieu, « mon frère, adieu, malheureux Télasco, pleurez- « moi, surtout vengez-moi, vengez le Mexique »! A ces mots, se perçant le sein, elle s'élance dans la mer.

MARMONTEL. — Les Incas.

34. *Trait d'Amour filial.*

Le feu du mont Etna, après avoir renversé tous les obstacles et brisé toutes les digues qui s'opposaient à son passage, sortit un jour avec impétuosité et se répandit de tous côtés. Ce torrent portait partout le ravage et la désolation. Les moissons et tous les lieux cultivés d'alentour, les maisons, les forêts et les collines couvertes de verdure, tout était la proie de ce terrible élément. A peine les flammes avaient commencé à se répandre, que Catane se sentit agitée d'un violent tremblement de terre ; on vit même qu'elles avaient déjà pénétré dans la ville. Chacun tâche alors, selon ses forces et son courage, d'arracher ses richesses à la fureur du feu. L'un gémit sous le pesant fardeau de son argent ; l'autre est si troublé, qu'il prend les armes, comme s'il voulait combattre contre cet élément : celui-ci, accablé sous le poids de ses richesses, peut-être acquises par ses crimes, ne saurait avancer, pendant que le pauvre, chargé d'un fardeau plus léger, court avec une extrême vitesse. Enfin chacun fuit, chacun emporte ce qu'il a de précieux : mais tous ne peuvent pas également se sauver ; le feu dévore ceux qui sont les plus lents à fuir, et ceux qu'une sordide avarice a retenus trop long-temps. Ceux qui croient avoir échappé à la fureur de l'incendie, en sont atteints, et perdent en un moment les richesses qu'ils avaient enlevées et le fruit de leurs peines ; ces précieuses dépouilles deviennent la pâture de la flamme, qui, dans sa fureur, n'épargne que ceux qu'anime la piété. Amphinone et son frère, tous deux portant avec un courage égal le précieux fardeau dont ils étaient chargés, comme le feu gagnait déjà les maisons voisines, aperçurent leur père et leur mère accablés de vieillesse et d'infirmités, se tenant à peine à la porte de leur maison, où ils s'étaient traînés ; ces deux enfants courent à eux, les prennent et partagent ce fardeau, sous lequel ils sentent augmenter leur force. O troupe avare ! épargne-toi la peine d'emporter ces trésors ; jette les yeux sur ces deux frères qui ne connaissent d'autres richesses que leur père et leur mère. Ils enlèvent ce pieux butin, et marchent à travers les flammes, comme si le feu leur avait promis de les épargner. O piété ! la plus grande de toutes les vertus, celle qui doit être la plus recommandable aux hommes : les flammes la respectent dans ces jeunes-gens, et de quelque côté qu'ils tournent leurs pas, elles se retirent. Jour heureux, malgré ses ravages ! Quoique l'incendie exerce sa fureur de tous côtés, les deux frères traversent toutes les flammes comme en triomphe : ils échappent l'un et l'autre à la violence du feu, qui modère sa fureur autour d'eux ; enfin ils arrivent en lieu de sûreté sans avoir reçu aucun mal.

Extrait de la Morale en action.

35. *L'Enfant gâté.*

Une dame d'esprit avait un fils, et craignait si fort de le rendre malade en le contredisant, qu'il était devenu un petit tyran, et entrait en fureur à la moindre résistance qu'on osait faire à ses volontés les plus bizarres. Le mari de cette dame, ses parents, ses amis, lui représentaient qu'elle perdait ce fils chéri : tout était inutile. Un jour qu'elle était dans sa chambre, elle entendit son fils qui pleurait dans la cour; il s'égratignait le visage de rage, parce qu'un domestique lui refusait une chose qu'il voulait. « Vous êtes bien impertinent, dit-elle à ce valet, « de ne pas donner à cet enfant ce qu'il vous deman- « de : obéissez-lui tout-à-l'heure ». « Par ma foi, « Madame, répondit le valet, il pourrait crier jus- « qu'à demain qu'il ne l'aurait pas ». A ces mots la dame devint furieuse et prête à tomber en convulsions ; elle court, et passant dans une salle où était son mari avec quelques-uns de ses amis, elle le prie de la suivre et de mettre dehors l'impudent qui lui résiste. Le mari qui était aussi faible pour sa femme, qu'elle l'était pour son fils, la suit en levant les épaules, et la compagnie se met à la fenêtre pour voir de quoi il était question. « Insolent, dit-il au valet, comment « avez-vous la hardiesse de désobéir à Madame, en « refusant à l'enfant ce qu'il vous demande ». « En « vérité, Monsieur, dit le valet, Madame n'a qu'à « le lui donner elle-même; il y a un quart d'heure « qu'il a vu la lune dans un seau d'eau, et il veut « que je la lui donne ». A ces paroles, la compagnie et le mari ne purent retenir de grands éclats de rire ; la dame elle-même, malgré sa colère, ne put s'em- pêcher de rire aussi, et fut si honteuse de cette scène, qu'elle se corrigea, et parvint à faire un aimable enfant de ce petit être maussade et volontaire.

Extrait de la Morale en action.

36. *Délivrance d'Ataliba, roi de Quito.*

Cependant le roi de Quito gémit sous le poids de ses chaînes, plus tourmenté par la pensée de ses peuples et de son fils, que par le sentiment de son propre malheur. Tout-à-coup, au milieu de ces réflexions où son âme était abîmée, il entend un bruit souterrain. Il écoute : ce bruit approche. Il sent frémir la terre sous ses pas ; il recule, il la voit s'écrouler. A l'instant s'élève comme d'un tombeau, un homme qui, sans lui parler, lui fait le geste du silence, et l'ayant saisi par la main, l'entraîne dans l'abîme qui vient de s'ouvrir devant lui. Ataliba, sans résistance, se livre à son guide ; il le suit, et, à l'issue de la caverne, il se voit entouré de soldats qui lui disent ; « Venez, Prince, vous êtes libre ; venez : vos peu- « ples vous attendent ; rendez leur la vie et l'espoir ». — « Je suis libre ! et par vous ! O mes libérateurs, « leur dit-il en les embrassant, que ne vous dois-je « pas ? serai-je assez puissant pour vous récompen- « ser jamais ? »

MARMONTEL.— *Les Incas.*

37. *Reconnaissance d'une Lionne.*

Les Espagnols avaient fondé Buénos-Ayres en 1535. La nouvelle colonie manqua bientôt de vi- vres : tous ceux qui se permettaient d'en aller cher- cher étaient massacrés par les sauvages, et l'on se vit réduit à défendre, sous peine de la vie, de sortir de l'enceinte du nouvel établissement. Une

femme, à qui la faim sans doute avait donné le courage de braver la mort, trompa la vigilance des
gardes qu'on avait établis autour de la colonie pour
la garantir des dangers où elle se trouvait par la
famine. Maldonata (c'était le nom de la transfuge),
après avoir erré quelque temps dans des routes inconnues et désertes, entra dans une caverne pour
s'y reposer de ses fatigues. Quelle fut sa terreur
d'y rencontrer une lionne, et sa surprise, quand elle
vit cette bête formidable s'approcher d'elle d'un air
à demi-tremblant, la caresser et lui lécher les mains
avec des cris de douleur plus propres à l'attendrir
qu'à l'effrayer. L'Espagnole s'aperçut bientôt que
la lionne était pleine, et que ses gémissements
étaient le langage d'une mère qui réclamait du
secours pour la délivrer de son fardeau. Maldonata aida la nature dans le moment douloureux où elle semble n'accorder qu'à regret à tous
les êtres naissants le jour, et cette vie qu'elle leur
laisse respirer si peu de temps. La lionne, heureusement délivrée, va bientôt chercher une nourriture
abondante, et l'apporte aux pieds de sa bienfaitrice :
celle-ci la partageait chaque jour avec les jeunes
lionceaux, qui, nés par ses soins et élevés avec elle,
semblaient reconnaître, par des jeux et des mor-
sures innocentes, un bienfait que leur mère payait
de ses plus tendres empressements. Mais quand l'âge
leur eut donné l'instinct de chercher eux-mêmes
leur proie, avec la force de l'atteindre et de la dévorer, cette famille se dispersa dans les bois ; et la
lionne, que la tendresse maternelle ne rappelait
plus dans sa caverne, disparut elle-même, et s'égara
dans un désert que la faim dépeuplait chaque jour.
Maldonata, seule et sans subsistance, se vit réduite

à s'éloigner d'un antre redoutable à tant d'êtres vivants, mais dont sa pitié avait su lui faire un asyle. Cette femme, privée avec douleur d'une société chérie, ne fut pas long-temps errante, sans tomber entre les mains des sauvages indiens. Une lionne l'avait nourrie, et des hommes la firent esclave! Bientôt après elle fut reprise par les Espagnols, qui la ramenèrent à Buénos-Ayres. Le commandant, plus féroce lui seul que les lions et les sauvages, ne la crut pas sans doute assez punie de son évasion par les dangers et les maux qu'elle avait essuyés. Le barbare ordonna qu'elle fût attachée à un arbre, au milieu d'un bois, pour y mourir de faim, ou devenir la pâture des monstres dévorants. Deux jours après, quelques soldats allèrent savoir la destinée de cette malheureuse victime. Ils la trouvèrent pleine de vie au milieu des tigres affamés qui, la gueule ouverte sur cette proie, n'osaient approcher devant une lionne couchée à ses pieds avec des lionceaux. Ce spectacle frappa tellement les soldats, qu'ils en étaient immobiles d'attendrissement et de frayeur. La lionne, en les voyant, s'éloigna de l'arbre, comme pour leur laisser la liberté de délivrer sa bienfaitrice; mais quand ils voulurent l'emmener avec eux, l'animal vint à pas lents confirmer par des caresses et des gémissements les prodiges de reconnaissance que cette femme racontait à ses libérateurs. La lionne suivit quelque temps les traces de l'Espagnole, avec ses lionceaux, donnant toutes les marques de respect et d'une véritable douleur qu'une famille fait éclater quand elle accompagne jusqu'au vaisseau un père ou un fils chéri qui s'embarque d'un port de l'Europe pour le Nouveau-Monde, d'où peut-être il ne reviendra jamais. Le commandant, instruit de toute l'aventure par ses soldats, et ramené par un monstre des bois aux sentimens d'humanité que son cœur farouche avait dépouillés sans doute en passant les mers, laissa vivre une femme que le Ciel avait si visiblement protégée.

RAYNAL.

38. *La Générosité envers ses ennemis est digne d'éloges.*

La générosité consiste surtout à faire du bien à ses ennemis..... Un honnête père de famille, chargé de biens et d'années, voulut régler d'avance sa succession entre ses trois fils, et leur partager sa fortune, le fruit de ses travaux et de son industrie. Après en avoir fait trois portions égales, et avoir assigné à chacun son lot, « il me reste, ajouta-t-il, « un diamant de grand prix, je le destine à celui de « vous qui saura mieux le mériter par quelque action « noble et généreuse, et je vous donne trois mois pour « vous mettre en état de l'obtenir ». Aussitôt les trois fils se dispersent ; mais ils se rassemblent au temps prescrit : ils se présentent devant leur juge, et voici ce que raconte l'aîné : « Mon père, durant « mon absence, un étranger s'est trouvé dans des « circonstances qui l'ont obligé de me confier toute sa « fortune ; il n'avait de moi aucune sûreté par écrit, « et n'aurait été en état de produire aucune preuve, « aucun indice même du dépôt ; mais je le lui ai re- « mis fidèlement : cette fidélité n'est-elle pas quelque « chose de louable ? » « Tu as fait, mon fils, lui répondit « le vieillard, ce que tu devais faire : il y aurait de « quoi mourir de honte, si l'on était capable d'en agir « autrement, car la probité est un devoir ; ton action « est une action de justice, ce n'est point une action « de générosité ». Le second fils plaida sa cause à son

tour, à peu près en ces termes : « Je me suis trouvé
« pendant mon voyage, sur le bord d'un lac ; un enfant
« venait imprudemment de s'y laisser tomber, il allait
« se noyer ; je l'en ai tiré , et lui ai sauvé la vie, aux
« yeux des habitants d'un village que baignent les eaux
« de ce lac : ils pourront attester la vérité de ce fait ».
« A la bonne heure , interrompit le père, mais il n'y
« a point encore de noblesse dans cette action ; il n'y a
« que de l'humanité ». Enfin le dernier des trois frères
prit la parole : « Mon père , dit-il, j'ai trouvé mon
« ennemi mortel qui, s'étant égaré la nuit, s'était en-
« dormi sans le savoir sur le penchant d'un abîme ; le
« moindre mouvement qu'il eût fait au moment de
« son réveil, ne pouvant manquer de le précipiter, sa
« vie était entre mes mains ; j'ai pris soin de l'éveiller
« avec les précautions convenables, et je l'ai tiré de
« cet endroit fatal ». « Ah ! mon fils, s'écria le bon
« père avec transport, en l'embrassant tendrement,
« c'est à toi sans contredit que la bague est due. »

Extrait de la Morale en action.

39. *Les Religieux du Mont-St.-Bernard.*

A la fin d'avril 1755, j'allais au Piémont par la
route du Grand-Saint-Bernard. Vers les quatre heures de l'après-midi, la petite caravane, avec laquelle
j'avais gravi ce dangereux passage, parvint au sommet de la montagne ; et après avoir réparé ses forces
dans l'hospice élevé au milieu de ce désert, elle se
remit en marche, pour coucher le même soir à la
vallée d'Aost. Déjà le soleil avait perdu sa chaleur,
et le ciel même sa sérénité : des nuages commençaient à se traîner le long des cimes des rochers, et
s'amoncelaient dans les gorges étroites de cette soli-

tude. Au sommet des Alpes, une soirée nébuleuse amollit le courage ; je me décidai à passer la nuit avec les religieux hospitaliers qui partageaient mes pressentiments. Ils ne nous trompèrent point. A six heures, ce plateau glacé fut presque enseveli dans les ténèbres ; les nuées, poussées par un vent de nord-ouest avec la rapidité d'une flèche, tourbillonnaient autour de l'enceinte des rochers : déjà retentissait le bruit lointain des avalanches ; et des atômes de neige serrée, divisée comme la poussière, soit en se détachant des montagnes, soit en tombant du ciel, en interceptaient la faible lumière et voilaient tous les objets d'alentour. Tandis qu'auprès d'un bon feu je questionnais le supérieur du couvent sur les suites de l'ouragan, les religieux hospitaliers étaient allés remplir leurs devoirs de circonstances, ou plutôt exercer leurs vertus de tous les jours : chacun avait pris son poste de dévouement dans ces Thermopyles glaciales, non pour y repousser des ennemis, mais pour y tendre une main secourable aux voyageurs perdus, de tout rang, de toute nation, de tout culte, et même aux animaux chargés de leur bagage. Quelques-uns de ces sublimes solitaires gravissaient les pyramides de granit qui bordent leur chemin, pour y découvrir un convoi dans la détresse, et pour répondre aux cris de secours ; d'autres frayaient le sentier enseveli sous la neige fraîchement tombée, au risque de se perdre eux-mêmes dans les précipices : tous bravant le froid, les avalanches, le danger de s'égarer, presque aveuglés par les tourbillons de neige, et prêtant une oreille attentive au moindre bruit, qui leur rappelait la voix humaine. Leur intrépidité égale leur vigilance ; aucun malheureux ne les appelle en vain, ils le retirent étouffé sous les débris des avalanches, ils le raniment agonisant de froid et de terreur, ils le transportent sur les bras, tandis que leurs pieds glissent sur la glace, ou plongent dans les neiges : la nuit, le jour, voilà leur ministère. Leur pieuse sollicitude veille sur l'humanité, dans ces lieux maudits de la nature, où ils présentent le spectacle habituel d'un héroïsme qui ne sera jamais célébré par nos flatteurs. Depuis une heure entière, cinq religieux et leurs domestiques étaient sur la trace des voyageurs, lorsque l'aboiement des chiens nous annonça leur retour. Compagnons intelligents des courses de leurs maîtres, ces dogues bienfaisants vont à la piste des malheureux; ils devancent les guides, et le sont eux-mêmes. A la voix de ces fidèles auxiliaires, le voyageur transi reprend l'espérance; il suit leurs vestiges toujours sûrs. Lorsque les éboulements de neige, aussi prompts que l'éclair, engloutissent un passager, les dogues du Saint-Bernard le découvrent sous l'abîme, et y conduisent les religieux, qui retirent le cadavre, et souvent le rendent à la vie. Bientôt l'hospice s'ouvrit à dix personnes épuisées de froid, de lassitude et de frayeur. Leurs conducteurs oublièrent leurs propres fatigues, et, depuis le linge le plus blanc jusqu'aux liqueurs les plus restaurantes, tout ce que l'hospitalité la plus attentive peut offrir de secours, tout ce qu'on ne rassemblerait qu'à force d'argent dans les auberges de nos villes, fut prêt dans l'instant, distribué sans distinction, employé avec autant d'adresse que de sensibilité.

MALLET DU PAN.

40. *Force de l'Amitié, ou Damon et Phintias.*

Dans une des îles de la mer Egée, au milieu de quelques peupliers antiques, on avait autrefois consacré un autel à l'Amitié. Il y fumait jour et nuit un encens pur et agréable à la Déesse ; mais bientôt, entourée d'adorateurs mercenaires, elle ne vit dans leur cœur que des liaisons intéressées et mal assorties. Un jour elle dit à un favori de Crésus : « Porte ailleurs tes « offrandes ; ce n'est pas à moi qu'elles s'adressent, « c'est à la Fortune. » Elle répondit à un Athénien qui faisait des vœux pour Solon , dont il se disait l'ami : « En te liant avec un homme sage , tu veux « partager sa gloire et faire oublier tes vices. » Elle dit à deux femmes de Samos qui s'embrassaient étroitement auprès de son autel : « Le goût des plai- « sirs vous unit en apparence ; mais vos cœurs sont « déchirés par la jalousie, et le seront bientôt par « la haine. » Enfin deux Syracusains, Damon et Phintias , tous deux élevés dans les principes de Pythagore, vinrent se prosterner devant la Déesse. « Je reçois votre hommage, leur dit-elle ; je fais « plus, j'abandonne un asile trop long-temps souillé « par des sacrifices qui m'outragent , et je n'en veux « plus d'autre que vos cœurs. Allez montrer au « tyran de Syracuse, à l'univers , à la postérité ce « que peut l'amitié dans des âmes que j'ai revêtues » de ma puissance. » A leur retour, Denys, sur une simple dénonciation, condamna Phintias à la mort. Celui-ci demanda qu'il lui fût permis d'aller régler des affaires importantes qui l'appelaient dans une ville voisine. Il promit de se présenter au jour marqué, et partit, après que Damon eut garanti cette promesse au péril de sa propre vie. Cependant les affaires de Phintias traînent en longueur. Le jour destiné à son trépas arrive ; le peuple s'assemble : on blâme, on plaint Damon, qui marche tranquillement à la mort, trop certain que son ami allait revenir ; trop heureux, s'il ne revenait pas ! Déjà le moment fatal approchait, lorsque mille cris tumultueux annoncèrent l'arrivée de Phintias. Il court, il vole au lieu du supplice : il voit le glaive suspendu sur la tête de son ami ; et, au milieu des embrassements et des pleurs, ils se disputent le bonheur de mourir l'un pour l'autre. Les spectateurs fondent en larmes, le roi lui-même se précipite de son trône, et leur demande instamment de partager une si belle amitié.

BARTHELEMY. — *Voyage du jeune Anacharsis.*

41. *Eponine et Sabinus.*

Sabinus était un Romain qui, durant les guerres civiles, s'engagea dans un parti contraire à celui de Vespasien, et prétendit même à l'empire. Mais quand la puissance de Vespasien fût bien établie, Sabinus ne s'occupa que des moyens qui pouvaient le soustraire aux persécutions, et en imagina un aussi bizarre que nouveau. Il possédait de vastes souterrains, inconnus à tout le monde ; il résolut de s'y cacher. Cette lugubre retraite l'affranchissait du moins de l'insupportable crainte des supplices et d'une mort ignominieuse, et il y portait l'espoir que peut-être quelque nouvelle révolution lui donnerait la possibilité de reparaître dans le monde. Mais parmi tant de sacrifices que sa situation le forçait de faire, il en était un surtout qui déchirait son cœur : il avait une femme jeune, belle, sen-

sible et vertueuse : il fallait la perdre, et lui dire un
éternel adieu, ou lui proposer de s'ensevelir à jamais dans une sombre prison, et renoncer à la liberté, à la société, à la clarté du jour. Sabinus
connaissait la tendresse et la grandeur d'âme d'E-
ponine, cette épouse si chère : il était sûr qu'elle
consentirait avec transport à le suivre et à ne vivre
que pour lui ; mais il craignait pour elle les regrets
qui trop souvent succèdent à l'enthousiasme, et
dont la vertu même ne garantit pas toujours : enfin
il eut assez de générosité pour ne vouloir pas abuser
de celle d'Eponine, ou, pour mieux dire, il n'avait
qu'une idée imparfaite de la manière dont une
femme peut aimer. Il ne mit dans sa confidence
que deux affranchis, qui le suivirent. Il assemble
ses esclaves, leur persuade qu'il est décidé à se
donner la mort : il les récompense, les congédie,
brûle sa maison, et se sauve ensuite dans ses souterrains avec ses fidèles affranchis. Personne ne
douta de sa mort. Eponine était absente ; mais
bientôt cette fausse nouvelle parvint jusqu'à elle, et
l'abusa comme tout le monde ; elle résolut de ne
point survivre à Sabinus. Comme elle était observée
et gardée avec soin par ses parens et ses amis, elle
choisit à regret le genre de mort le plus lent, et
refusa constamment toute espèce de nourriture.
Cependant les affranchis de Sabinus, qui tour-à-
tour sortaient chaque jour du souterrain pour aller
chercher les aliments, s'informèrent, par ordre de
leur maître, de la situation d'Eponine, et apprirent
qu'elle touchait presque aux derniers moments de sa
vie. Ce rapport fit connaître à Sabinus que, lorsqu'il s'était cru généreux, il n'avait été qu'ingrat.
Accablé d'inquiétude, pénétré de reconnaissance,

il envoie sur-le-champ un de ses affranchis instruire Eponine de son secret et du lieu de sa retraite. Pendant que cette commission s'exécutait, quelles dûrent être les craintes et l'impatience de Sabinus ! son messager trouvera-t-il Eponine vivante ? si cette tendre épouse respire encore, la nouvelle qu'on lui porte ne lui causera-t-elle pas une révolution funeste ? Sabinus, après avoir conduit Eponine sur le bord de sa tombe va-t-il, par sa fatale imprudence, l'y précipiter et devenir l'assassin du seul objet qui puisse l'attacher à la vie ?... Voilà donc le prix qu'elle recevra de tant d'amour et de fidélité !.... Mais, tandis que le malheureux Sabinus s'abandonne ainsi à ces déchirantes réflexions, le Ciel lui prépare un moment de bonheur, fait pour dédommager d'une vie entière de souffrances. Avant la fin du jour, Eponine elle-même doit paraître dans ce lugubre souterrain, qui retentit si tristement des gémissements de Sabinus.... Ce lieu d'horreur et de ténèbres, désormais habité par la vertu la plus pure, va devenir le temple auguste de la plus sainte fidélité et l'asile heureux du bonheur.... Quelle admiration ! quelle reconnaissance dut éprouver Sabinus ! comme, dans un moment, tout est changé autour de lui ! quel charme répand Eponine sur chaque objet qui l'environne ! cette caverne n'offre plus rien de triste aux yeux de Sabinus. Cependant, en songeant que c'est désormais la demeure d'Eponine, il soupire.... Hélas ! il ne peut offrir qu'une affreuse prison à celle qui serait digne de régner dans un palais. Eponine et Sabinus concertèrent ensemble les mesures qu'ils devaient prendre pour leur sûreté commune : il était impossible qu'Eponine disparût entièrement du monde sans s'exposer à des recherches dangereuses : d'ailleurs en renonçant pour toujours à sa famille et à ses amis, elle s'ôtait les moyens de servir Sabinus, si l'occasion s'en présentait. Il fut donc décidé qu'elle ne viendrait dans le souterrain que la nuit : mais sa maison en était éloignée, il fallait faire cinq lieues à pied. Comment supporterait-elle cette fatigue ? comment une femme timide et délicate, élevée dans le luxe et la mollesse, oserait-elle, si belle et si jeune, s'exposer, sous la garde d'un seul affranchi, à tous les dangers d'un voyage nocturne et pénible qui devait se renouveler si souvent ? comment enfin aurait-elle assez de discrétion et de prudence pour dérober à tous les yeux et ses démarches et son secret ?... Comment ! elle aimait, elle pouvait se passer d'expérience, de force et de courage ; elle était guidée par les deux plus grands mobiles des actions extraordinaires, l'amour et la vertu, si rarement réunis, mais si puissants lorsqu'ils se trouvent ensemble. Éponine, en effet, tint avec exactitude tous les engagements que son cœur lui avait fait prendre ; elle venait régulièrement chaque soir au souterrain, et souvent elle y passait plusieurs jours de suite, ayant su prendre les précautions nécessaires pour que son absence ne donnât aucun soupçon. La vie sauvage et retirée qu'elle menait dans le monde, la douceur qu'on lui supposait, lui procuraient la facilité de dérober ses démarches au public, et d'échapper aux observations des gens curieux et désœuvrés. Pour aller voir son époux, elle triomphait de tous les obstacles ; ni les rigueurs de l'hiver, ni le froid, ni la pluie ne pouvaient l'arrêter ou la retarder. Quel spectacle pour Sabinus lorsqu'il la voyait arriver tremblante, hors d'haleine, pouvant à peine se soutenir sur ses pieds délicats et meurtris, et tâchant cependant, par un doux sourire de dissimuler sa lassitude et sa souffrance, ou pour mieux dire, les oubliant auprès de lui!... Mais un nouvel événement doit rendre encore Eponine plus chère, s'il est possible, à Sabinus ; elle va bientôt devenir mère et donner le jour à deux jumeaux.... Quelle nouvelle source de bonheur pour elle, mais en même temps de crainte et d'inquiétude!.... A quels embarras vont la livrer l'obligation de cacher son état à tout ce qui l'entoure, et l'impossibilité d'avoir les secours dont une femme, dans sa situation, peut difficilement se passer ! Mais avec un cœur si fidèle et si passionné, Eponine est-elle une femme ordinaire? est-il une épreuve au-dessus de ses forces, et qui puisse la décourager ou l'abattre...? non; elle saura dérober la connaissance de son important secret à ses domestiques, à sa famille, à ses amis: pourrait-elle manquer d'expédients et de prudence? il s'agit de conserver son honneur, sa réputation, ou la vie de Sabinus. Elle saura triompher de la douleur même, et la supporter sans se plaindre. Absente de Sabinus, et tour-à-tour atteinte d'un mal aussi nouveau pour elle que violent, elle s'enferme, invoque au défaut des secours humains, l'assistance du Ciel, répète mille fois le nom de Sabinus, et se résigne à son sort avec autant de patience que de courage. C'est ainsi qu'elle devient mère de deux enfants, dont l'existence la dédommage et la récompense de tout ce qu'elle a souffert. Aussitôt que la nuit est venue, Eponine prenait ses enfants dans ses bras s'échappa de sa maison, et, chargée de ce précieux fardeau, elle arrive au souterrain. Qui pourrait peindre le profond attendrissement, les transports et la joie de Sabinus, en apprenant d'Eponine qu'il est père, et en recevant à la fois dans ses bras son épouse et ses enfants !.. Ces enfants, gage touchant de la tendresse la plus parfaite et la plus pure, condamnés, dès leur naissance, à vivre et à croître dans une prison !.... Cruelle pensée ! faite pour empoisonner le bonheur de Sabinus, qui, sans doute en les embrassant, dut se dire : « Infortunés enfants ! hélas ! quand pourrez-« vous jouir de la lumière et de la liberté ?.... mais « Eponine est votre mère, vous serez chéris par elle ; « ah ! vous ne vous plaindrez point de votre des-« tinée ! » Les enfants d'Eponine furent élevés dans le souterrain, et n'en sortirent jamais durant l'espace de neuf ans que Sabinus y resta caché. Loin que le temps eût diminué l'assiduité d'Eponine, il ne fit que rendre plus fréquents ses voyages au souterrain ; elle y trouvait son époux, ses enfants : devenue étrangère au monde et à la société, l'univers et le bonheur n'existaient pour elle qu'au fond de la caverne de Sabinus. Cependant ses absences deve- nant chaque jour plus multipliées et plus longues, donnèrent enfin des soupçons, et l'excès de sa sé- curité acheva de la perdre. Elle fut observée, sui- vie, et l'infortuné Sabinus découvert. Des soldats en- voyés par l'empereur viennent l'arracher de son souterrain, et ne conçoivent pas, en voyant cette affreuse demeure, qu'on puisse la regretter et verser des pleurs en la quittant. Dans cette extrémité, Eponine ne démentant ni la vertu ni le courage dont elle avait donné tant de preuves, se rend au palais de l'empereur, suivie de ses deux jeunes en- fants. on se précipite en foule sur son passage : cha- cun veut la voir et l'applaudir ; tout le palais retentit des acclamations qu'elle excite, et c'est ainsi qu'on vit du moins la vertu malheureuse obtenir le tribut d'éloges qu'elle mérite. Eponine, insensible à la gloire, ne comprenant pas même qu'on puisse admirer sa conduite, et plaignant ceux qu'elle étonne, s'avance tristement à travers la foule qui l'environne, et arrive enfin à l'appartement de l'empereur. Tout le monde se retire : alors Eponine se jetant avec ses enfants aux pieds de Vespasien, le conjure de pardonner à Sabinus; mais l'empereur ne se laisse pas toucher; peu sensible à tant de vertus, ce prince condamne à la mort l'époux d'Eponine. Au reste, l'héroïsme d'Eponine ne se démentit pas jusqu'au dernier instant, et elle accompagna son mari au supplice.

Extrait de la Morale en action.

42. *Mort de Socrate.*

Les onze magistrats qui veillent à l'exécution des criminels, se rendirent de bonne heure à la prison, pour le délivrer de ses fers, et lui annoncer le moment de son trépas. Plusieurs de ses disciples entrèrent ensuite; ils étaient à peu près au nombre de vingt; ils trouvèrent auprès de lui Xantippe, son épouse, tenant le plus jeune de ses enfants entre ses bras. Dès qu'elle les aperçut, elle s'écria d'une voix entrecoupée de sanglots : « Ah! voilà vos amis, et c'est pour la dernière fois! » Socrate ayant prié Criton de la faire ramener chez elle, on l'arracha de ce lieu, jetant des cris douloureux et se meurtrissant le visage. Jamais il ne s'était montré à ses disciples avec tant de patience et de courage; ils ne pouvaient le voir sans être oppressés par la douleur, l'écouter sans être pénétrés de plaisir. Dans son dernier entre-

tien, il leur dit qu'il n'était permis à personne d'attenter à ses jours, parce que, placés sur la terre comme dans un poste, nous ne devons le quitter que par la permission des dieux ; que pour lui, résigné à leur volonté, il soupirait après le moment qui le mettrait en possession du bonheur qu'il avait tâché de mériter par sa conduite. De là, passant au dogme de l'immortalité de l'âme, il l'établit par une foule de preuves qui justifiaient ses espérances......
« N'auriez-vous pas quelque chose à nous prescrire à « l'égard de vos enfants et de vos affaires, lui demanda « Criton ? » « Je vous réitère le conseil que je vous ai « souvent donné, répondit Socrate, celui de vous en-« richir de vertus ; si vous le suivez, je n'ai pas besoin » de vos promesses ; si vous le négligez, elles seraient « inutiles à ma famille. » Il passa ensuite dans une petite pièce pour se baigner : Criton le suivit ; ses autres amis s'entretinrent des discours qu'ils venaient d'entendre, et de l'état où sa mort allait les réduire : ils se regardaient déjà comme des orphelins privés du meilleur des pères, et pleuraient moins sur lui que sur eux-mêmes. On lui présenta ses trois enfants ; deux étaient encore dans un âge fort tendre. Il donna quelques ordres aux femmes qui les avaient amenés ; et, après les avoir renvoyés, il vint rejoindre ses amis. Un moment après, le garde de la prison entra : « Socrate, lui dit-il, je ne m'attends pas aux « imprécations dont me chargent ceux à qui je viens an-« noncer qu'il est temps de prendre le poison. Comme « je n'ai jamais vu personne ici qui eût autant de force « et de douceur que vous, je suis assuré que vous « n'êtes pas fâché contre moi, et que vous ne m'attri-« buez pas votre infortune ; vous n'en connaissez que « trop les auteurs. Adieu, tâchez de vous soumettre

« à la nécessité. » Ses pleurs lui permirent à peine d'a-
chever, et il se retira dans un coin de la prison,
pour les répandre sans contrainte. « Adieu, lui ré-
« pondit Socrate, je suivrai votre conseil; » et, se
tournant vers ses amis : « Que cet homme a bon
« cœur, leur dit-il! pendant que j'étais ici, il venait
« quelquefois causer avec moi.... Voyez comme il
« pleure.... Criton, il faut lui obéir; qu'on apporte
« le poison, s'il est prêt; et, s'il ne l'est pas, qu'on le
« broie au plus tôt. » Criton voulut lui remontrer
que le soleil n'était pas encore couché, que d'autres
avaient eu la liberté de prolonger leur vie de quelques heures. « Ils avaient leurs raisons, dit Socrate,
« et j'ai les miennes pour en agir autrement. » Criton
donna des ordres, et quand ils furent exécutés, un
domestique apporta la coupe fatale, Socrate ayant
demandé ce qu'il avait à faire : « Vous promener
« après avoir pris la potion, répondit cet homme,
« et vous coucher sur le dos quand vos jambes com-
« menceront à s'appesantir. » Alors, sans changer de
visage, et d'une main assurée, il prit la coupe, et,
après avoir adressé ses prières aux dieux, il l'approcha de sa bouche. Dans ce moment terrible, le sai-
sissement et l'effroi s'emparèrent de toutes les âmes,
et des pleurs involontaires coulèrent de tous les yeux.
Les uns, pour les cacher, jetaient leur manteau sur
leur tête; les autres se levaient en sursaut, pour se
dérober à sa vue; mais lorsqu'en ramenant leurs
regards sur lui, ils s'aperçurent qu'il venait de renfermer la mort dans son sein, leur douleur, trop
long-temps contenue, fut forcée d'éclater, et leurs
sanglots redoublèrent aux cris du jeune Apollodore,
qui, après avoir pleuré toute la journée, faisait retentir la prison de hurlements affreux. « Que faites-

« vous, mes amis, leur dit Socrate sans s'émouvoir ?
« j'avais écarté les femmes pour n'être pas témoin de
« pareilles faiblesses ; rappelez votre courage. J'ai
« toujours ouï dire que la mort devait être accom-
« pagnée de bons augures. » Cependant il continuait à
se promener ; dès qu'il sentit de la pesanteur dans ses
jambes, il se mit sur son lit, et s'enveloppa de son
manteau. Le domestique montrait aux assistants les
progrès successifs du poison. Déjà un froid mortel
avait glacé les pieds et les jambes ; il était près de
s'insinuer dans le cœur, lorsque Socrate soulevant
son manteau, dit à Criton : « Nous devons un coq
« à Esculape ; n'oubliez pas de vous acquitter de ce
« vœu. » — « Cela sera fait, répondit Criton ; mais n'a-
« vez-vous pas encore quelque ordre à nous donner ? »
Il ne répondit point : un instant après il fit un petit
mouvement : le domestique l'ayant découvert, reçut son dernier regard, et Criton lui ferma les yeux.
Ainsi mourut le plus religieux, le plus vertueux, et
le plus heureux des hommes, le seul peut-être qui,
sans crainte d'être démenti, put dire hautement :
« Je n'ai jamais, ni par mes paroles, ni par mes ac-
« tions, commis la moindre injustice. »

BARTHÉLEMY. — *Voyage du jeune Anacharsis.*

45. *Courage inébranlable d'un vieux Cacique.*

Les Espagnols arrivent : le vieillard les regarde
sans étonnement ni frayeur. Ils lui demandent où est
la retraite des Indiens ; il montre le bois. Ils lui demandent où est le toit qu'il habite ; il montre le ciel.
Ils lui proposent de le porter dans sa demeure ; et, d'un
coup-d'œil fier et moqueur, il fait signe que c'est la
terre. Pour l'obliger à rompre ce silence, d'abord ils em-

ployèrent les caresses perfides ; il n'en fut point ému.
Ils eurent recours aux menaces ; il n'en fut point épouvanté. Leur impatience à la fin se change en fureur.
Ils dressent aux yeux du vieillard tout l'appareil de
son supplice ; il y jette un œil de mépris. « Les in-
« sensés, disait-il avec un sourire amer et dédai-
« gneux, ils pensent rendre la mort effrayante pour
« la vieillesse ! ils prétendent imaginer un plus grand
« mal que de vieillir ! » Les Castillans, outrés de
ses insultes, l'attachèrent à un poteau, et allumèrent
à l'entour un feu lent pour le consumer. Le vieillard,
dès qu'il sent les atteintes du feu, s'arme d'un courage invincible : son visage, où se peint la fierté d'une
âme libre, devient auguste et radieux, et il commence son chant de mort. « Quand je vins au monde,
« dit-il, la douleur se saisit de moi, et je pleurais,
« car j'étais enfant. J'avais beau voir que tout souf-
« frait, que tout mourait autour de moi, j'aurais
« voulu, moi seul, ne pas souffrir ; j'aurais voulu ne
« pas mourir ; et, comme un enfant que j'étais je me
« livrais à l'impatience. Je devins homme, et la dou-
« leur me dit : luttons ensemble. Si tu es le plus
« fort, je céderai ; mais si tu te laisses abattre, je te
« déchirerai, je planerai sur toi, et je battrai des
« ailes comme le vautour sur sa proie. S'il en est
« ainsi, dis-je à mon tour, il faut lutter ensemble,
« et nous nous prîmes corps à corps. Il y a soixante
« ans que ce combat dure, et je suis debout, et je
« n'ai pas versé une larme. J'ai vu mes amis tomber
« sous vos coups, et dans mon cœur j'ai étouffé la
« plainte. J'ai vu mon fils écrasé à mes yeux, et mes
« yeux paternels ne se sont point mouillés. Que me
« veut encore la douleur ? ne sait-elle pas qui je suis ?
« La voilà qui, pour m'ébranler, rassemble enfin

« toutes ses forces ; et moi, je l'insulte, et je ris de
« lui voir hâter mon trépas, qui me délivre à jamais
« d'elle. Viendra-t-elle encore agiter ma cendre ?
« La cendre des morts est impalpable à la douleur.
« Et vous, lâches, vous qu'elle emploie à m'éprou-
« ver, vous vivrez ; vous serez sa proie à votre tour.
« Vous venez pour nous dépouiller ; vous nous arra-
« cherez nos misérables dépouilles. Vos mains, trem-
« pées dans le sang indien, se laveront dans votre
« sang ; et vos ossements et les nôtres, confusément
« épars dans nos champs désolés, feront la paix, re-
« poseront ensemble, et mêleront leur poussière
« comme des ossements amis. En attendant, brûlez,
» déchirez, tourmentez ce corps que je vous aban-
« donne ; dévorez ce que la vieillesse n'en a pas con-
« sumé. Voyez-vous ces oiseaux voraces qui planent
« sur nos têtes ? Vous leur dérobez un repas ; mais
« vous leur engraissez une autre proie. Ils vous lais-
« sent encore aujourd'hui vous repaître, mais demain
« ce sera leur tour. » Ainsi chantait le vieillard, et
plus la douleur redoublait, plus il redoublait ses insultes. Un Espagnol ne put soutenir plus long-temps
les invectives du sauvage. Il saisit l'arc qu'on lui
avait laissé, le tendit et perça le vieillard d'une flèche.
L'Indien, qui se sentit mortellement blessé, regarda
Moralès d'un œil fier et tranquille : « Ah ! jeune
« homme, dit-il, jeune homme, tu perds, par ton
« impatience, une belle occasion d'apprendre à souf-
« frir ! » Il expira, et les Espagnols consternés pas-
sèrent la nuit dans les bois sans pouvoir retrouver
leur route.

MARMONTEL. — *Les Incas.*

44. *Trait d'héroïsme chevaleresque.*

Le fameux Bertrand du Guesclin ayant accepté le défi d'un chevalier anglais, nommé Bambroc, se disposait à monter à cheval, lorsque sa tante, qui l'avait élevé, le vint arrêter par le bras et s'efforça par ses larmes et par ses soupirs, de le détourner de cette entreprise, lui représentant qu'il allait combattre contre le plus redoutable chevalier de toute l'Angleterre, et qu'elle avait toutes les raisons du monde d'appréhender que sa vie ne fût dans un extrême danger, ou du moins qu'on ne lui jouât quelque mauvais tour ; mais Bertrand ne se laissa pas intimider par les remontrances de cette dame, qui voyant qu'il n'y avait rien à gagner sur son esprit, lui demanda par grâce qu'il voulût bien ôter son casque, afin qu'elle le pût embrasser pour la dernière fois. Guesclin, ne voulant point répondre à tous ces mouvements de tendresse qu'il croyait hors de saison, lui dit : « Ma tante, vous feriez mieux de retourner à la maison embrasser votre mari, que de « m'empêcher de courir où la gloire et mon honneur « m'appellent. Défaites-vous de ces terreurs puériles. « Songez surtout à faire préparer le dîner, et comptez « que je serai de retour avant qu'il soit prêt. »

Vie de Duguesclin.

45. *Trait de fidélité d'un chien.*

Sous le règne de Charles V, roi de France, un nommé Aubry de Mont-Didier, passant seul dans la forêt de Bondy, fut assassiné et enterré au pied d'un arbre. Son chien resta plusieurs jours sur sa fosse, et ne la quitta que pressé par la faim : il vint à Paris chez un ami intime de son malheureux maître ; et, par ses tristes hurlements, semble lui annoncer la perte qu'il a faite. Après avoir mangé, il recommence ses cris, va à la porte, tourne la tête pour voir si on le suit, revient à cet ami de son maître, le tire par l'habit comme pour lui marquer de venir avec lui. La singularité des mouvements de ce chien, sa venue sans son maître qu'il ne quittait jamais, ce maître qui tout d'un coup a disparu, et peut-être cette distribution de justice et d'événements, qui ne permet guère que les crimes restent long-temps cachés, tout cela fit qu'on suivit le chien. Dès qu'on fut au pied de l'arbre, il redoubla ses cris en grattant la terre, comme pour faire signe de chercher en cet endroit. O y fouilla et on y trouva le corps de cet infortuné Aubry. Quelque temps après ce chien aperçut par hasard l'assassin, que tous les historiens nomment le chevalier Macaire ; il lui saute à la gorge, et on a bien de la peine à lui faire lâcher prise. Chaque fois qu'il le rencontre, il l'attaque et le poursuit avec fureur. L'acharnement de ce chien, qui n'en veut qu'à cet homme, commence à paraître extraordinaire. On se rappelle l'affection qu'il avait marquée pour son maître, et en même temps plusieurs occasions où ce chevalier Macaire avait donné des preuves de sa haine contre Aubry de Mont-Didier : quelques circonstances augmentèrent les soupçons. Le roi, instruit de tous les discours qu'on tenait, fait venir ce chien, qui paraît tranquille jusqu'au moment qu'apercevant Macaire au milieu d'une vingtaine d'autres courtisans, il aboie et cherche à se jeter sur lui. Dans ce temps-là, on ordonnait le combat entre l'accusateur et l'accusé, lorsque les preuves du crime n'étaient pas convaincantes. On nommait ces sortes de combats, *jugements de Dieu*, parce qu'on était persuadé que le Ciel aurait plutôt fait un miracle que de laisser succomber l'innocence. Le roi, frappé de tous les indices qui se réunissaient contre Macaire, jugea qu'*il échéait gage de bataille*, c'est-à-dire qu'il ordonna le duel entre le chevalier et le chien. Le champ clos fut marqué dans l'île de Notre-Dame, qui n'était alors qu'un terrain vide et inhabité. Macaire était armé d'un gros bâton; le chien avait un tonneau percé pour sa retraite, et les relancements. On le lâche, aussitôt il court, tourne autour de son adversaire, évite ses coups, le menace tantôt d'un côté, tantôt d'un autre, le fatigue, et enfin s'élance, le saisit à la gorge, et l'oblige à faire l'aveu de son crime en présence du roi et de toute sa cour.

Extrait de la Morale en action.

46. *Mort de Turenne.*

Cette funeste nouvelle se répandit par toute la France, comme un brouillard épais qui couvrit la lumière du ciel et remplit tous les esprits des ténè-bres de la mort; la terreur et la consternation la sui-vaient. Personne n'apprit la mort de M. de Turenne, qu'il ne crût d'abord l'armée du roi taillée en piè-ces, nos frontières découvertes et les ennemis prêts à pénétrer dans le cœur de l'État; ensuite, oubliant l'intérêt général, on n'était sensible qu'à la perte de ce grand homme. Le récit de ce funeste accident tira des plaintes de toutes les bouches, et des larmes de tous les yeux. Chacun à l'envi faisait gloire de savoir et de dire quelque particularité de sa vie et de ses vertus. L'un disait qu'il était aimé de tout le monde sans intérêt; l'autre, qu'il était parvenu à être admiré sans envie; un troisième, qu'il était redouté de ses ennemis sans en être haï. Mais enfin ce que le roi sentit sur cette perte, et ce qu'il dit à la gloire de cet illustre mort, est le plus grand et le plus glorieux éloge de sa vertu. Les peuples répondirent à la douleur de leur prince ; on vit dans les villes par où son corps passa , les mêmes sentiments que l'on avait vus autrefois dans l'empire romain , lorsque les cendres de Germanicus furent portées de la Syrie au tombeau des Césars. Les maisons étaient fermées ; le triste et morne silence qui régnait dans les places publiques n'était interrompu que par les gémissements des habitants ; les magistrats en deuil eussent volontiers prêté leurs épaules, pour le porter de ville en ville, les prêtres et les religieux à l'envi l'accompagnaient de leurs larmes et de leurs prières ; les villes pour lesquelles ce triste spectacle était tout nouveau, faisaient paraître une douleur encore plus véhémente que ceux qui l'accompagnaient ; et comme si, en voyant son cercueil, on l'eût perdu une seconde fois , les cris et les larmes recommençaient.

MASCARON. — *Oraison funèbre de M. de Turenne.*

47. *Mort de Vatel.*

Le Roi arriva jeudi au soir ; la promenade, la collation dans un lieu tapissé de jonquilles , tout cela fut à souhait. On soupa ; il y eut quelques tables où le rôti manqua, à cause de plusieurs dîners auxquels on ne s'était point attendu. Cela saisit Vatel ; il dit plusieurs fois : « Je suis perdu d'honneur ; voici « une affaire que je ne supporterai pas ». Il dit à Gourville : « La tête me tourne ; il y a dit-huit « nuits que je n'ai dormi ; aidez-moi à donner des

« ordres. » Gourville le soulagea en ce qu'il put. Le rôti qui avait manqué, non pas à la table du Roi, mais à la vingt-cinquième, lui revenait toujours à l'esprit. Gourville le dit à M. le Prince, M. le Prince alla jusque dans la chambre de Vatel, et lui dit : « Vatel, tout va bien ; rien n'était plus « beau que le souper du Roi. » Il répondit : « Mon « seigneur, votre bonté m'achève : je sais que le rôti « a manqué à deux tables. » « Point du tout, dit « M. le Prince, ne vous fâchez point, tout va « bien. » Minuit vient : le feu d'artifice ne réussit point, il fut couvert d'un nuage ; il coûtait seize mille francs. A quatre heures du matin, Vatel s'en va partout ; il trouve tout endormi. Il rencontre un petit pourvoyeur qui lui apportait seulement deux charges de marée. Il lui demande : « Est-ce là tout » ? — « Oui Monsieur. » Il ne savait pas que Vatel avait envoyé à tous les ports de mer. Vatel attend quel-que temps ; les autres pourvoyeurs ne vinrent point : sa tête s'échauffait : il crut qu'il n'y aurait point d'autre marée. Il trouva Gourville ; il lui dit : « Monsieur, je ne survivrai point à cet affront-ci. » Gourville se moqua de lui. Vatel monte à sa cham-bre, met son épée contre sa porte, et se la passe au travers du cœur : mais ce ne fut qu'au troisième coup (car il s'en donna deux qui n'étaient pas mor-tels) qu'il tomba mort. La marée cependant arrive de tous côtés ; on cherche Vatel pour la distribuer ; on va à sa chambre ; on heurte, on enfonce la porte ; on le trouve noyé dans son sang. On court à M. le Prince, qui fut au désespoir. M. le Duc pleure ; c'était sur Vatel que tournait tout son voyage de Bourgogne. M. le Prince le dit au Roi fort tris-tement. On dit que c'était à force d'avoir de l'honneur à sa manière : on le loua fort ; on loua et on blâma son courage.

Madame de SÉVIGNÉ. — *Lettres.*

48. *La caverne des Serpents.*

Alonzo arrive en rampant au bas d'une roche escarpée, et, à la lueur des éclairs, il voit une caverne dont la profonde et ténébreuse horreur l'aurait glacé dans tout autre moment. Meurtri, épuisé de fatigue, il se jette au fond de cet antre ; et là, rendant grâces au Ciel, il tombe dans l'accablement. L'orage enfin s'apaise ; les tonnerres, les vents cessent d'ébranler les montagnes ; les eaux des torrents moins rapides ne mugissent plus à l'entour ; et Alonzo sent couler dans ses veines le baume du sommeil. Mais un bruit, plus terrible que celui des tempêtes, le frappe au moment même qu'il allait s'endormir. Ce bruit, pareil au broiement des cailloux, est celui d'une multitude de serpents (1) dont la caverne est le refuge. La voûte en est revêtue ; et, entrelacés l'un à l'autre, ils forment dans leurs mouvements ce bruit qu'Alonzo reconnaît. Il sait que le venin de ces serpents est le plus subtil des poisons, qu'il allume soudain, et dans toutes les veines, un feu qui dévore et consume, au milieu des douleurs les plus intolérables, le malheureux qui en est atteint. Ils les entend, il croit les voir rampants autour de lui, ou pendus sur sa tête, ou roulés sur eux-mêmes, et prêts à s'élancer sur lui. Son courage épuisé succombe ; son sang se glace de frayeur ; à peine il ose respirer. S'il veut se traîner hors de l'antre, sous ses mains, sous ses pas, il tremble de presser un de ces dangereux reptiles. Transi, frisson-

____

(1) Ce sont des serpents à sonnettes.

nant, immobile, environné de mille morts, il passe la plus longue nuit dans une pénible agonie, désirant, frémissant de revoir la lumière; se reprochant la crainte qui le tient enchaîné, et faisant sur lui-même d'inutiles efforts pour surmonter cette faiblesse. Le jour qui vient l'éclairer justifia sa frayeur. Il vit réellement tout le danger qu'il avait pressenti; il le vit plus horrible encore. Il fallait mourir ou s'échapper. Il ramasse péniblement le peu de forces qui lui restent; il se soulève avec lenteur, se courbe, et, les mains appuyées sur ses genoux tremblants, il sort de la caverne, aussi défait, aussi pâle qu'un spectre qui sortirait de son tombeau. Le même orage qui l'avait jeté dans le péril l'en préserva; car les serpents en avaient autant de frayeur que lui-même; et c'est l'instinct de tous les animaux, dès que le péril les occupe, de cesser d'être malfaisants.

MARMONTEL. — *Les Incas.*

SECTION DEUXIÈME.

LETTRES.

49. *Lettre de Voiture à Mademoiselle de Rambouillet, depuis Madame de Montausier.*

Mademoiselle, je voudrais que vous m'eussiez pu voir aujourd'hui dans un miroir, en l'état où j'étais. Vous m'eussiez vu dans les plus effroyables montagnes du monde, au milieu de douze ou quinze hommes les plus horribles que l'on puisse voir, dont le plus innocent en a tué quinze ou vingt autres, qui sont tous noirs comme des diables, et qui ont des cheveux qui leur viennent jusqu'à la moitié du corps, chacun deux ou trois balafres sur le visage, et deux pistolets et deux poignards à la ceinture : ce sont les bandits qui vivent dans les montagnes des confins du Piémont et de Gênes. Vous eussiez eu peur sans doute, Mademoiselle, de me voir entre ces messieurs-là, et vous auriez cru qu'ils m'allaient couper la gorge. De peur d'en être volé, je m'en étais fait escorter; j'avais écrit, dès le soir, à leur capitaine, de me venir accompagner, et de se trouver en mon chemin, ce qu'il a fait, et j'en ai été quitte pour trois pistoles. Mais surtout, je voudrais que vous eussiez vu la mine de mon neveu et de mon valet, qui croyaient que je les avais menés à la boucherie. Au sortir de leurs mains, je suis passé par des lieux où il y avait garnison espagnole, et là, sans doute, j'ai couru plus de dangers. On m'a interrogé; j'ai dit que j'étais Savoyard; et pour passer pour cela, j'ai parlé le plus qu'il m'a été possible, comme M. de Vaugelas : sur mon mauvais accent, ils m'ont laissé passer. Regardez si je ferai jamais de beaux discours qui me valent tant, et, s'il n'eût pas été bien mal-à-propos qu'en cette occasion, sous ombre que je suis de l'Académie, je me fusse piqué de parler bon français. Au sortir de là je suis arrivé à Savonne, où j'ai trouvé la mer un peu plus émue qu'il ne fallait pour le petit vaisseau que j'avais pris, et néanmoins je suis arrivé ici à bon port. Voyez, Mademoiselle, combien de périls j'ai courus en un jour. Enfin, je suis échappé des bandits, des Espagnols et de la mer.

50. *Madame de Sévigné à sa fille.*

Je comptais recevoir vendredi deux de vos lettres, et comment se peut-il que je n'en aie pas une? Ah! ma fille, de quelque endroit que vienne ce retardement, je ne puis vous dire ce qu'il me fait souffrir. J'ai mal dormi ces deux nuits passées ; j'ai renvoyé deux fois à Vitré, pour chercher à m'amuser de quelque espérance ; mais c'est inutilement. Je vois par là que mon repos est entièrement attaché à la douceur de recevoir de vos nouvelles. Me voilà insensiblement tombée dans la radoterie de Chésières ; je comprends sa peine, si elle est comme la mienne ; je sens ses douleurs de n'avoir pas reçu cette lettre du 27 : on n'est pas heureux quand on est comme lui. Dieu me préserve de son état; et vous, ma fille, préservez m'en sur toutes choses. Adieu, je suis chagrine, je suis de mauvaise compagnie ; quand j'aurai reçu de vos nouvelles, la parole me reviendra. Quand on se couche, on a des pensées qui ne sont que gris-brun, comme dit M. de la Rochefoucault, et la nuit elles deviennent tout-à-fait noires : je sais qu'en dire.

51. *La même à la même.*

Quel jour, ma fille, que celui qui ouvre l'absence ! Comment vous a-t-il paru? Pour moi je l'ai senti avec toute l'amertume et toute la douleur que j'avais imaginées, et que j'avais appréhendées depuis si long-temps. Quel moment que celui où nous nous séparâmes! Quels adieux, et quelle tristesse d'aller chacune de son côté, quand on se trouve si bien ensemble! Je ne veux point vous en parler davantage, ni célébrer, comme vous dites, toutes les pensées qui me pressent le cœur : je veux me représenter votre courage, et tout ce que vous avez dit sur ce sujet, qui fait que je vous admire. Il me parut pourtant que vous étiez un peu touchée en m'embrassant : pour moi, je revins à Paris, comme vous pouvez vous l'imaginer. M. de Coulange se conforma à mon état : j'allai me rendre chez M. le cardinal de Retz, où je renouvelai tellement toute ma douleur, que je fis prier M. de la Rochefoucault, M. de la Fayette et M. de Coulange, qui vinrent pour me voir, de trouver bon que je n'eusse point cet honneur : il faut cacher sa faiblesse devant les forts; M. le cardinal entra dans les miennes; la sorte d'amitié qu'il a pour vous, le rend fort sensible à votre départ. Ne blâmez pas, mon enfant, ce que je sentis en rentrant chez moi ; quelle différence! quelle solitude! quelle tristesse? Votre chambre, votre cabinet, votre portrait, ne plus trouver cette aimable personne ; M. de Grignan comprend bien ce que je veux dire, et ce que je sentis.

52. *Madame de Maintenon à son frère.*

Je suis bien fâché, mon cher frère, de n'avoir cette année que des vœux à vous offrir. Je n'ai pas encore payé toutes mes dettes, et vous sentez bien que ce doit être le premier usage que je dois faire de ma pension, et vous haïriez des étrennes données aux dépens de mes créanciers. Avec un peu d'économie vous pourriez vivre à votre aise : votre dissipation me perce le cœur. Séparez-vous des plaisirs ; ils coûtent toujours cent fois plus que les besoins. Soyez délicat sur le choix de vos amis : votre fortune et

votre salut dépendent également des premiers pas
que vous ferez dans le monde. Je vous parle en amie.
Appliquez-vous à votre devoir. Aimez Dieu ; soyez
honnête homme. Prenez patience, et rien ne vous
manquera. Madame de Neuillant m'a souvent répété
ces conseils, et je m'en suis jusqu'ici bien trouvée.
Adieu, mon cher frère ; je ne serai heureuse qu'autant que vous le serez, et vous ne le serez qu'autant
que vous serez sage.

53. *Madame de Sévigné à sa fille.*

J'ai été voir passer la procession de Sainte-Geneviève : nous en sommes revenus de très-bonne heure,
il n'était que deux heures : bien des gens n'en reviendront que ce soir. Savez-vous que c'est une belle
chose que cette procession ? Tous les différents religieux, tous les prêtres des paroisses ; tous les cha-
noines de Notre-Dame, et M. l'archevêque pontifi-
calement, qui va à pied, bénissant à droite et à gauche
jusqu'à la métropole : il n'a cependant que la main
gauche, et à la droite, c'est l'abbé de Sainte-Geneviève, nu-pieds, précédé de cent cinquante religieux, nu-pieds aussi, avec sa crosse et sa mitre
comme l'archevêque, et bénissant de même, mais
modestement et dévotement, et à jeun, avec un air
de pénitence, qui fait voir que c'est lui qui va dire la
messe dans Notre-Dame. Le parlement en robes
rouges et toutes les compagnies supérieures suivent
cette châsse, qui est brillante de pierreries, portée par
vingt hommes habillés de blanc, nu-pieds. On laisse
en otage, à Sainte-Geneviève, le prévôt des mar-
chands et quatre conseillers, jusqu'à ce que ce précieux trésor y soit revenu. Vous m'aller demander

pourquoi on a descendu cette châsse : c'était pour faire cesser la pluie, et pour demander le chaud ; l'un et l'autre étaient arrivés au moment qu'on a eu ce dessein, de sorte que, comme c'est en général pour nous apporter toutes sortes de biens, je crois que c'est à elle que nous devons le retour du roi : il sera ici dimanche.

54. *La même à M. de Coulanges.*

Je m'en vais vous mander la chose la plus étonnante, la plus surprenante, la plus merveilleuse, la plus miraculeuse, la plus triomphante, la plus étourdissante, la plus inouïe, la plus singulière, la plus extraordinaire, la plus incroyable, la plus imprévue, la plus grande, la plus petite, la plus rare, la plus commune, la plus éclatante, la plus secrète jusqu'aujourd'hui, la plus digne d'envie ; enfin une chose dont on ne trouve qu'un exemple dans les siècles passés, encore cet exemple n'est-il pas juste ; une chose que nous ne saurions croire à Paris, comment pourrait-on la croire à Lyon ? une chose qui fait crier miséricorde à tout le monde, une chose qui comble de joie madame de Rohan et madame de Hauteville ; une chose enfin qui se fera dimanche, où ceux qui la verront croiront avoir la berlue ; une chose qui se fera dimanche, et qui ne sera peut-être pas faite lundi. Je ne puis me résoudre à vous la dire ; devinez là. Je vous la donne en trois. Jetez-vous votre langue aux chiens ? Hé bien ! il faut donc vous la dire. M. de Lauzun épouse dimanche, au Louvre..... devinez qui ? Je vous le donne en quatre ; je vous le donne en dix ; je vous le donne en cent. Madame de Coulanges dit : Voilà qui est difficile à deviner ! C'est madame de la Vallière ? — Point du tout, Madame. — C'est donc mademoiselle de Retz ? — Point du tout. Vous êtes bien provinciale ! — Ah ! vraiment nous sommes bien bêtes, dites-vous, c'est mademoiselle de Colbert ? — Encore moins. — C'est assurément mademoiselle de Créqui ? — Vous n'y êtes pas. Il faut donc à la fin vous le dire. Il épouse dimanche au Louvre, avec la permission du Roi, mademoiselle de... mademoiselle.... devinez le nom ; il épouse Mademoiselle, fille de feu Monsieur ; Mademoiselle, petite fille de Henri IV., Mademoiselle d'Eu, Mademoiselle de Dombes, Mademoiselle de Montpensier, Mademoiselle d'Orléans, Mademoiselle, cousine germaine du roi, Mademoiselle, destinée au trône, Mademoiselle, le seul parti de France qui fût digne de Monsieur. Voilà un beau sujet de discourir. Si vous criez, si vous êtes hors de vous-même, si vous dites que nous avons menti, que cela est faux, qu'on se moque de vous, que voilà une belle raillerie, que cela est bien fade à imaginer ; si enfin vous nous dites des injures, nous trouverons que vous avez raison ; nous en avons fait autant que vous : adieu. Les lettres qui seront portées par cet ordinaire vous feront voir si nous disons vrai ou non.

55. *Mort de Turenne. — Lettre de Madame de Sévigné.*

Turenne monta à cheval le samedi à deux heures, après avoir mangé ; et comme il y avait bien des gens avec lui, il les laissa tous à trente pas de la hauteur où il voulait aller, et dit au petit d'Elbeuf : « Mon neveu, demeurez là, vous ne faites que tourner autour de moi, vous me feriez reconnaître. » M. d'Hamilton, qui se trouva près de l'endroit où

il allait, lui dit : « Monsieur, venez par ici, on
« tirera du côté où vous allez. » — « Monsieur, lui
« dit-il, vous avez raison ; je ne veux point du tout
« être tué aujourd'hui · cela sera le mieux du mon-
« de. » Il eut à peine tourné son cheval, qu'il aperçut
S. Hilaire, le chapeau à la main, qui lui dit :
« Monsieur, jetez les yeux sur cette batterie que je
« viens de faire placer là. » M. de Turenne revint ; et
dans l'instant, sans être arrêté, il eut le bras et le
corps fracassés du même coup qui emporta le bras
et la main qui tenait le chapeau de S. Hilaire. Ce
gentilhomme, qui le regardait toujours, ne le voit
point tomber ; le cheval l'emporte où il avait laissé le
petit d'Elbeuf ; il était penché le nez sur l'arçon.
Dans ce moment le cheval s'arrête, le héros tombe
entre les bras de ses gens ; il ouvre deux fois de grands
yeux et la bouche, et demeure tranquille pour jamais.
Songez qu'il était mort et qu'il avait une partie du
cœur emportée. On crie, on pleure : M. d'Hamilton
fait cesser ce bruit et ôter le petit d'Elbeuf, qui s'était
jeté sur ce corps, qui ne voulait pas le quitter et qui se
pâmait de crier. On couvre le corps d'un manteau, on
le porte dans une haie ; on le garde à petit bruit. Un
carrosse vient ; on l'emporte dans sa tente ; ce fut là
où M. de Lorges, M. de Roye et beaucoup d'autres
pensèrent mourir de douleur ; mais il fallut se faire
violence, et songer aux grandes affaires qu'on avait
sur les bras. On lui a fait un service militaire dans
le camp, où les armes et les cris faisaient le véritable
deuil : tous les officiers avaient pourtant des échar-
pes de crêpe ; tous les tambours en étaient couverts :
ils ne battaient qu'un coup ; les piques traînantes,
et les mousquets renversés ; mais ces cris de toute
une armée ne peuvent pas se représenter sans que

l'on soit ému. Ses deux neveux étaient à cette pompe dans l'état que vous pouvez penser. M. de Roye, tout blessé, s'y fit porter ; car cette messe ne fut dite que quand ils eurent passé le Rhin..... Quand ce corps a quitté son armée, ç'a encore été une désolation ; et partout où il a passé, on n'entendait que des clameurs. Mais à Langres, ils se sont surpassés ; ils allèrent au-devant de lui en habit de deuil, au nombre de plus de deux cents, suivis du peuple. Il y eut un service solennel dans la ville : en un moment ils se cotisèrent tous pour cette dépense, qui monta à cinq mille francs, parce qu'ils reconduisirent le corps jusqu'à la première ville, et voulurent défrayer tout le train. Que dites-vous de ces marques d'une affection fondée sur un mérite extraordinaire ? Il arriva à S. Denis le soir ; tous ces gens l'allèrent reprendre à deux lieues d'ici. Il sera dans une chapelle en dépôt ; on lui fera un service à S. Denis, en attendant celui de Notre-Dame, qui sera solennel.....

SECTION TROISIÈME.

DESCRIPTIONS.

56. *Grotte de Calypso.*

La grotte de la Déesse était sur le penchant d'une colline : de là on découvrait la mer, quelquefois claire et unie comme une glace, quelquefois follement irritée contre les rochers, où elle se brisait en gémissant et élevant ses vagues comme des montagnes : d'un autre côté on voyait une rivière où se formaient des îles bordées de tilleuls fleuris et de hauts peupliers qui portaient leurs têtes superbes jusque dans les nues. Les divers canaux qui formaient ces îles semblaient se jouer dans la campagne : les uns roulaient leurs eaux claires avec rapidité ; d'autres avaient une eau paisible et dormante ; d'autres, par de longs détours, revenaient sur leurs pas, comme pour remonter vers leur source, et semblaient ne pouvoir quitter ces bords enchantés. On apercevait de loin des collines et des montagnes qui se perdaient dans les nues, et dont la figure bizarre formait un horizon à souhait pour le plaisir des yeux. Les montagnes voisines étaient couvertes de pampre vert qui pendait en festons : le raisin, plus éclatant que la pourpre, ne pouvait se cacher sous les feuilles, et la vigne était accablée sous son fruit. Le figuier, l'olivier, le grenadier, et tous les autres arbres, couvraient la campagne et en faisaient un grand jardin.

FÉNÉLON.— *Télémaque.*

57. *Retraite de Philoclès.*

Hégésippe s'avance vers cette grotte : il la trouve vide et ouverte ; car la pauvreté et la simplicité des mœurs de Philoclès, faisaient qu'il n'avait en sortant aucun besoin de fermer sa porte. Une natte de jonc grossier lui servait de lit. Rarement il allumait du feu, parce qu'il ne mangeait rien de cuit ; il se nourrissait, pendant l'été, de fruits nouvellement cueillis ; et en hiver, de dattes et de figues sèches. Une claire fontaine, qui faisait une nappe d'eau en tombant d'un rocher, le désaltérait. Il n'avait dans sa grotte que les instruments nécessaires à la sculpture, et quelques livres qu'il lisait à certaines heures, non pour orner son esprit, ni pour contenter sa curiosité, mais pour s'instruire en se délassant de ses travaux, et pour apprendre à être bon. Pour la sculpture il ne s'y appliquait que pour exercer son corps, fuir l'oisiveté, et gagner sa vie sans avoir besoin de personne.

FÉNÉLON. — *Télémaque.*

58. *L'Orage.*

L'horizon se chargeait au loin de vapeurs ardentes et sombres ; le soleil commençait à pâlir ; la surface des eaux, unie et sans mouvement, se couvrait de couleurs lugubres, dont les teintes variaient sans cesse. Déjà le Ciel tendu et fermé de toutes parts, n'offrait à nos yeux qu'une voûte ténébreuse que la flamme pénétrait, et qui s'appesantissait sur la terre. Toute la nature était dans le silence, dans l'attente, dans un état d'inquiétude qui se communiquait jusqu'au fond de nos âmes. Nous cherchâmes un asyle dans le vestibule du temple, et bientôt nous vîmes la foudre briser à coups redoublés cette barrière de ténèbres et de feu suspendue sur nos têtes ; des nuages épais rouler par masses dans les airs, et tomber en torrents sur la terre ; les vents déchaînés fondre sur la mer, et la bouleverser dans ses abîmes. Tout grondait, le tonnerre, les vents, les flots, les antres, les montagnes ; et de tous ces bruits réunis, il se formait un bruit épouvantable qui semblait annoncer la dissolution de l'univers. L'aquilon ayant redoublé ses efforts, l'orage alla porter ses fureurs dans les climats brûlants de l'Afrique. Nous le suivîmes des yeux ; nous l'entendîmes mugir dans le lointain ; le Ciel brilla d'une clarté plus pure, et cette mer, dont les vagues écumantes s'étaient élevées jusqu'aux cieux, traînait à peine ses flots jusque sur le rivage.

BARTHELEMY. — *Voyage du jeune Anacharsis en Grèce.*

59. *Prière du soir des premiers Chrétiens.*

En arrivant à la maison on entendit le son d'une cloche. « Nous allons faire la prière du soir, dit « Lasthènes à Démodocus ; nous permettez-vous de « vous quitter un moment, ou préférez-vous nous « suivre ? » « Me préservent les dieux de mépriser « les prières, s'écria Démodocus, ces filles boîteuses « de Jupiter qui peuvent seules apaiser la colère « d'Até ! » On s'assemble aussitôt dans une cour entourée de granges et des étables des troupeaux. Quelques ruches d'abeilles y répandaient une agréable odeur mêlée au parfum du lait des génisses qui revenaient des pâturages. Au milieu de cette cour, on voyait un puits dont les deux poteaux, couverts de lierre, étaient surmontés de deux aloès qui croissaient dans des corbeilles. Un noyer planté par l'aïeul de Lasthènes, couvrait le puits de son ombre. Lasthènes, la tête nue, et le visage tourné vers l'orient, se plaça debout sous l'arbre domestique. Les bergers et les moissonneurs se mirent à genoux sur du chaume nouveau, autour de leur maître. Le père de famille prononça à haute voix cette prière, qui fut répétée par ses enfants et par ses serviteurs :

« Seigneur, daignez visiter cette demeure pendant « la nuit, et en écarter les vains songes. Nous allons « quitter les vêtements du jour, couvrez-nous de la « robe d'innocence et d'immortalité que nous avons « perdue, par la désobéissance de nos premiers pères. « Lorsque nous serons endormis dans le sépulcre, ô « Seigneur, faites que nos âmes reposent avec vous « dans le Ciel ! »

CHATEAUBRIAND. — *Les Martyrs.*

60. *Le Soir.*

La nuit s'approchait, et le crépuscule avait revêtu les campagnes de ses sombres livrées. Le silence venait à sa suite. Les animaux, les oiseaux s'étaient retirés aux lieux de leur repos ; tous, hors le rossignol, qui, accoutumé aux veilles amoureuses, passe les nuits entières à chanter : il entonnait déjà ses doux sons : le silence était ravi. Déjà le firmament étincelait de vifs saphirs : Hespérus, conducteur des bandes étoilées, brillait à leur tête : mais bientôt la lune se levant dans une majesté nébuleuse, avec un port de reine, dévoila sa tendre lumière, et jeta l'obscurité de son manteau d'argent.

Traduction de MILTON.

61. *Le lever du Soleil.*

Quel spectacle pour un amant de la simple nature ! Assis sur la pointe des rochers, je vois sous mes pieds une infinité de petites îles qui se forment au gré du caprice des ruisseaux : je vois tomber avec bruit leurs ondes du haut de la montagne ; et se brisant dans leur chute, ils vont promener sur la plaine leurs erreurs et leur inconstance. Je crois être le dieu de la source qui bouillonne à mes côtés : ce siége revêtu de mousse semble être le trône où la nature m'a permis de monter ; elle veut sans doute que je règne sur des lieux où elle triomphe elle-même. Quelle fraîcheur dans l'air ! quelle odeur charmante dans les herbes qui s'élèvent autour de moi, et qui semblent percer le sein aride des rochers, pour les couronner ensuite de leurs feuilles ! Le jour commence à se mêler avec les ombres de la nuit ; mais

l'ombre s'élève insensiblement : on dirait que le
voile qui couvrait la nature commence à se replier :
Déjà toute une partie du ciel s'éclaire ; les astres qui
y sont attachés pâlissent et semblent se reculer à
l'approche du jour ; tandis que, du côté du couchant,
la nuit étend encore, sous les voûtes des cieux, un
voile semé de saphirs ; les étoiles brillantes qui l'é-
clairent semblent ranimer tout leur feu pour s'opposer au lever de l'aurore ; mais leurs efforts sont
vains : tout l'orient se pare des plus riches couleurs ;
la nature annonce son réveil à la terre par la voix de
tous les animaux ; un vent paisible frémit doucement
entre les feuilles des arbres ; et déjà, des cabanes
voisnes, je vois sortir des torrents de fumées qui
annoncent la fuite du repos et le règne du travail.
L'étoile de Vénus dispute seule encore à l'aurore
l'empire du matin ; mais, contente d'avoir combattu
un moment, elle prévient sa défaite par une fuite
lente, qui laisse la victoire indécise. Le triomphe
de l'aurore est rapide. Image naturelle du plaisir,
rien n'est si brillant que son approche ; rien n'est si
court que sa durée. Un feu plus vif efface les couleurs tendres dont elle s'était parée. Le roi des astres
semble s'élever en ligne droite du sein de la terre,
et ses premiers rayons montent en colonne vers le
ciel : la tête des montagnes les plus reculées laisse
déjà voir la moitié de son globe, qui paraît être composé d'une lumière tremblante et bleuâtre dans sa
circonférence, mais d'un rouge pâle dans son centre.
L'astre monte et commence à former dans sa marche
une ligne courbe ; son globe se rétrécit ; sa lumière
s'épure, et ses rayons plus prompts et plus ardents
vont bientôt sécher, par une chaleur modérée,
l'humidité de la terre et les présents de l'aurore : la

vapeurs douces qu'ils enlèvent forment en l'air les nuages légers, qui, portés sur l'aile de l'inconstance et des zéphirs, ne laissent pas de former des contrastes réguliers dans le vaste tableau des cieux. Quels objets! Est-il possible que je sois peut-être le seul en ce moment qui s'en occupe! Que faut-il donc pour piquer la curiosité des hommes?

BERNIS.

62. *Description de l'île appelée Gorgone.*

L'île de la Gorgone est déserte et fertile; la vue en est terrible, et l'abord dangereux : l'Indien n'ose y pénétrer.... L'île de la Gorgone est digne de son nom; elle est l'effroi de la nature. Un ciel chargé d'épais nuages, où mugissent les vents, où les tonnerres grondent, où tombent, presque sans relâche, des pluies orageuses, des grêles meurtrières, parmi les foudres et les éclairs ; des montagnes couvertes de forêts ténébreuses, dont les débris cachent la terre, et dont les branches entrelacées ne forment qu'un épais tissu, impénétrable à la clarté ; des vallons fangeux, où sans cesse roulent d'impétueux torrents ; des bords hérissés de rochers, où se brisent, en gémissant, les flots émus par les tempêtes ; le bruit des vents dans les forêts, semblable aux hurlements des loups et au glapissement des tigres ; d'énormes couleuvres qui rampent sous l'herbe humide des marais, et qui, de leurs vastes replis, embrassent la tige des arbres ; une multitude d'insectes qu'engendre un air croupissant, et dont l'avidité ne cherche qu'une proie : telle est l'île de la Gorgone.

MARMONTEL. — Les Incas.

63. *Description de l'île Christine.*

Cependant le rivage approche : on voit des forêts verdoyantes s'élever au-dessus des eaux : c'étaient des îles qui depuis sont devenues célèbres sous le nom de *Mendoce*. On aborde, et on voit sortir d'un canal qui sépare ces îles fortunées, une multitude de barques qui environnent le vaisseau. Ces barques sont remplies de sauvages d'une beauté et d'une gaîté ravissante, presque nus, désarmés, et portant dans la main des rameaux verts, où flotte un voile blanc, en signe de paix et de bienveillance... Le capitaine n'hésita point à se livrer à leur bonne foi. Un port formé par la nature servit d'asyle à son vaisseau ; et lui et les siens descendirent dans celle de ces îles dont le bord leur parut le plus riche et le plus riant. Les insulaires enchantés les conduisent dans leur village, au bas d'une colline, sur le bord d'un ruisseau qui, d'un rocher, coule avec abondance, et serpente dans un vallon dont la nature a fait le plus riant verger. Les cabanes de ce hameau sont revêtues de feuillage ; l'industrie, éclairée par le besoin, y a réuni tous les agréments de la simplicité. Le nœud fragile qui, pendant la nuit, ferme l'entrée de ces cabanes, est le symbole heureux de la sécurité, compagne de la bonne foi. La lance, l'arc et le carquois suspendus sous ces toits paisibles, n'annoncent qu'un peuple chasseur : la guerre lui est inconnue.

MARMONTEL. — *Les Incas.*

64. *La Bétique.*

Le fleuve Bétis coule dans un pays fertile, et sous un ciel doux qui est toujours serein. Le pays a pris le nom du fleuve, qui se jette dans le grand Océan, assez près des colonnes d'Hercule, et de cet endroit, où la mer furieuse, rompant ses digues, sépara autrefois la terre de Tarsis d'avec la grande Afrique. Ce pays semble avoir conservé les délices de l'âge d'or. Les hivers y sont tièdes, et les rigoureux aquilons n'y soufflent jamais. L'ardeur de l'été y est toujours tempérée par des zéphirs rafraîchissants, qui viennent adoucir l'air vers le milieu du jour. Ainsi toute l'année n'est qu'un heureux hymen du printemps et de l'automne, qui semblent se donner la main. La terre, dans les vallons et dans les campagnes unies, y porte chaque année une double moisson. Les chemins y sont bordés de lauriers, de grenadiers, de jasmins, et d'autres arbres toujours verts et toujours fleuris. Les montagnes sont couvertes de troupeaux qui fournissent des laines fines, recherchées de toutes les nations connues. Il y a plusieurs mines d'or et d'argent dans ce beau pays ; mais les habitants, simples et heureux dans leur simplicité, ne daignent pas seulement compter l'or et l'argent parmi leurs richesses ; ils n'estiment que ce qui sert véritablement aux besoins de l'homme. Quand nous avons commencé à faire notre commerce chez ces peuples, nous avons trouvé l'or et l'argent parmi eux employés aux mêmes usages que le fer ; par exemple, pour des socs de charrue. Comme ils ne faisaient aucun commerce au-dehors, ils n'avaient besoin d'aucune monnaie. Ils sont presque tous bergers ou laboureurs. On voit en ce pays peu d'artisans ; car ils ne veulent souffrir que les arts qui servent aux véritables nécessités des hommes ; encore même la plupart des hommes en ce pays, étant adonnés à l'agriculture ou à conduire des troupeaux, ne laissent pas d'exercer les arts nécessaires pour leur vie simple et frugale.

FÉNÉLON. — *Télémaque*

65. *Les Déserts de l'Arabie Pétrée.*

Qu'on se figure un pays sans verdure et sans eau, un soleil brûlant, un ciel toujours sec, des plaines sablonneuses, des montagnes encore plus arides, sur lesquelles l'œil s'étend et le regard se perd, sans pouvoir s'arrêter sur aucun objet vivant ; une terre morte, et, pour ainsi dire, écorchée par les vents, laquelle ne présente que des ossements, des cailloux jonchés, des rochers debout ou renversés ; un désert entièrement découvert, où le voyageur n'a jamais respiré sous l'ombrage, où rien ne l'accompagne, rien ne lui rappelle la nature vivante ; solitude absolue, mille fois plus affreuse que celle des forêts ; car les arbres sont encore des êtres pour l'homme, qui se voit seul plus isolé, plus dénué, plus perdu dans ces lieux vides et sans bornes ; il voit partout l'espace comme un tombeau ; la lumière du jour, plus triste que l'ombre de la nuit, ne renaît que pour éclairer sa nudité, son impuissance, et pour lui présenter l'horreur de sa situation, en reculant à ses yeux les barrières du vide, en étendant autour de lui l'abîme de l'immensité qui le sépare de la terre habitée ; immensité qu'il tenterait en vain de

parcourir ; car la faim, la soif et la chaleur brûlante pressent tous les instants qui lui restent entre
le désespoir et la mort.

BUFFON. — *Histoire du Chameau.*

66. *La Famine sur un vaisseau.*

Cependant les vivres s'épuisent : on les réduit,
on les dispense d'une main avare et sévère. La nature, qui voit tarir les sources de la vie, en devient
plus avide ; et plus les secours diminuent, plus on
sent croître les besoins. A la disette enfin succède
la famine, fléau terrible sur la terre, mais plus terrible mille fois sur le vaste abîme des eaux : car au
moins, sur la terre, quelque lueur d'espérance peut
abuser la douleur et soutenir le courage ; mais au
milieu d'une mer immense, écarté, solitaire, et environné du néant, l'homme, dans l'abandon de toute
la nature, n'a pas même l'illusion pour le sauver du
désespoir : il voit comme un abîme l'espace épouvantable qui l'éloigne de tout secours ; sa pensée et
ses vœux s'y perdent ; la voix même de l'espérance
ne peut arriver jusqu'à lui. Les premiers accès de la
faim se font sentir sur le vaisseau. Cruelle alterna-
tive de douleur et de rage, où l'on voyait des malheureux étendus sur les bancs, lever les mains vers
le Ciel, avec des plaintes lamentables, ou courir
éperdus et furieux de la proue à la poupe, et demander au moins que la mort vînt finir leurs maux. Gomès, pâle et défait, se montre au milieu de ces spectres,
dont il partage les tourments ; mais, par un effort de
courage, il fait violence à la nature. Il parle à ses
soldats, les soutient, les apaise, et tâche de leur
inspirer un reste d'espérance que lui-même il n'a

plus.... Avec le jour enfin se lève un vent frais qui ramène l'espérance et la joie dans l'âme des Castillans.

MARMONTEL.

67. *Description d'une Trombe et de ses effets.*

Tout-à-coup, au milieu d'une sérénité perfide, un tourbillon de vent s'élève sur la mer. Les flots qu'il roule sur eux-mêmes, s'enflent en écumant, et semblent bouillonner. Dans le même instant un nuage roulé comme les flots, s'abaisse, s'étend, s'arrondit, se prolonge en colonne ; et cette colonne fluide, dont la base touche à la mer, forme une pompe, où l'onde émue, cédant au poids de l'air qui la presse à l'entour, monte jusqu'au nuage et va lui servir d'aliment. Molina reconnut ce prodige, si redouté des matelots, qui lui ont donné le nom de trombe ; et, à la vue du danger qui menaçait les Castillans, il oublia leurs crimes, les maux qu'ils avaient faits, les maux qu'ils allaient faire encore ; il se souvint seulement que leur patrie était la sienne, et son cœur fut saisi de crainte et de compassion. Gomès eut beau se hâter de faire ployer les voiles, pour ne pas donner prise au tourbillon rapide qui enveloppait son vaisseau ; le vent le saisit, l'entraîna jusque sous la colonne d'eau, qui, rompue par les antennes, tomba comme un déluge sur le navire, et l'engloutit.

MARMONTEL. — Les Incas.

68. *Le Pratter de Vienne.*

Il n'est point de grande ville qui n'ait un édifice, une promenade, une merveille quelconque de l'art ou de la nature, à laquelle les souvenirs de l'enfance se rattachent. Il me semble que le *Pratter* doit avoir pour les habitants de Vienne un charme de ce genre. On ne trouve nulle part, si près d'une capitale, une promenade qui puisse faire jouir ainsi des beautés d'une nature tout-à-la-fois agreste et soignée. Une forêt majestueuse se prolonge jusqu'aux bords du Danube; l'on voit de loin des troupeaux de cerfs traverser les prairies; ils reviennent chaque matin; ils s'enfuient chaque soir, quand l'affluence des promeneurs trouble leur solitude. Le spectacle qui n'a lieu à Paris que trois jours de l'année, sur la route de Long-Champ, se renouvelle constamment à Vienne dans la belle saison. C'est une coutume italienne que cette promenade de tous les jours à la même heure. Une telle régularité serait impossible dans un pays où les plaisirs sont aussi variés qu'à Paris; mais les Viennois, quoiqu'il arrive, pourront difficilement s'en déshabituer. Il faut convenir que c'est un coup-d'œil charmant que toute cette nation citadine réunie sous l'ombrage d'arbres magnifiques et sur les gazons dont le Danube entretient la verdure. La bonne compagnie en voiture, le peuple à pied se rassemblent là chaque soir. Dans ce sage pays l'on traite les plaisirs comme les devoirs, et l'on a de même l'avantage de ne s'en lasser jamais, quelque uniformes qu'ils soient. On porte dans la dissipation autant d'exactitude que dans les affaires, et l'on perd son temps aussi méthodiquement qu'on l'emploie.

Madame de STAEL. — *L'Allemagne.*

69. *Eruption d'un Volcan.*

Un bruit sourd se fait entendre dans les entrailles du volcan. Ce bruit, semblable à celui de la mer lorsqu'elle conçoit les tempêtes, s'accroît et se change bientôt en un mugissement profond. La terre tremble, le ciel gronde, de noires vapeurs l'enveloppent ; le temple et les palais chancèlent et menacent de s'écrouler ; la montagne s'ébranle et sa cime entr'ouverte vomit, avec les vents enfermés dans son sein, des flots de bitume liquide, et des tourbillons de fumée qui rougissent, s'enflamment, et lancent dans les airs des éclats de rochers brûlants qu'ils ont détachés de l'abîme : superbe et terrible spectacle, de voir des rivières de feu bondir à flots étincelants à travers des monceaux de neige, et s'y creuser un lit vaste et profond. Dans les murs, hors des murs, la désolation, l'épouvante, le vertige de la terreur se répandent en un instant. Le laboureur regarde et reste immobile : il n'oserait entamer la terre, qu'il sent comme une mer flottante sous ses pas.

Marmontel. — Les Incas.

70. *Description d'une Eclipse.*

Alors parut le plus étonnant des phénomènes de la nature. L'astre adoré dans ces climats s'obscurcit tout-à-coup au milieu d'un ciel sans nuages. Une nuit soudaine et profonde investit la terre. L'ombre ne venait point de l'orient ; elle tomba du haut des cieux, et enveloppa l'horizon. Un froid humide a saisi l'atmosphère. Les animaux, subitement privés de la chaleur qui les anime, de la lumière qui les conduit, dans une immobilité morne, semblent se demander la cause de cette nuit inopinée. Leur instinct, qui compte les heures, leur dit que ce n'est pas encore celle de leur repos. Dans les bois, ils s'appellent d'une voix frémissante, étonnés de ne pas se voir : dans les vallons, ils se rassemblent et se pressent en frissonnant. Les oiseaux qui, sur la foi du jour, ont pris leur essor dans les airs, surpris par les ténèbres, ne savent où voler. La tourterelle se précipite au-devant du vautour, qui s'épouvante à sa rencontre. Tout ce qui respire est saisi d'effroi. Les végétaux eux-mêmes se ressentent de cette crise universelle. On dirait que l'âme du monde va se dissiper ou s'éteindre ; et dans ses rameaux infinis, le fleuve immense de la vie semble avoir ralenti son cours. Et l'homme !... ah ! c'est pour lui que la réflexion ajoute aux frayeurs de l'instinct le trouble et les perplexités d'une prévoyance impuissante. Aveugle et curieux, il se fait des fantômes de tout ce qu'il ne connaît pas, et se remplit de noirs présages, aimant mieux craindre qu'ignorer. Heureux dans ce moment les peuples à qui des sages ont révélé les mystères de la nature ! ils ont vu sans inquiétude l'astre du jour, à son midi, dérober sa lumière au monde ; sans inquiétude ils attendent l'instant marqué où notre globe sortira de l'obscurité. Mais comment exprimer la terreur, l'épouvante dont ce phénomène a frappé les adorateurs du soleil ! Dans une pleine sérénité, au moment où leur dieu, dans toute sa splendeur, s'élève au plus haut de sa sphère, il s'évanouit ! et la cause de ce prodige et sa durée, ils l'ignorent profondément. La ville de Quito, la ville du Soleil, Cusco, les camps des deux Incas, tout gémit, tout est consterné.

MARMONTEL. — Les Incas.

71. *Description d'un supplice ordonné par l'Inquisition.*

A peine arrivé dans Séville, Pizarre veut la parcourir; et il la voit plongée dans le silence et dans le deuil. Il se trouve au milieu d'une place publique, lieu vaste, et décoré avec magnificence par les temples et par les palais dont il était environné. Au centre un grand bûcher s'élève, et, non loin du bûcher, un trône resplendissant de pourpre et d'or. A cet appareil imposant, il s'arrête. Il voit arriver un peuple nombreux sans tumulte, et gardant un silence morne, tel que l'impose la terreur. Il interroge autour de lui; il demande quel sacrilége, quel parricide on va punir avec tant de solennité, et si le roi vient présider au supplice des criminels, comme la pompe de ce trône l'annonce. Mais personne ne lui répond.... Bientôt Pizarre voit paraître le cortége effrayant des juges et des vengeurs de la foi : il les voit monter et s'asseoir sur ce trône terrible. Le calme est peint sur leur visage; la joie éclate dans leurs yeux. Les victimes s'avancent, le bûcher s'allume; une foule de malheureux, pâles, tremblants, courbés sous le poids de leurs chaînes, viennent recevoir leur sentence; et ce décret qui les condamne à être brûlés vivants, ce décret leur est prononcé du ton affectueux et tendre de la charité secourable et de l'indulgente bonté.... Dans le nombre était un vieillard qu'on avait surpris observant les pratiques du judaïsme. Les séductions, les menaces le lui avaient fait abjurer au temps de sa faible jeunesse. Imbu de la foi de ses pères, le regret de l'avoir quittée vint le troubler : il la reprit; et dans le silence et la crainte, il adressait au Ciel les vœux de l'antique Sion. Son crime était connu ; sur le bord de sa tombe il n'avait pas même daigné le désavouer ; il marchait au supplice comme une victime à l'autel... Après lui se présente devant le tribunal un jeune homme simple et timide, né parmi les chrétiens, élevé dans leur croyance, et n'ayant pas même l'idée des erreurs qu'on lui attribuait... Tandis qu'un tourbillon de flammes l'enveloppait vivant, et que ses cris déchiraient tous les cœurs, un Maure à peu près du même âge, mais plus ferme et plus courageux, fut condamné comme blasphémateur, pour avoir murmuré contre le fanatisme et son tribunal, odieux.... Après lui venait une foule d'adolescents de l'un et de l'autre sexe, élevés en silence sous la loi musulmane, et livrés pour ce crime aux inquisiteurs de la foi. On leur avait promis, s'ils se faisaient chrétiens, qu'on les sauverait du supplice. Faibles, timides et crédules, ils s'étaient fait chrétiens, et on les menait au supplice. Ils réclamèrent la promesse sur la foi de laquelle ils avaient abjuré. « Cette promesse, leur dit-on, « va s'accomplir dans l'autre vie ; vous serez sauvés du « supplice, mais d'un supplice au prix duquel ce- « lui-ci n'est rien. » — Leurs larmes furent inutiles ; et du milieu des flammes où ils furent jetés, leurs bras s'étendirent en vain ; leurs bras supplians tombèrent, et bientôt tout fut consumé.

MARMONTEL. — *Les Incas.*

72. *Fête d'Interlaken, en l'honneur des fondateurs de la Liberté helvétique.*

Le soir qui précéda la fête, on alluma des feux sur les montagnes ; c'est ainsi que jadis les libérateurs de la Suisse se donnèrent le signal de leur sainte conspiration. Ces feux placés sur les sommets ressemblaient à la lune, lorsqu'elle se lève derrière les montagnes, et qu'elle se montre à la fois ardente et paisible. On eût dit que des astres nouveaux venaient assister au plus touchant spectacle que notre monde puisse encore offrir. L'un de ces signaux enflammés semblait placé dans le ciel, d'où il éclairait les ruines du château d'Unspunnen, autrefois possédé par Berthold, le fondateur de Berne, en l'honneur de qui se donnait la fête. Des ténèbres profondes environnaient ce point lumineux, et les montagnes qui, pendant la nuit, ressemblaient à de grands fantômes, apparaissaient comme l'ombre gigantesque des morts qu'on voulait célébrer.

Le jour de la fête le temps était doux, mais nébuleux ; il fallait que la nature répondît à l'attendrissement de tous les cœurs. L'enceinte choisie pour les jeux est entourée de collines parsemées d'arbres, et des montagnes à perte de vue sont derrière ces collines. Tous les spectateurs, au nombre de près de six mille, s'asseyent sur les hauteurs en pente, et les couleurs variées des habillements ressemblaient, dans l'éloignement, à des fleurs répandues sur la prairie. Jamais un aspect plus riant ne put annoncer une fête ; mais quand les regards s'élevaient, des rochers suspendus semblaient, comme la destinée, menacer les humains au milieu des plaisirs. Cependant s'il est une joie de l'âme assez pure pour ne pas provoquer le sort, c'était celle-là.

Lorsque la foule des spectateurs fut réunie, on entendit venir de loin la procession de la fête, procession solennelle en effet, puisqu'elle était consacrée au culte du passé. Une musique agréable l'accompagnait : les magistrats paraissaient à la tête des paysans ;

les jeunes paysannes étaient vêtues selon le costume ancien et pittoresque de chaque canton ; les hallebardes et les bannières de chaque vallée étaient portées en avant de la marche par des vieillards à cheveux blancs, habillés précisément comme on l'était il y a cinq siècles, lors de la conjuration de Rutli. Une émotion profonde s'emparait de l'âme en voyant ces drapeaux si pacifiques qui avaient pour gardiens des vieillards. Le vieux temps était représenté par ces hommes âgés pour nous, mais si jeunes en présence des siècles ! Je ne sais quel air de confiance dans tous ces êtres faibles touchait profondément, parce que cette confiance ne leur était inspirée que par la loyauté de leur âme. Les yeux se remplissaient de larmes au milieu de la fête, comme dans ces jours heureux et mélancoliques où l'on célèbre la convalescence de ce qu'on aime.

Enfin les jeux commencèrent, et les hommes de la vallée et les hommes de la montagne montrèrent en soulevant d'énormes poids, en luttant les uns contre les autres, une agilité et une force de corps très-remarquables. Cette force rendait autrefois les nations plus militaires ; aujourd'hui que la tactique et l'artillerie disposent du sort des armées, on ne voit dans ces exercices que des jeux agricoles. La terre est mieux cultivée par des hommes aussi robustes ; mais la guerre ne se fait qu'à l'aide de la discipline et du nombre, et les mouvements même de l'âme ont moins d'empire sur la destinée humaine, depuis que les individus ont disparu dans les masses, et que le genre humain semble dirigé, comme la nature inanimée, par des lois mécaniques.

Après que les jeux furent terminés, et que le bon bailli du lieu eut distribué des prix aux vainqueurs, on dîna sous des tentes, et l'on chanta des vers en l'honneur de la tranquille félicité des Suisses. On faisait passer à la ronde, pendant le repas, des coupes en bois, sur lesquelles étaient sculptés Guillaume Tell et les trois fondateurs de la liberté helvétique. On buvait avec transport au repos, à l'ordre, à l'indépendance ; et le patriotisme du bonheur s'exprimait avec une cordialité qui pénétrait toutes les âmes.

Mad. de STAEL.—*L'Allemagne.*

73. *Tableau des regrets d'Ataliba, roi de Quito, à la mort de son fils.*

Ce coup terrible pénétra jusqu'au fond de l'âme d'un père ; mais il la soulagea, même en la déchirant. Il tombe accablé de douleur ; et alors deux sources de larmes coulent de ses yeux. « Ah ! cruels, par « quelle épreuve, disait-il, vous avez préparé mon « cœur à la constance ! vous avez pu calomnier mon « fils ! et moi j'ai pu vous croire ! Ah ! cher enfant, « pardonne ; des larmes éternelles expieront mon « erreur. La gloire même de ta mort ne me la rend « que plus cruelle. Jour désastreux ! combat funeste ! « ah ! c'est ainsi que le Ciel venge le crime d'une « guerre impie : les vainqueurs, les vaincus en par- « tagent la peine horrible, et sa colère les confond. » Il fallut prendre pour ce prince affligé le soin de son nouvel empire. Cette riche et vaste conquête, fruit des travaux de onze règnes, et qu'il avait faite en un jour, Cusco, réduite sous ses lois, son rival même prisonnier, et mis en son pouvoir, rien ne le touche. Il demande son fils. Le cortège s'avance ; le corps, enseveli dans l'enseigne fatale, est déposé sous ses yeux. L'Inca le regarde en silence. Il fait signe au cortége et à sa cour de s'éloigner. On lui obéit; et seul au fond de son palais avec l'objet de sa douleur, il s'enferme. Il approche, et d'une main tremblante il soulève le voile, et découvre ce corps sanglant, il jette un cri, et se renverse comme frappé d'un coup mortel. Immobile et glacé lui-même, il est sans couleur et sans voix; et quand il a repris ses sens, et que sa douleur se ranime, il s'y abandonne tout entier. Cent fois il embrasse son fils; cent fois, collant sa bouche sur ses lèvres éteintes, et de son sein pressant ce cœur qui ne bat plus, contre le sien il demande au Ciel de pouvoir le ranimer, en expirant lui-même. Tantôt, contemplant la blessure, il lave de ses pleurs le sang qui s'en est épanché; tantôt ses regards immobiles, fixés sur les yeux de son fils, semblent y rechercher la vie. « Ah! dit-il, si ce « corps glacé pouvait revivre! si ces yeux pouvaient « me revoir! Hélas!... plus d'espérance! ils sont fer- « més ces yeux; ils le sont pour jamais. Ses grâces, « sa beauté, ses vertus, rien n'a pu prolonger ses « jours; et d'un fils qui faisait ma gloire et ma féli- « cité, voilà ce qui me reste! » C'est ainsi qu'ou- bliant ses prospérités, son triomphe, il s'abîmait dans sa douleur.

MARMONTEL. — Les Incas.

74. Description du Paradis terrestre.

Cependant, Satan poursuivant sa route, s'avance dans les plaines d'Eden. Au milieu d'un pays déli- cieux, il voit un mont superbe dont la cime sour- cilleuse se perd dans les nues : des buissons incultes et sauvages en défendent l'abord. Les buissons étaient surmontés par une magnifique futaie de cèdres, de pins, de sapins et de palmiers, dont les rameaux s'embarrassant les uns dans les autres, présentaient aux yeux une scène ravissante. Leurs rangs, disposés comme par étages, formaient un superbe amphithéâtre. Au-dessus de ces bois enchantés s'élevaient les sommets du paradis. Du centre de ce beau séjour, plus éminent que tout le reste, notre premier père pouvait librement promener sa vue jusque dans un bas empire. Des arbres sans nombre, chargés en toutes saisons de fleurs et de fruits, décoraient l'enceinte intérieure. L'or de leur coloris, mêlé d'une infinité de douces nuances, charmait le soleil; il semblait prendre plus de plaisir à porter ses rayons sur leurs surfaces fleuries, qu'à se peindre lui-même dans les nuages d'une belle soirée, ou à varier les couleurs de l'arc-en-ciel. Telle était la beauté de ce paysage. L'air, qui se purifiait de plus en plus à mesure que l'on avançait, inspirait au cœur des plaisirs capables d'écarter toute tristesse, et même le désespoir, si quelque chose pouvait adoucir un désespoir éternel. Les doux zéphirs agitant leurs ailes odoriférantes, dispensaient à l'envi les parfums naturels, et disaient en murmurant où ils avaient dérobé ces dépouilles embaumées.

Traduction de MILTON.

75. *La Cataracte de Niagara.*

Nous arrivâmes bientôt au bord de la cataracte, qui s'annonçait par d'affreux mugissements. Elle est formée par la rivière Niagara, qui sort du lac Erié, et se jette dans le lac Ontario; sa hauteur perpendiculaire est de cent quarante-quatre pieds. Depuis le lac Erié jusqu'au saut, le fleuve arrive toujours en déclinant par une pente rapide, et au moment de la chute, c'est moins un fleuve qu'une mer, dont les torrens se pressent à la bouche béante d'un gouffre. La cataracte se divise en deux branches et se courbe en fer à cheval. Entre ces deux chutes s'avance une île creusée en dessous, qui pend avec tous ses arbres sur le chaos des ondes. La masse du fleuve qui se précipite au midi, s'arrondit en un vaste cylindre, puis se déroule en nappe de neige, et brille au soleil de toutes les couleurs : celle qui tombe au levant, descend dans une ombre effrayante; on dirait une colonne d'eau du déluge. Mille arcs-en-ciel se courbent et se croisent sur l'abîme. L'onde, frappant le roc ébranlé, rejaillit en tourbillons d'écume qui s'élève au-dessus des forêts comme les fumées d'un vaste embrasement. Des pins, des noyers sauvages, des rochers taillés en forme de fantômes, décorent la scène. Des aigles, entraînés par le courant d'air, descendent en tournoyant au fond du gouffre, et des carcajoux se suspendent par leurs longues queues au bout d'une branche abaissée, pour saisir dans l'abîme les cadavres brisés des élans et des ours.

CHATEAUBRIAND.— *Génie du Christianisme.*

76. *Le Chien.*

Le chien, fidèle à l'homme, conservera toujours une portion de l'empire, un degré de supériorité sur les autres animaux : il leur commande; il règne lui-même à la tête d'un troupeau, il s'y fait mieux entendre que la voix du berger : la sûreté, l'ordre et la discipline sont le fruit de sa vigilance et de son activité; c'est un peuple qui lui est soumis, qu'il conduit, qu'il protège, et contre lequel il n'emploie jamais la force que pour y maintenir la paix. Mais c'est surtout à la guerre, c'est contre les animaux ennemis ou indépendants qu'éclate son courage, et que son intelligence se déploie toute entière. Les talents naturels se réunissent ici aux qualités acquises. Dès que le bruit des armes se fait entendre, dès que le son du cor ou la voix du chasseur a donné le signal d'une guerre prochaine, brûlant d'une ardeur nouvelle, le chien marque sa joie par les plus vifs transports; il annonce, par ses mouvements et par ses cris, l'impatience de combattre et le désir de vaincre, marchant ensuite en silence, il cherche à reconnaître le pays, à découvrir, à surprendre l'ennemi dans son fort; il recherche ses traces; il les suit pas à pas; et par des accents différents, indique le temps, la distance, l'espèce et même l'âge de celui qu'il poursuit. Le chien, indépendamment de la beauté de sa forme, de la vivacité, de la force, de la légéreté, a par excellence toutes les qualités intérieures qui peuvent lui attirer les regards de l'homme. Un naturel ardent, colère, même féroce et sanguinaire, rend le chien sauvage redoutable à tous les animaux, et cède, dans le chien domestique, aux sentiments les plus doux, au plaisir de s'attacher et au désir de plaire : il vient, en rampant, mettre aux pieds de son maître son courage, sa force, ses talents : il attend ses ordres pour en faire usage; il le consulte, il l'interroge, il le supplie : un coup-d'œil suffit, il entend les signes de sa volonté : sans avoir, comme l'homme, la lumière de la pensée, il a toute la chaleur du sentiment; il a de plus que lui la fidélité, la constance dans ses affections; nulle ambition, nul

intérêt, nul désir de vengeance, nulle crainte que
celle de déplaire; il est tout zèle, toute ardeur et
toute obéissance. Plus sensible au souvenir des bienfaits qu'à celui des outrages, il ne se rebute pas par
les mauvais traitements; il les subit, les oublie, ou
ne s'en souvient que pour s'attacher davantage : loin
de s'irriter ou de fuir, il s'expose de lui-même à de
nouvelles épreuves; il lèche cette main, instrument
de douleur qui vient de le frapper; il ne lui oppose
que la plainte, et le désarme enfin par la patience
et la soumission.

Buffon. — Quadrupèdes.

77. Le Paon.

Si l'empire appartenait à la beauté, et non à la
force, le paon serait, sans contredit, le roi des oiseaux : il n'en est point sur qui la nature ait versé
ses trésors avec plus de profusion : la taille grande,
le port imposant, la démarche fière, la figure noble,
les proportions du corps élégantes et sveltes, tout ce
qui annonce un être de distinction lui a été donné :
une aigrette mobile et légère, peinte des plus riches
couleurs, orne sa tête, et l'élève sans la charger;
son incomparable plumage semble réunir tout ce
qui flatte nos yeux dans le coloris tendre et frais des
plus belles fleurs! tout ce qui les éblouit dans les
effets pétillants de pierreries, tout ce qui les étonne
dans l'éclat majestueux de l'arc-en-ciel : non seulement la nature a réuni sur le plumage du paon
toutes les couleurs du ciel et de la terre, pour en
faire le chef-d'œuvre de sa magnificence, elle les a
encore mêlées, assorties, nuancées, fondues de son
inimitable pinceau, et en a fait un tableau unique,
où elles tirent de leur mélange avec des nuances

plus sombres, et de leurs oppositions entre elles, un nouveau lustre, et des effets de lumière si sublimes, que notre art ne peut ni les imiter, ni les décrire. Tel paraît à nos yeux le plumage du paon, lorsqu'il se promène paisible et seul dans un beau jour du printemps ; mais si sa femelle vient tout-à-coup à paraître, si les feux de l'amour, se joignant aux secrètes influences de la saison, le tirent de son repos, lui inspirent une nouvelle ardeur et de nouveaux désirs, alors toutes ses beautés se multiplient, ses yeux s'animent et annoncent l'émotion intérieure : les longues plumes de sa queue déploient, en se relevant, leurs richesses éblouissantes : sa tête et son cou, se renversant noblement en arrière, se dessinent avec grâce sur ce front radieux, où la lumière du soleil se joue en mille manières, se perd et se reproduit sans cesse, et semble prendre un nouvel éclat, plus doux et plus moelleux, de nouvelles couleurs plus variées et plus harmonieuses : chaque mouvement de l'oiseau produit des milliers de nuances nouvelles, des gerbes de reflets ondoyants et fugitifs, sans cesse remplacés par d'autres reflets et d'autres nuances toujours diverses et toujours admirables.

BUFFON.—Oiseaux.

78. Le Lézard gris.

Le lézard gris paraît être le plus doux, le plus innocent, et l'un des plus utiles des lézards. Ce joli petit animal, si commun dans les pays où nous écrivons, et avec lequel tant de personnes ont joué dans leur enfance, n'a pas reçu de la nature un vêtement aussi éclatant que plusieurs autres quadrupèdes ovipares ; mais elle lui a donné une parure élégante : sa petite taille est svelte, son mouvement agile, sa course si prompte, qu'il échappe à l'œil aussi rapidement que l'oiseau qui vole. Il aime à recevoir la chaleur du soleil : ayant besoin d'une température douce, il cherche les abris ; et lorsque, dans un beau jour de printemps, une lumière pure éclaire vivement un gazon en pente, ou une muraille qui augmente la chaleur en la réfléchissant, on le voit s'étendre sur ce mur, ou sur l'herbe nouvelle avec une espèce de volupté. Il se pénètre avec délices de cette chaleur bienfaisante ; il marque son plaisir par de molles ondulations de sa queue déliée ; il fait briller ses yeux vifs et animés ; il se précipite comme un trait pour saisir une petite proie, ou pour trouver un abri plus commode. Bien loin de s'enfuir à l'approche de l'homme, il paraît le regarder avec complaisance ; mais au moindre bruit qui l'effraie, à la chute seule d'une feuille, il se roule, tombe et demeure, pendant quelques instants, comme étourdi par sa chute, ou bien il s'élance, disparaît, se trouble, revient, se cache de nouveau, reparaît encore, et décrit en un instant plusieurs circuits tortueux que l'œil a de la peine à suivre, se replie plusieurs fois sur lui-même, et se retire enfin dans quelque asile, jusqu'à ce que sa crainte soit dissipée.

LACÉPÈDE. — *Ovipares.*

CHAPITRE III.

*Comprenant des Portraits, des Parallèles,
des Tableaux ; des Fables, des Allégories ; des Discours ; des Dissertations ou
Développements moraux.*

SECTION PREMIÈRE.

PORTRAITS, PARALLÈLES, ET TABLEAUX.

79. *Portrait de Cymodocée.*

QUELQUE chose des Muses auxquelles elle était
consacrée, avait passé sur son visage, dans sa voix et
dans son cœur. Quand elle baissait ses longues paupières, dont l'ombre se dessinait sur la blancheur de
ses joues, on eût cru voir la sérieuse Melpomène :
mais quand elle levait les yeux, vous l'eussiez prise
pour la brillante Thalie. Ses cheveux noirs ressemblaient à la fleur d'hyacinthe, et sa taille, au palmier
de Délos. Un jour elle était allée au loin cueillir le
dictame avec son père. Pour découvrir cette plante
précieuse, ils avaient suivi une biche blessée par un
archer d'Atalie ; on les aperçut sur le sommet des
montagnes : le bruit se répandit aussitôt que Nestor
et la plus jeune de ses filles, la belle Polycaste,
étaient apparus à des chasseurs, dans les bois de
l'Ira.

CHATEAUBRIAND.— *Les Martyrs.*

80. *Portrait de Cyrille, évêque de Lacédémone.*

Au moment ou les convives allaient s'approcher de la mense hospitalière, une servante vint dire à Lasthènes qu'un vieillard monté sur un âne, et tout semblable à l'époux de Marie, s'avançait par l'avenue des Cèdres. On vit bientôt entrer un homme d'un visage vénérable, portant, sous un manteau blanc, un habit de pasteur. Il n'était pas naturellement chauve, mais sa tête avait été jadis dépouillée par la flamme, et son front montrait encore les cicatrices du martyre qu'il avait éprouvé sous Valérien. Une barbe blanche lui descendait jusqu'à la ceinture. Il s'appuyait sur un bâton, en forme de houlette, que lui avait envoyé l'évêque de Jérusalem : simple présent que se faisaient les premiers pères de l'Église, comme l'emblème de leur fonction pastorale, et du pélerinage de l'homme ici bas. C'était Cyrille, évêque de Lacédémone.

CHATEAUBRIAND. — *Les Martyrs.*

81. *Portrait des vieillards Crétois.*

Je me sentis saisi de respect et de honte, quand j'approchai de ces vieillards que l'âge rendait vénérables, sans leur ôter la vigueur de l'esprit. Ils étaient assis avec ordre, et immobiles dans leurs places : leurs cheveux étaient blancs, plusieurs n'en avaient presque plus. On voyait reluire, sur leurs visages graves, une sagesse douce et tranquille ; ils ne se pressaient point de parler ; ils ne disaient que ce qu'ils avaient résolu de dire. Quand ils étaient d'avis différents, ils étaient si modérés à soutenir ce qu'ils pensaient de part et d'autre, qu'on aurait cru qu'ils étaient tous d'une même opinion. La longue expérience des choses passées, et l'habitude du travail, leur donnaient de grandes vues sur toutes choses ; mais ce qui perfectionnait le plus leur raison, c'était le calme de leur esprit, délivré des folles passions et des caprices de la jeunesse. La sagesse toute seule agissait en eux, et le fruit de leur longue vertu était d'avoir si bien dompté leur humeur, qu'ils goûtaient sans peine le doux et noble plaisir d'écouter la raison.

FÉNÉLON. — Télémaque.

82. L'Incrédule.

Savez-vous bien ce que c'est qu'un incrédule ? C'est un homme sans mœurs, sans probité, sans foi, sans caractère, qui n'a plus d'autre règle que ses passions, d'autre loi que ses injustes pensées, d'autre maître que ses désirs, d'autre frein que la crainte de l'autorité, d'autre dieu que lui-même ; enfant dénaturé, puisqu'il croit que le hasard tout seul lui a donné des pères ; ami infidèle, puisqu'il ne regarde les hommes que comme les tristes fruits d'un assemblage bizarre et fortuit, auquel il ne tient que par des liens passagers ; maître cruel, puisqu'il est persuadé que c'est le plus fort et le plus heureux qui a toujours raison : car qui pourrait désormais se fier à vous ? Vous ne craignez plus de Dieu ; vous ne respectez plus les hommes ; vous n'attendez plus rien après cette vie ; la vertu et le vice vous paraissent des préjugés de l'enfance, et les suites de la crédulité des peuples. Les adultères, les vengeances, les blasphèmes, les perfidies noires, les abominations qu'on n'oserait nommer, ne sont plus pour vous que des défenses humaines, et des polices établies par la politique des législateurs. Les crimes les plus affreux, et les vertus les plus pures, tout est égal selon vous, puisqu'un anéantissement éternel va bientôt égaler le juste et l'impie, et les confondre pour toujours dans l'horreur du tombeau. Quel monstre êtes-vous donc sur la terre? L'idée qu'on vient de vous donner de vous-même flatte-t-elle beaucoup votre orgueil? et pouvez-vous en soutenir la seule image?

MASSILLON.

83. *Le Riche.*

Giton a le teint frais, le visage plein, et les joues pendantes, l'œil fixe et assuré, les épaules larges, l'estomac haut, la démarche ferme et délibérée: il parle avec confiance, il fait répéter celui qui l'entretient, et il ne goûte que médiocrement tout ce qu'il lui dit: il déploie un ample mouchoir, et se mouche avec grand bruit; il crache fort loin, et il éternue fort haut; il dort le jour, il dort la nuit, et profondément; il ronfle en compagnie. Il occupe, à table et à la promenade, plus de place qu'un autre: il tient le milieu en se promenant avec ses égaux; il s'arrête, et l'on s'arrête; il continue de marcher, et l'on marche: tous se règlent sur lui; il interrompt, il redresse ceux qui ont la parole: on ne l'interrompt plus, on l'écoute aussi long-temps qu'il veut parler, on est de son avis; on croit les nouvelles qu'il débite: s'il s'assied, vous le voyez s'enfoncer dans un fauteuil, croiser les jambes l'une sur l'autre, froncer le sourcil, abaisser son chapeau pour ne voir personne, ou le relever ensuite, et découvrir son front par fierté ou par audace. Il est enjoué, grand rieur,

patient, présomptueux, colère, libertin, politique, mystérieux sur les affaires du temps ; il se
croit des talents et de l'esprit : il est riche.

LA BRUYÈRE. — *Les Caractères.*

84. *Le Pauvre.*

Phédon a les yeux creux, le teint échauffé, le corps
sec et le visage maigre : il dort peu, et d'un sommeil
fort léger ; il est abstrait, rêveur, et il a, avec de
l'esprit, l'air d'un stupide. Il oublie de dire ce qu'il
sait ou de parler d'événements qui lui sont connus,
et s'il le fait quelquefois, il s'en tire mal ; il croit
peser à ceux à qui il parle ; il conte brièvement,
mais froidement ; il ne se fait pas écouter, il ne fait
point rire ; il applaudit, il sourit à ce que les autres
lui disent, il est de leur avis, il court, il vole pour
leur rendre de petits services ; il est complaisant,
flatteur, empressé ; il est mystérieux sur ses affaires,
quelquefois menteur ; il est superstitieux, scrupu-
leux, timide ; il marche doucement et légèrement,
il semble craindre de fouler la terre ; il marche les
yeux baissés, et il n'ose les lever sur ceux qui passent. Il n'est jamais du nombre de ceux qui forment
un cercle pour discourir ; il se met derrière celui
qui parle, recueille furtivement ce qui se dit, et se
retire si on le regarde. Il n'occupe point de lieu, il
ne tient point de place, il va les épaules serrées, le
chapeau abaissé sur ses yeux pour n'être point vu ;
il se replie et se renferme dans son manteau : il n'y
a point de galeries si embarrassées et si remplies de
monde, où il ne trouve moyen de passer sans effort,
et de se couler sans être aperçu. Si on le prie de
s'asseoir, il se met à peine sur le bord d'un siége ; il

parle bas dans la conversation, et il articule mal;
libre néanmoins sur les affaires publiques, chagrin
contre le siècle, médiocrement prévenu des ministres et du ministère. Il n'ouvre la bouche que pour
répondre : il tousse, il se mouche sous son chapeau;
il crache presque sur soi, et il attend qu'il soit seul
pour éternuer, ou, si cela lui arrive, c'est à l'insu
de la compagnie ; il n'en coûte à personne ni salut,
ni compliment : il est pauvre.

LA BRUYÈRE — *Les Caractères.*

85. *Portrait d'un Roi qui craint d'être empoisonné.*

Pygmalion mangeait le plus souvent tout seul avec
Astarbé, et apprêtait lui-même tout ce qu'il devait
manger, ne pouvant se fier qu'à ses propres mains.
Il se renfermait dans le lieu le plus reculé de son
palais, pour mieux cacher sa défiance, et pour
n'être jamais observé quand il préparait ses repas :
il n'osait plus chercher aucun des plaisirs de la table. Il ne pouvait se résoudre à manger d'aucune
des choses qu'il ne savait pas apprêter lui-même.
Ainsi, non seulement toutes les viandes cuites avec
des ragoûts par des cuisiniers, mais encore le vin,
le pain, le sel, l'huile, le lait, et tous les autres
aliments ordinaires, ne pouvaient être de son usage;
il ne mangeait que des fruits qu'il avait cueillis lui-
même dans son jardin, ou des légumes qu'il avait
semés et qu'il faisait cuire. Au reste, il ne buvait
jamais d'autre eau que de celle qu'il puisait lui-
même dans une fontaine qui était renfermée dans
un endroit de son palais dont il gardait toujours la
clef. Quoiqu'il parût si rempli de confiance pour

Astarbé, il ne laissait pas de se précautionner contre elle ; il la faisait toujours manger et boire avant lui de tout ce qui devait servir à son repas, afin qu'il ne pût point être empoisonné sans elle, et qu'elle n'eût aucune espérance de vivre plus long-temps que lui.   FÉNÉLON. — *Télémaque.*

86. *Le Fat.*

C'est un homme dont la vanité seule forme le caractère ; qui ne fait rien par goût ; qui n'agit que par ostentation ; et qui, voulant s'élever au-dessus des autres, est descendu au-dessous de lui-même. Familier avec ses supérieurs, important avec ses égaux, impertinent avec ses inférieurs, il tutoie, il protége, il méprise. Vous le saluez, il ne vous voit pas ; vous lui parlez, il ne vous écoute pas ; vous parlez à un autre, il vous interrompt. Il lorgne, il persiffle, au milieu de la société la plus respectable et de la conversation la plus sérieuse. Il dit à l'homme vertueux de venir le voir, et il lui indique l'heure du brodeur et du bijoutier. Il n'a aucune connaissance, et il donne des avis aux savants et aux artistes. Il en eût donné à Vauban sur les fortifications, à Le Brun sur la peinture, à Racine sur la poésie. Il fait un long calcul de ses revenus ; il n'a que 60,000 livres de rente ; il ne peut vivre. Il consulte la mode pour ses travers comme pour ses habits, pour son médecin comme pour son tailleur. Vrai personnage de théâtre, à le voir, vous croiriez qu'il a un masque ; à l'entendre, vous diriez qu'il joue un rôle. Ses paroles sont vaines, ses actions sont des mensonges ; son silence même est menteur. Il manque aux engagements qu'il a, il en feint, quand il n'en a pas. Il ne va pas où on l'at-

tend ; il arrive tard où il n'est point attendu. Il
n'ose avouer un parent pauvre ou peu connu. Il se
glorifie de l'amitié d'un grand à qui il n'a jamais
parlé, ou qui ne lui a jamais parlé, ou qui ne lui a
jamais répondu. Il a du bel esprit la suffisance et
les mots satiriques ; de l'homme de qualité, les ta-
lons rouges, le coureur et les créanciers. Pour peu
qu'il fût fripon, il serait en tout le contraste de
l'honnête homme ; en un mot, c'est un homme
d'esprit pour les sots qui l'admirent. Mais si vous
connaissez bien cet homme, ce n'est ni un homme
d'esprit, ni un sot ; c'est un fat ; c'est le modèle
d'une infinité de jeunes sots mal élevés.

DESMAHIS.

87: *Les Nouvellistes.*

Il y a une certaine nation qu'on appelle les
Nouvellistes. Leur oisiveté est toujours occupée. Ils
sont très-inutiles à l'État ; cependant ils se croient
considérables, parce qu'ils s'entretiennent de projets
magnifiques, et traitent de grands intérêts. La base
de leur conversation est une curiosité frivole et ridicule. Il n'y a point de cabinets si mystérieux
qu'ils ne prétendent pénétrer ; ils ne sauraient con-
sentir à ignorer quelque chose. A peine ont-ils
épuisé le présent, qu'ils se précipitent dans l'avenir ; et marchant au-devant de la Providence, ils
préviennent sur toutes les démarches des hommes.
Ils conduisent un général par la main, et après
l'avoir loué de mille sottises qu'il n'a pas faites, ils
lui en préparent mille autres qu'il ne fera pas. Ils
font voler les armées comme les grues, et tomber
les murailles comme des cartons. Ils ont des ponts

sur toutes les rivières, des routes secrètes sur toutes les montagnes, des magasins immenses dans les sables brûlants : il ne leur manque que le bon sens.

MONTESQUIEU. — *Esprit des Lois.*

88. *L'Egoïste.*

Gnathon ne vit que pour soi, et tous les hommes ensemble sont à son égard comme s'ils n'étaient point. Non content de remplir à une table la première place, il occupe lui seul celle de deux autres : il oublie que le repas est pour lui et pour toute la compagnie ; il se rend maître du plat et fait son propre de chaque service ; il ne s'attache à aucun des mets qu'il n'ait achevé d'essayer de tous ; il voudrait pouvoir les savourer tous tout à la fois ; il ne se sert à table que de ses mains ; il manie les viandes, les remanie, démembre, déchire, et en use de manière qu'il faut que les conviés, s'ils veulent manger, mangent ses restes : il ne leur épargne aucune de ces malpropretés dégoûtantes, capables d'ôter l'appétit aux plus affamés ; le jus et les sauces lui dégouttent du menton et de la barbe : s'il enlève un ragoût de dessus un plat, il le répand en chemin dans un autre plat et sur la nappe ; on le suit à la trace : il mange haut et avec grand bruit ; il roule les yeux en mangeant ; la table est pour lui un ratelier ; il écure ses dents, et il continue à manger. Il se fait, quelque part où il se trouve, une manière d'établissement, et ne souffre pas d'être plus pressé au sermon ou au théâtre que dans sa chambre. Il n'y a dans un carrosse que les places du fond qui lui conviennent ; dans toute autre, si on veut l'en croire, il pâlit et tombe en faiblesse. S'il fait

un voyage avec plusieurs, il les prévient dans les hô-
telleries, et il sait toujours se conserver, dans la meilleure chambre, le meilleur lit. Il tourne tout à son
usage : ses valets, ceux d'autrui, courent dans le
même temps pour son service : tout ce qu'il trouve
sous sa main lui est propre, hardes, équipages : il
embarrasse tout le monde, ne se contraint pour
personne, ne connaît de maux que les siens, que sa
réplétion et sa bile ; ne pleure point la mort des
autres, n'appréhende que la sienne, qu'il racheterait
volontiers de l'extinction du genre humain.

La Bruyère. — Les Caractères.

89. Portrait de Pizarre.

Il fallait que, pour la ruine de cette partie du
Nouveau-Monde, la nature eût formé un homme
d'une résolution, d'une intrépidité à l'épreuve de
tous les maux ; un homme endurci au travail, à la
misère, à la souffrance ; qui sût manquer de tout et
se passer de tout, s'animer contre les périls, se
roidir contre les obstacles, s'affermir encore sous les
coups de la dure adversité. Cet homme étonnant fut
Pizarre ; et cette force d'âme que rien ne put dompter, n'était pas sa seule vertu. Ennemi du luxe et
du faste, simple et grand, noble et populaire, sévère quand il le fallait, indulgent lorsqu'il pouvait
l'être, et modérant, par la douceur d'un commerce
libre et facile, la rigueur de la discipline et le poids
de l'autorité, prodigue de sa propre vie, attachant
un grand prix à celle d'un soldat ; libéral, généreux, sensible, il n'avait point pour lui cette cupidité qui déshonorait ses pareils. L'ambition de s'il-
lustrer, la gloire d'avoir entrepris et fait une im-

... conquête, étaient plus dignes de son cœur.
... entasser à ses pieds des monceaux d'or dans
... flots de sang ; cet or ne l'éblouit jamais, il ne se
... qu'à le répandre. Sobre et frugal pendant sa
... vie, on le trouva pauvre à sa mort. Tel fut l'homme
... que la fortune avait tiré de l'état le plus vil pour
... en faire le conquérant du plus riche empire du
... monde.

MARMONTEL. — *Les Incas.*

90. *Mort de celui qui a méconnu Dieu pendant sa vie.*

La mort finit toute la gloire de l'homme qui a
oublié Dieu pendant sa vie : elle lui ravit tout, elle
le dépouille de tout, elle l'anéantit dans tout ce
qu'il était de grand aux yeux des hommes ; elle le
laisse seul sans force, sans appui, sans ressource,
entre les mains d'un Dieu terrible. Le nombre
d'amis, de flatteurs, d'esclaves, de sujets, au milieu
lesquels il se croyait immortel, ne peuvent plus
rien pour lui : semblables à ceux qui voient périr
de loin un homme au milieu des flots, ils peuvent
tout au plus accorder des larmes à son malheur, ou
faire de vœux inutiles pour sa délivrance. Ainsi,
seul aux prises avec la mort, il tend en vain les
mains à toutes les créatures qui lui échappent. Le
passé ne lui paraît plus qu'un instant fugitif, qui n'a
fait que briller et disparaître ; l'avenir est un abîme
immense où il ne voit ni fin ni issue, et où il va se
perdre et s'engloutir ... toujours, incertain de sa
destinée. Le monde ... croyait éternel, n'est plus
qu'un fantôme qui se ... pe ; l'éternité, qu'il regardait comme une chimère, est un objet affreux

qu'il a sous les yeux, et qu'il touche déjà de ses mains. Tout ce qu'il avait cru réel et solide, s'évanouit : tout ce qui lui avait paru frivole et chimérique, se montre et se réalise, et son malheur lui donne de nouvelles lumières, mais ne lui donne pas de nouveaux penchants et un nouveau cœur; il meurt détrompé, sans mourir changé ; il meurt désespéré, et ne meurt pas pénitent.

MASSILLON.

91. *Le vrai Chrétien.*

Représentez-vous un véritable chrétien, et vous avouerez qu'il n'est rien de si grand sur la terre. Maître de ses désirs et de tous les mouvements de son cœur ; exerçant un emploi glorieux sur lui-même ; possédant son âme dans la patience et dans l'égalité, et régissant toutes ses passions par le frein de la tempérance ; humble dans la prospérité, constant dans la disgrâce, joyeux dans les tribulations, paisible avec ceux qui haïssent la paix, insensible aux injures, sensible aux afflictions de ceux qui l'outragent, fidèle dans ses promesses, religieux dans ses amitiés, inébranlable dans ses devoirs ; peu touché des richesses qu'il méprise, embarrassé des honneurs qu'il craint ; plus grand que le monde entier qu'il regarde comme un monceau de poussière : quelle élévation !

MASSILLON.

92. *Vie simple des Crétois.*

Pour le faste et la mollesse on n'a jamais besoin de les réprimer, car ils sont inconnus en Crète. Tout le monde y travaille, et personne ne songe à s'y enrichir ; chacun se croit assez payé de son travail par une vie douce et réglée, où l'on jouit en paix et avec abondance de tout ce qui est nécessaire à la vie. On n'y souffre ni meubles précieux, ni habits magnifiques, ni festins délicieux, ni palais dorés. Les habits sont de laine fine et de belles couleurs, mais tout unis et sans broderie. Les repas y sont sobres ; on y boit peu de vin ; le bon vin en fait la principale partie, avec les fruits que les arbres offrent comme d'eux-mêmes, et le lait des troupeaux. Tout au plus on y mange un peu de grosse viande sans ragoût ; encore même a-t-on soin de réserver ce qu'il y a de meilleur dans les grands troupeaux de bœufs, pour faire fleurir l'agriculture. Les maisons y sont propres, commodes, riantes, mais sans ornements. La superbe architecture n'y est pas ignorée ; mais elle est réservée pour les temples des Dieux, et les hommes n'oseraient avoir des maisons semblables à celles des immortels. Les grands biens des Crétois sont la santé, la force, le courage, la paix et l'union des familles, la liberté de tous les citoyens, l'abondance des choses nécessaires, le mépris des superflues, l'habitude du travail et l'horreur de l'oisiveté, l'émulation pour la vertu, la soumission aux lois, et la crainte des justes Dieux.

FÉNÉLON. — Télémaque.

93. Les Français.

C'est le seul peuple dont les mœurs peuvent se dépraver sans que le fond du cœur se corrompe ni que le courage s'altère : il allie les qualités héroïques avec le plaisir, le luxe et la mollesse ; ses vertus ont peu de consistance, ses vices n'ont point de racines. Le caractère d'Alcibiade n'est pas rare en France. Le dérèglement des mœurs et de l'imagination ne donne point atteinte à la franchise, à la bonté naturelle du Français. L'amour-propre contribue à le rendre aimable, plus il croit plaire, plus il a de penchant à aimer. La frivolité, qui nuit au développement de ses talents et de ses vertus, le préserve en même temps des crimes noirs et réfléchis. La perfidie lui est étrangère, et il est bientôt fatigué de l'intrigue. Le Français est l'enfant de l'Europe : si l'on a quelquefois vu parmi nous des crimes odieux, ils ont disparu plutôt par le caractère national que par la sévérité des lois.

DUCLOS. — *Considérations sur les Mœurs.*

94. *Même sujet.*

Voyagez beaucoup, et vous ne trouverez pas de peuple aussi doux, aussi affable, aussi franc, aussi poli, aussi spirituel, aussi galant que le Français; il l'est quelquefois trop, mais ce défaut est-il donc si grand? Il s'affecte avec vivacité et promptitude, et quelquefois pour des choses très-frivoles, tandis que des objets importants, ou le touchent peu ou n'excitent que sa plaisanterie. Le ridicule est son arme favorite, et la plus redoutable pour les autres et pour lui-même. Il passe rapidement du plaisir à la peine, et de la peine au plaisir. Le même bonheur le fatigue. Il n'éprouve guère de sensations profondes. Il s'engoue, mais il n'est ni fantasque, ni intolérant, ni enthousiaste. Il ne se mêle jamais d'affaires d'état que pour chansonner ou dire son épigramme sur les ministres. Cette légèreté est la source d'une espèce d'égalité, dont il n'existe aucune trace ailleurs ; elle met de temps en temps l'homme du commun qui a de l'esprit au niveau du grand seigneur ; c'est en quelque sorte un peuple de femmes : car c'est parmi les femmes qu'on découvre, qu'on entend, qu'on aperçoit, à côté de l'inconséquence, de la folie, et du caprice, un mouvement, un mot, une action forte et sublime. Il a le tact exquis, le goût très-fin ; ce qui tient au sentiment de l'honneur, dont la nuance se répand sur toutes les conditions et sur tous les objets. Il est brave. Il est plutôt indiscret que confiant, et plus libertin que voluptueux. La sociabilité qui le rassemble en cercles nombreux, et qui le promène en un jour en vingt cercles différents, use tout pour lui en un clin-d'œil, ouvrages, nouvelles, modes, vices, vertus. Chaque semaine a son héros en bien comme en mal ; c'est la contrée où il est le plus facile de faire parler de soi, et le plus difficile d'en faire parler long-temps. Il aime les talents en tous genres ; et c'est moins par les récompenses du gouvernement que par la considération populaire qu'ils se soutiennent dans son pays. Il honore le génie ; il se familiarise trop aisément, ce qui n'est pas sans inconvénient pour lui-même et pour ceux qui veulent se faire respecter. Le Français est avec vous ce que vous désirez qu'il soit ; mais il faut se tenir avec lui sur ses gardes. Il perfectionne tout ce que les autres inventent. Tels sont les traits dont il porte l'empreinte, plus ou moins marquée, dans les contrées qu'il visite plutôt pour satisfaire sa curiosité que pour ajouter à son instruction : aussi n'en rapporte-t-il que des prétentions. Il est plus fait pour l'amusement que pour l'amitié. Il a des connaissances sans nombre, et souvent il meurt seul. C'est l'être de la terre qui a le plus de jouissances et le moins de regrets. Comme il ne s'attache à rien fortement, il a bientôt oublié ce qu'il a perdu. Il possède supérieurement l'art de remplacer, et il est secondé dans cet art par tout ce qui l'environne. Si vous en exceptez cette prédilection offensante qu'il a pour sa nation, et qu'il n'est pas en lui de dissimuler, il me semble que le jeune Français, gai, léger, plaisant et frivole, est l'homme aimable de sa nation; et que le Français mûr, instruit et sage, qui a conservé les agréments de sa jeunesse, est l'homme aimable et estimable de tous les pays.

RAYNAL.

95. *Les Arabes.*

Les Arabes, avec une petite taille, un corps maigre, une voix grêle, ont un tempérament robuste, le poil brun, le visage basané, les yeux noirs et vifs, une physionomie ingénieuse, mais rarement agréable. Ce contraste de traits et de qualités qui paraissent incompatibles, semble s'être réuni dans cette race d'hommes pour en faire une nation singulière, dont la figure et le caractère tranchent assez fortement entre les Turcs, les Africains et les Persans, dont ils sont environnés. Graves et sérieux, ils attachent de la dignité à leur longue barbe, parlent peu, sans gestes, sans s'interrompre, sans se choquer dans leurs expressions. Ils se piquent entre eux de la plus exacte probité, par une suite de cet amour-propre et de cet esprit patriotique, qui, joints ensemble, font qu'une nation, une horde, un corps s'estime, se ménage, se préfère à tout le reste de la terre. Plus ils conservent leur caractère fleg-

matique, plus ils sont redoutables dans la colère qui
les en a fait sortir. Ce peuple a de l'intelligence et
même de l'ouverture pour les sciences ; mais il les
cultive peu, soit défaut de secours, ou même de besoin, aimant mieux souffrir sans doute les maux de
la nature que les peines du travail. Les Arabes de
nos jours n'ont aucun monument de génie, aucune
production de leur industrie qui les rende recommandables dans l'histoire de l'esprit humain.... Indépendamment de cette ressource (le pillage des cara-
vanes) les Arabes de la partie du désert qui est le
plus au nord, en ont cherché une autre dans leurs
brigandages. Ces hommes si humains, si fidèles, si
désintéressés entre eux, sont féroces et avides avec les
nations étrangères. Hôtes bienfaisants et généreux
sous leurs tentes, ils dévastent habituellement les
bourgades et les petites villes de leur voisinage. On
les trouve bons pères, bons maris, bons maîtres ;
mais tout ce qui n'est pas de leur famille, est leur
ennemi. Leurs courses s'étendent souvent fort loin ;
et il n'est pas rare que la Syrie, la Mésopotamie, la
Perse en soient le théâtre. Les Arabes fixés sur l'O-
céan Indien, et sur la mer Rouge, ceux qui habitent
ce que l'on appelle l'Arabie heureuse, étaient autrefois un peuple doux, amoureux de sa liberté, content de son indépendance, sans songer à faire des
conquêtes. Ils étaient trop attachés au beau ciel sous
lequel ils vivaient, à une terre qui fournissait presque sans culture à leurs besoins, pour être tentés de
dominer sous un autre climat, dans d'autres campagnes. Mahomet changea leurs idées ; mais il ne leur
reste plus rien de l'impulsion qu'il leur avait donnée. Leur vie se passe à fumer, à prendre du café,
de l'opium, du sorbet, à faire brûler des parfums

exquis, dont ils reçoivent la fumée dans leurs habits, légèrement imprégnés d'une aspersion d'eau de rose. Ces plaisirs sont souvent suivis ou précédés de vers galants ou amoureux. Leurs compositions sont d'une grâce, d'une mollesse, d'un raffinement, soit d'expression, soit de sentiment, dont n'approche aucun peuple ancien ou moderne. La langue qu'ils parlent dans ce monde à leur maîtresse, semble être celle qu'ils parleront dans l'autre à leurs Houris. C'est une espèce de musique si touchante, si fine; c'est un murmure si doux; ce sont des comparaisons si riantes et si fraîches! Je dirais presque que leur poésie est parfumée comme leur contrée. Ce qu'est l'honneur dans les mœurs de nos paladins; les imitations de la nature le sont dans les poëmes arabes : là, c'est une quintescence de volupté. On les voit abattus sous les ardeurs de leurs passions et de leur climat, ayant à peine la force de respirer. Ils s'abandonnent sans réserve à une langueur délicieuse, qu'ils n'éprouveraient pas peut-être sous un autre ciel.

RAYNAL.

96. *Parallèle des Grands et du Peuple.*

Si je compare ensemble les deux conditions des hommes les plus opposées, je veux dire les grands avec le peuple, ce dernier me paraît content du nécessaire, et les autres sont inquiets et pauvres avec le superflu. Un homme du peuple ne saurait faire aucun mal; un grand ne veut faire aucun bien, et est capable de grands maux : l'un ne se forme et ne s'exerce que dans les choses qui sont utiles; l'autre y joint les pernicieuses : là se montre ingénument la

grossièreté et la franchise ; ici se cache une sève
maligne et corrompue sous l'écorce de la politesse ;
le peuple n'a guère d'esprit, et les grands n'ont
point d'âme : celui-là a un bon fonds et n'a point de
dehors ; ceux-ci n'ont que des dehors et une simple
superficie. Faut-il opter ? Je ne balance pas, je veux
être peuple.

LA BRUYÈRE. — Les Caractères.

SECTION DEUXIÈME.

FABLES ET ALLÉGORIES.

97. *L'Élève du Sorcier ou la Présomption.*

Un disciple d'un sorcier a entendu son maître
murmurer quelques paroles magiques, à l'aide desquelles il se fait servir par un manche à balai : il
les retient, et commande au balai d'aller lui chercher de l'eau à la rivière pour laver sa maison. Le
balai part et revient, apporte un seau, puis un
autre, puis un autre encore, et toujours ainsi sans
discontinuer. L'élève voudrait l'arrêter ; mais il a
oublié les mots dont il faut se servir pour cela : le
manche à balai, fidèle à son office, va toujours à la
rivière, et toujours y puise de l'eau dont il arrose
et bientôt submergera la maison. L'élève, dans sa
fureur, prend une hache, et coupe en deux le
manche à balai : alors les deux morceaux du bâton
deviennent deux domestiques au lieu d'un, vont
chercher de l'eau, et la répandent à l'envi dans les
appartements avec plus de zèle que jamais. L'élève
a beau dire des injures à ces stupides bâtons, ils
agissent sans relâche, et la maison eût été perdue,

si le maître ne fût pas arrivé à temps pour secourir l'élève en se moquant de sa ridicule présomption.

Mad. DE STAEL. — L'Allemagne.

98. Le Singe.

Un vieux singe malin étant mort, son ombre descendit dans la sombre demeure de Pluton, où elle demanda à retourner parmi les vivants. Pluton voulait la renvoyer dans le corps d'un âne pesant et stupide, pour lui ôter sa souplesse, sa vivacité et sa malice ; mais elle fit tant de tours plaisants et badins, que l'inflexible roi des enfers ne put s'empêcher de rire, et lui laissa le choix d'une condition. Elle demanda à entrer dans le corps d'un perroquet. « Au moins, disait elle ; je conserverai par-là quel- « que ressemblance avec les hommes, que j'ai long- « temps imités. Etant singe, je faisais des gestes « comme eux ; et étant perroquet, je parlerai avec « eux dans les plus agréables conversations. A peine l'âme du singe fut introduite, qu'une vieille femme causeuse l'acheta. Il fit ses délices : elle le mit dans une belle cage. Il faisait bonne chère, et discourait toute la journée avec la vieille radoteuse, qui ne parlait pas plus sensément que lui. Il joignait à son nouveau talent d'étourdir tout le monde, je ne sais quoi de son ancienne profession. Il remuait sa tête ridiculement ; il faisait craquer son bec ; il agitait ses ailes de cent façons, et faisait de ses pates plusieurs tours qui sentaient encore les grimaces de Fagotin. La vieille prenait à toute heure ses lunettes pour l'admirer ; elle était bien fâchée d'être un peu sourde, et de perdre quelquefois des paroles de son perroquet, à qui elle trouvait plus d'esprit qu'à personne.

Ce perroquet gâté devint bavard, importun et fou.
Il se tourmenta si fort dans sa cage, et but tant de
vin avec la vieille qu'il en mourut. Le voilà revenu
devant Pluton, qui voulut cette fois le faire passer
dans le corps d'un poisson, pour le rendre muet.
Mais il fit encore une farce devant le roi des ombres; et les princes ne résistent guère aux demandes
des mauvais plaisants qui les flattent. Pluton accorda
donc à celui-ci qu'il irait dans le corps d'un homme:
mais comme le dieu eut honte de l'envoyer dans le
corps d'un homme sage et vertueux, il le destina
au corps d'un harangueur ennuyeux et importun,
qui mentait, qui se vantait sans cesse, qui faisait
des gestes ridicules, qui se moquait de tout le
monde, qui interrompait toutes les conversations les
plus polies et les plus solides, pour dire rien, ou les
sottises les plus grossières. Mercure, qui le reconnut
dans ce nouvel état, lui dit en riant : « Ho ! ho ! je te
« reconnais; tu n'es qu'un composé du singe et du
« perroquet que j'ai vus autrefois. Qui t'ôterait tes
« gestes et tes paroles apprises par cœur sans juge-
« ment, ne laisserait rien de toi. » D'un joli singe et
d'un bon perroquet, on n'en fait qu'un sot homme.

FÉNÉLON. — Fables.

99. Le jeune Bacchus et le Faune.

Un jour le jeune Bacchus, que Silène instruisait,
cherchait les Muses dans un bocage dont le silence
n'était troublé que par le bruit des fontaines et par
le chant des oiseaux. Le soleil n'en pouvait, avec
ses rayons, percer la sombre verdure. L'enfant de
Sémélé, pour étudier la langue des dieux, s'assit
dans un coin au pied d'un vieux chêne, du tronc

* 11

duquel plusieurs hommes de l'âge d'or étaient nés. Il avait même autrefois rendu des oracles, et le temps n'avait osé l'abattre de sa tranchante faux. Auprès de ce chêne sacré se cachait un jeune Faune qui prêtait l'oreille aux vers que chantait l'enfant, et qui marquait à Silène, par un ris moqueur, toutes les fautes que faisait son disciple. Aussitôt les Naïades et les autres Nymphes des bois souriaient aussi. Le critique était jeune, gracieux et folâtre : sa tête était couronnée de lierre et de pampre ; ses tempes étaient ornées de grappes de raisin. De son épaule gauche pendait sur son côté droit, en écharpe, un feston de lierre, et le jeune Bacchus se plaisait à voir ces feuilles consacrées à sa divinité. Le Faune était enveloppé, au-dessous de la ceinture, par la dépouille affreuse et hérissée d'une jeune lionne qu'il avait tuée dans les forêts. Il tenait dans sa main une houlette courbée et noueuse. Sa queue paraissait derrière comme se jouant sur son dos. Mais comme Bacchus ne pouvait souffrir un rieur malin, toujours prêt à se moquer de ses expressions, si elles n'étaient pures et élégantes, il lui dit d'un ton fier et imposant : « Comment oses-tu « te moquer du fils de Jupiter ? » Le Faune répondit sans s'émouvoir : « Hé ! comment le fils de Jupiter « ose-t-il faire quelque faute ? »

FÉNÉLON—Fables.

100. *La Fable.*

La fable est sans doute aussi vieille que le monde ; elle conserve et conservera toujours son empire ; nous l'aimons, nous sommes nés pour elle. C'est une immortelle dont la voix mensongère en tous

temps nous charme et nous amuse; c'est une enchanteresse qui nous entoure de prestiges; qui, à
des réalités, substitue, ou du moins ajoute des chi-
mères agréables et riantes, et qui cependant, sou-
mise à l'histoire et à la philosophie, ne nous trompe
jamais que pour mieux nous instruire. Fidèle à
conserver les réalités qui lui sont confiées, elle
couvre de son enveloppe séduisante et les leçons de
l'une et les vérités de l'autre. Son sceptre enchanteur ne fait que des miracles et ne produit que des
métamorphoses. Elle nous transporte, d'un monde
où nous sommes toujours mal, dans un autre monde
qui, créé par l'imagination, a tout ce qu'il faut pour
nous plaire. Elle embellit tout ce qu'elle touche : si
elle raconte, elle sème les merveilles, les prodiges,
pour attacher la curiosité, pour graver dans la
mémoire; si elle trace des leçons, c'est d'une main
si légère, que l'orgueil n'en est point atteint. Elle
se joue autour de la vérité, pour ne la laisser voir
qu'à la dérobée; et soit qu'elle ait voulu ou nous
agrandir ou nous consoler, elle prend ses exemples
dans des espèces privilégiées, dans une race divine, qu'elle élève exprès au-dessus de la faible humanité; tantôt nous conduisant à la vertu par ces
exemples illustres, tantôt caressant notre faiblesse,
orgueilleuse de retrouver nos passions et nos fautes
dans la perfection même.

BAILLY.—*Essais sur les Fables et leur Histoire.*

101. *Le Séjour du Temps.*

Sous le pôle arctique, aux extrémités du monde
connu et au couchant de l'astre du jour, est une
plaine inculte et aride, où le Temps, monstre créé

avec la Terre, règne despotiquement. Ce fier tyran de tout ce qui respire, élevé sur une colonne de marbre blanc, étale sur un même front les grâces de l'adolescence, et les rides de la vieillesse. Son visage, mi-parti par une longue barbe grise, laisse voir une décrépitude parfaite à côté de l'embonpoint de la jeune virilité: son corps, toujours prêt à voler, ne porte que sur un pied, qu'il appuie légèrement sur une horloge de sable; les Heures qui le font couler en comptent scrupuleusement les grains: lui-même il tient une faux tranchante dans ses mains; et, de ses yeux perçants qui ne se livrent jamais au sommeil, il choisit ses victimes dans la multitude innombrable des mortels suppliants qui implorent sa pitié. Mais ce monstre, également dur et sourd, sans égard ni pour l'âge qu'il affaiblit, ni pour les conditions qu'il anéantit, ni pour les sexes qu'il confond, ni pour la beauté qu'il flétrit, ni pour l'esprit qu'il énerve, agitant ses ailes longues et bleuâtres, chasse loin de lui les jours, les mois, les années, et frappe indistinctement tantôt un fils unique, l'espérance de toute une famille, tantôt un monarque chéri, qu'il précipite du trône presque aussitôt qu'il y est monté: quelquefois il arrache une jeune épouse du lit nuptial, et change la joie d'un doux hyménée en pompe funèbre. Souvent il épargne un vieillard caduc et goutteux, pour trancher les jours d'un jeune homme sain et robuste. Il ne laisse enfin tomber sa faux meurtrière sur les vieillards qui l'environne, que lorsque son bras, appesanti de lassitude, ne peut s'étendre au loin pour choisir ses victimes. Alors il tombe, semblable aux feuilles jaunâtres que le souffle du rigoureux aquilon secoue des arbres sur la fin de l'automne. Tels sont les jeux cruels qui amusent le Temps, lorsque de sa faux sanglante il frappe ses victimes. L'affreux contre-coup qui les livre à la mort empressée de les enlever, leur ouvre ces noires barrières qui servent de porte à l'éternité. C'est par là que les âmes entrent dans cet empire immense, d'où nul mortel ne peut revenir à la lumière. Son insatiable voracité ne se borne pas aux faibles mortels : empires, royaumes, républiques, villes, temples, palais, tout éprouve sa dent de fer. Les monuments respectables de l'art ne sont pas plus respectés que les chefs-d'œuvre de la nature : autour de lui sont attachés les débris des dignités et des grandeurs humaines, couronnes fracassées, sceptres brisés, trônes mis en poudre, et sur les ruines desquels il élève d'autres trônes qu'il renverse incontinent. Il se fit un jeu d'élever les quatre grands empires du monde, de les détruire tour-à-tour les uns par les autres, et d'en faire disparaître les nations. Devant lui passent rapidement toutes les générations, les vieillards poussés par les hommes d'un âge viril, et ceux-ci par des enfants. Tel est le Temps, qui engloutit et dévore tout ; mais à la fin des siècles ce monstre, dévoré lui-même, expirera aux portes de l'éternité.

DE LA BEAUME.

102. *La Jalousie et la Fureur.*

Nous fumes conduits par un chemin de fleurs, au pied d'un rocher affreux : nous vîmes un antre obscur ; nous y entrâmes, croyant que c'était la demeure de quelque mortel. O Dieu ! qui aurait pensé que ce lieu eût été si funeste ; A peine y eus-je mis le pied que tout mon corps frémit ; mes cheveux se dressèrent sur ma tête ; une main invisible m'entraînait dans ce fatal séjour : à mesure que mon cœur s'agitait, il cherchait à s'agiter encore. « Ami, « m'écriai-je, entrons plus avant, dussions-nous « voir augmenter nos peines. » J'avance dans ce lieu, où jamais le soleil n'entra, et que les vents n'agitèrent jamais ; j'y vis la Jalousie ; son aspect était plus sombre que terrible : la Pâleur, la Tristesse, le Silence l'entouraient, et les Ennuis volaient autour d'elle. Elle souffla sur nous, elle nous mit la main sur le cœur, elle nous frappa sur la tête, et nous ne vîmes, nous n'imaginâmes plus que des monstres. « Entrez plus avant, nous dit-elle, mal- « heureux mortels ; allez trouver une déesse plus « puissante que moi. » Nous vîmes une affreuse divinité à la lueur des langues enflammées des serpents qui sifflaient sur sa tête : c'était la Fureur. Elle détacha un de ses serpents, et le jeta sur moi ; je voulus le prendre : déjà, sans que je l'eusse senti, il s'était glissé dans mon cœur. Je restai un moment comme stupide ; mais dès que le poison se fut répandu dans mes veines, je crus être au milieu des enfers ; mon âme fut embrasée, et dans sa violence tout mon corps la contenait à peine : j'étais si agité qu'il me semblait que je tournais sous le fouet des Furies.

MONTESQUIEU.

103. La Mort.

Un fantôme s'élance sur le seuil des portes inexorables : c'est la Mort. Elle se montre comme une tache obscure sur les flammes des cachots qui brûlent derrière elle : son squelette laisse passer les rayons livides de la lumière infernale entre le creux de ses ossements. Sa tête est ornée d'une couronne changeante, dont elle dérobe les joyaux aux peuples et aux rois de la terre. Quelquefois elle se pare des lambeaux de la pourpre et de la bure, dont elle a dépouillé le riche et l'indigent. Tantôt elle vole, tantôt elle se traîne : elle prend toutes les formes, même celles de la beauté. On la croirait sourde, et toutefois elle entend le plus petit bruit qui décèle la vie. Elle paraît aveugle, et pourtant elle découvre le moindre insecte rampant sous l'herbe. D'une main elle tient une faux comme un moissonneur ; de l'autre elle cache la seule blessure qu'elle ait jamais reçue, et que le Christ vainqueur lui porta dans le sein, au sommet du Golgotha. C'est le crime qui ouvre les portes de l'enfer, et c'est la mort qui les ferme.

CHATEAUBRIAND. — Les Martyrs.

104. Même Sujet.

Au pied du trône de Pluton, était la Mort, pâle et dévorante, avec sa faux tranchante, qu'elle aiguisait sans cesse. Autour d'elle volaient les noirs Soucis, les cruelles Défiances ; les Vengeances toutes dégouttantes de sang et couvertes de plaies ; les Haines injustes ; l'Avarice qui se ronge elle-même ; le Désespoir qui se déchire de ses propres mains ; l'Ambition forcenée, qui renverse tout ; la Trahison, qui veut se repaître de sang, et qui ne peut jouir des maux qu'elle a faits ; l'Envie, qui verse son venin mortel autour d'elle, et qui se tourne en rage, dans l'impuissance où elle est de nuire ; l'Impiété elle-même qui se creuse un abîme sans fond, où elle se précipite sans espérance ; les Spectres hideux, les Fantômes qui représentent les morts pour épouvanter les vivants ; les Songes affreux, les Insomnies aussi cruelles que les tristes Songes ; toutes ces images funestes environnaient le fier Pluton, et remplissaient le palais où il habite.

FÉNÉLON. — *Télémaque.*

105. *La Fortune.*

Celui dont le regard embrasse les mondes, entrelaçant jadis leurs orbes dans les cieux, dit à ses ministres de régler la course des torrents de lumière et l'harmonie des globes. A sa voix, une divinité puissante vint ici-bas s'asseoir au trône des splendeurs mondaines. C'est elle dont la main promène de peuple en peuple, et de race en race, la honte ou la gloire, et qui trouble à son gré les conseils de l'humaine sagesse. Invisible comme le serpent sous l'herbe, elle distribue aux enfants des hommes, les fers ou les couronnes, et les soupirs de l'ambition n'arrivent pas jusqu'à elle. Collègue des Intelligences célestes dans l'empire des mondes, elle prévoit, juge et règne à jamais. L'inflexible Nécessité qui le devance, sème les événements devant elle, et sollicite sans relâche son infatigable vicissitude. Souvent la voix mensongère des peuples a flétri son nom ; souvent, après des bienfaits, elle a reçu la plainte outrageuse de l'homme ; mais, heureuse dans sa sphère, et sourde à ses vaines clameurs, elle agite sa roue, et poursuit au sein des Dieux sa paisible éternité.

LE DANTE. — *Traduction de Rivarol.*

106. *Le Printemps.*

L'âme de la nature, l'aimable Déesse du printemps a rompu les chaînes qui la retenaient captive : balancée sur l'aile des zéphirs, elle descend du haut des cieux épurés par son haleine et réjouis de sa présence. Une vapeur légère, émanée d'elle et comme imprégnée de verdure, décèle sa trace vivifiante ; sa taille efface celle de la messagère des Dieux ; ses traits, ceux de la plus jeune des Grâces : l'éclat de la rose nouvellement épanouie le cède à celui de son teint... A l'ombre des plis de sa robe flottante, et comme au fond d'un bosquet mystérieux, deux blanches tourterelles, émues par les sons de sa lyre enchanteresse, se prodiguent de doux baisers : leurs ailes à demi - déployées s'agitent voluptueusement ; chaque plume semble frissonner de plaisir. Un des replis du voile, à l'abri des caprices des zéphirs, sert d'asyle à un nid de fauvettes ; la mère y couve les précieux fruits de ses amours, retenus encore dans leur faible prison. La fille de Vénus s'écoute préluder avec complaisance : elle incline sa belle tête, où mille fleurs variées s'épanouissent et se renouvellent sans cesse ; elles lui tiennent lieu de tresses ondoyantes ; elles forment seules son diadême et sa coiffure. Ici le narcisse majestueux, la renoncule, l'anémone et la tulipe orgueilleuse, rivalisent de magnificence et se disputent le prix de la beauté ; là, l'humble violette et la flexible hyacinthe brillent d'un plus doux éclat, et rehaussent, par le suave mélange de leurs teintes azurées, la pourpre et l'or de la rose naissante. De volages papillons, des essaims bourdonnants s'enivrent des parfums qu'exhalent leurs calices. La jeune

Déesse, à la vue des prodiges qu'elle-même a opérés
sent une joie secrète inonder son cœur. Le sourire
du bonheur siége sur ses lèvres vermeilles ; mais
son but est rempli ; tout jouit, tout est heureux par
ses bienfaits, et la face de la nature est renouvelée.

GIRAUDET.

107. L'Automne.

Personnifié sous les traits d'une Déité, le riche
Automne vient enfin accomplir les promesses du
Printemps : la Déesse incline son visage vermeil,
et souriant à la terre qu'elle regarde avec une complaisance maternelle, elle partage la joie et le bonheur qu'elle lui procure ; et, de sa main droite, elle
secoue sa chevelure dorée, d'où s'échappe une pluie
intarissable de mille fruits divers ; de la gauche elle
presse avec amour sa mamelle féconde, et en fait
jaillir une liqueur douce et vermeille, dont les heureux enfants de Cybèle seront bientôt abreuvés.
Son vêtement se colore du vert brillant de l'Été, où
s'entremêlent cependant quelques-unes des teintes
flétries dont l'Hiver, qui doit lui succéder bientôt,
vient attrister la nature. Une écharpe légère, dont
la couleur rappelle la tendre verdure du printemps,
entoure ses reins et se balance mollement, gonflée
par les zéphirs, image allégorique de la seconde sève
de l'année, qui paraît braver les approches de l'hiver,
et faire un dernier effort pour se soustraire à sa puissance. De ses pieds nus, colorés du vermillon des
roses, et qu'un léger brouillard environne, elle
foule la pourpre et l'or des raisins. Cette fille bienfaisante de l'Été prépare ainsi elle-même la liqueur
de Bacchus, ce baume salutaire qui charme les

soucis des mortels, et dont la chaleur pénétrante
soutient et vivifie leurs forces épuisées. Outre ces
dons, l'Automne procure à l'homme avide de jouissances les richesses et les plaisirs de la chasse. C'est
en vain que la perdrix et le lièvre timide cherchent à
éluder, sous les plis de sa robe, les poursuites de leur
agile ennemi : bientôt, hors d'état de fuir, ils deviennent la proie du chasseur.

GIRAUDET.

SECTION TROISIÈME.

DISCOURS ET MORCEAUX ORATOIRES.

108. *Discours de Pilpatoé à Cortès.*

(Ce discours est indirect)

Pilpatoé répondit à Cortès, que si le Dieu qu'il
annonçait était le Dieu de la nature entière ; il avait
l'empire des cœurs comme celui des éléments : qu'il
n'avait tenu qu'à lui d'être plus tôt connu et adoré
dans ces contrées ; qu'il était bien sûr qu'à sa voix
ce monde se prosternerait ; que c'était le suppo-
ser faible que de s'armer pour sa défense ; que celui dont la volonté seule était toute-puissante,
n'avait pas besoin de secours, et que c'était en faire
un homme et s'ériger en Dieu, que de s'établir son
vengeur. Il ajouta que si ces étrangers, plus éclai-
rés, plus sages et plus heureux que nous, venaient,
par la seule puissance de l'exemple et de la raison, nous détromper et nous instruire, nous croi-
rions qu'en effet un Dieu se servirait de leur entre-
mise ; mais que la menace et la violence étaient les
armes du mensonge, indignes de la vérité.

MARMONTEL. — *Les Incas.*

109. *Discours d'Hasaël.*

Ne croyez pas, ô Crétois, que je méprise les hommes. Non, non, je sais combien il est grand de travailler à les rendre bons et heureux; mais ce travail est rempli de peines et de dangers. L'éclat qui y est attaché est faux, et ne peut éblouir que les âmes vaines. La vie est courte; les grandeurs irritent plus les passions qu'elles ne peuvent les contenter : c'est pour apprendre à me passer de ces faux biens, et non pas pour y parvenir, que je suis venu de si loin. Adieu. Je ne songe qu'à retourner dans une vie paisible et retirée, où la sagesse nourrisse mon cœur, et où les espérances qu'on tire de la vertu pour une autre meilleure vie après la mort, me consolent dans les chagrins de la vieillesse. Si j'avais quelque chose à souhaiter, ce ne serait pas d'être roi, ce serait de ne me séparer jamais de ces deux hommes que vous voyez. (Télémaque et Mentor.)

FÉNÉLON. — *Télémaque.*

110. *Discours de Satan à la vue de l'Homme.*

O cieux ! ô terre ! ô enfer ! Voilà donc ceux à qui on a destiné nos trônes ! voilà les nouveaux favoris de l'Éternel ! Qui sont-ils ? D'un côté j'aperçois en eux tout ce qui appartient à la matière; de l'autre ils me paraissent peu inférieurs aux célestes substances. Dans cette union bizarre, mes pensées les suivent avec étonnement. Je sens même que j'aurais du penchant à les aimer: la ressemblance divine brille sur leur front, et la main qui les a formés a répandu sur eux des grâces infinies. Infortunés, vous pensez peu au changement que je vous prépare; toutes ces délices vont s'évanouir. Je mesure vos maux aux plaisirs dont vous jouissez. Votre bonheur est grand; il devrait être mieux assuré. Ce beau séjour que vous habitez a été mal fortifié contre un ennemi tel que moi. Mais non, je ne suis point votre ennemi. L'abandon même où je vous vois excite ma compassion, quoique l'on soit insensible à mes maux. Je cherche à former une ligue avec vous, une amitié mutuelle, si étroite, si intime, qu'inséparablement unis, nous soyons obligés de vivre, vous avec moi, moi avec vous. Ma demeure peut-être ne satisfera pas tant vos sens que ce beau paradis : telle qu'elle est, acceptez-là, c'est l'ouvrage de votre digne créateur : il me l'a donnée, je vous la donne. L'enfer ouvrira pour vous ses plus larges portes, et fera sortir les rois à votre rencontre. Quelque nombreuse que puisse être votre postérité, la place n'y manquera pas comme en ces étroites limites. Si vous vous y désespérez un jour, prenez vous en à celui qui me contraint de me venger sur vous. Vous n'êtes point coupables à mon égard; mais votre innocence m'attendrit vainement. Une juste raison d'état, l'horreur, la vengeance et l'agrandissement de notre empire par la conquête de ce nouveau monde, me force d'exécuter contre vous un projet dont la seule idée me fait horreur.

Traduction de MILTON.

111. Discours de Fernand de Luques.

Quoi! jurer à Dieu de ménager des barbares qui le blasphêment, qui brûlent devant les idoles un encens qui n'est dû qu'à lui! Jurons plutôt de les exterminer, s'ils osent défendre leurs temples, et s'ils refusent d'adorer le Dieu que nous leur annonçons. L'Amérique nous appartient au même titre que Chanaan appartenait aux Hébreux; le droit du glaive qu'ils avaient sur l'idolâtre Amalécite, nous l'avons sur des infidèles plus aveuglés, plus abrutis dans leurs détestables erreurs. Ils se plaignent qu'on leur impose un trop rigoureux esclavage; mais eux-mêmes sont-ils plus doux, plus humains envers leurs captifs? Sur des autels rougis de sang, ils leur déchirent les entrailles; ils se partagent par lambeaux leurs membres encore palpitants; ils les dévorent, les barbares! ils en sont les vivants tombeaux! et c'est pour cette race impie qu'on parle avec tant de chaleur!... Si les châtiments les effraient, qu'ils cessent de nous dérober cet or stérile dans leurs mains, et qui nous a déjà coûté tant de périls et de fatigues. Quoi! n'avez-vous franchi les mers, n'avez-vous bravé les tempêtes et cherché ce malheureux monde à travers tant d'écueils, que pour abandonner l'unique fruit de vos travaux, vous en retourner les mains vides, et ne rapporter en Espagne que la honte et la pauvreté? L'or est un don de la nature; inutile à ces peuples, il nous est nécessaire: c'est donc à nous qu'il appartient; et leur malice opiniâtre à le cacher, à l'enfouir, les rendrait seule assez coupables pour justifier nos rigueurs. Quant à leur esclavage, il est la pénitence des crimes dont les a souillés un culte impie et sanguinaire. Ce ne sont pas les creux des mines, où ils sont enfermés vivants, que l'on doit redouter pour eux. Ils méritent d'autres ténèbres que celles de ces noirs cachots; et pourvu qu'ils y meurent résignés et contrits, ils béniront un jour les mains qui les auront chargés de chaînes.

MARMONTEL. — Les Incas.

112. *Réponse de Las-Casas.*

Prêtre d'un Dieux de paix, vos lèvres, où ce Dieu reposait tout-à-l'heure, ont-elles proféré ce que je viens d'entendre? Est-ce du haut du bois arrosé de son sang, où, s'immolant pour tous les hommes, sa bouche expirante implorait la grâce de ses ennemis, est-ce du haut de cette croix qu'il vous a dicté ce langage? Vous, chrétien, vous parlez d'exterminer un peuple qui ne vous a fait aucun mal! S'il vous en avait fait, votre religion vous dirait encore de l'aimer. Vous vous comparez aux Hébreux, et ce peuple aux Amalécites: laissez, laissez-là ces exemples dont on n'a que trop abusé. Si Dieu dans ses conseils a jamais dérogé aux saintes lois de la nature, il a parlé, il a donné un décret formel, authentique, dans toute la solennité que sa volonté doit avoir, pour forcer l'homme à lui obéir plutôt qu'à la voix de son cœur, et ce décret n'a pu s'étendre au-delà des termes précis où lui-même il l'a renfermé; l'ordre accompli, la loi qu'il avait suspendue a repris son cours éternel. Dieu parlait aux Israélites; mais Dieu ne vous a point parlé. Tenez vous en donc à la loi qu'il a donnée à tous les hommes : *Aimez-moi, aimez vos semblables.* Voilà sa loi, Fernand. Sont-ce là vos tortures, vos chaînes et vos bûchers? Les Indiens sans doute ont exercé entre eux des cruautés bien condamnables; mais fussent-ils plus inhumains, est-ce à vous de les imiter? Leur malheur, hélas! est de croire à des dieux sanguinaires. Si, au lieu du tigre, ils voyaient sur leurs autels l'agneau sans tache, ils seraient doux comme l'agneau. Et qui de nous peut dire qu'élevé dès l'enfance dans le sein des mêmes erreurs, l'exemple de ses pères, les lois de son pays, n'auraient pas tenu sa raison captive sous le même joug ? Plaignez donc, sans les condamner, ces esclaves de l'habitude, ces victimes du préjugé. Cependant, dites-moi s'ils sont partout les-mêmes, et quel mal avaient fait les peuples de l'Espagnole et de Cuba ? Rien de plus doux, de plus tranquille, de plus innocent que ces peuples. Toute leur vie était une paisible enfance ; ils n'avaient pas même des flèches pour blesser les oiseaux de l'air. Les en a-t-on plus épargnés ? C'est là que j'ai vu des brigands, sans motifs, sans remords, massacrer les enfants, égorger les vieillards, se saisir des femmes enceintes, leur déchirer les flancs, en arracher le fruit.... O religion sainte, voilà donc tes ministres ! O Dieu de la nature, voilà donc tes vengeurs ! Enfermer un peuple vivant dans les rochers où germe l'or, l'y faire périr de misère, de fatigue et d'épuisement, pour accumuler vos richesses et pour engendrer sur la terre tous les vices, enfant du luxe, de l'orgueil et de l'oisiveté, ô Fernand, c'est la pénitence que vous imposez à ces peuples ! Ecartez ce masque hypocrite qui vous gêne, sans nous tromper. Vous servez un Dieu, mais ce Dieu, c'est l'impitoyable Avarice. C'est elle qui, par votre bouche, outrage ici l'humanité, et veut rendre le ciel complice des fureurs qu'elle inspire et des maux qu'elle fait.

MARMONTEL. — Les Incas.

113. *Discours de Télémaque déplorant les maux de la guerre.*

Hélas ! voilà donc les maux que la guerre entraîne après elle ! Quelle fureur aveugle pousse les malheureux mortels ! ils ont si peu de jours à vivre sur la terre, ces jours sont si misérables ; pourquoi précipiter une mort déjà si prochaine ? pourquoi ajouter tant de désolations affreuses à l'amertume dont les dieux ont rempli cette vie si courte ? Les hommes sont tous frères, et ils s'entre-déchirent. Les bêtes farouches sont moins cruelles qu'eux. Les lions ne font point la guerre aux lions, ni les tigres aux tigres ; ils n'attaquent que les animaux d'espèce différente ; l'homme seul, malgré sa raison, fait ce que les animaux sans raison ne firent jamais. Mais encore, pourquoi ces guerres ? N'y a-t-il pas assez de terre dans l'univers pour en donner à tous les hommes plus qu'ils n'en peuvent cultiver ? combien y a-t-il de terres désertes ! Le genre humain ne saurait les remplir. Quoi donc ! une fausse gloire, un vain titre de conquérant qu'un prince veut acquérir allume la guerre dans des pays immenses ! Ainsi un seul homme, donné au monde par la colère des dieux, en sacrifie brutalement tant d'autres à sa vanité. Il faut que tout périsse, que tout nage dans le sang, que tout soit dévoré par les flammes ; que tout ce qui échappe au fer et au feu ne puisse échapper à la faim encore plus cruelle, afin que cet homme, qui se joue de la nature entière, trouve dans cette destruction générale, son plaisir et sa gloire. Quelle gloire monstrueuse ! Peut-on trop abhorrer et trop mépriser des hommes qui ont tellement oublié l'humanité ? Non, non, bien loin d'être des demi-dieux, ce ne sont pas même des hommes ; ils doivent être même en exécration dans tous les siècles dont ils ont cru être admirés. Oh ! que les rois doivent bien prendre garde aux guerres qu'ils entreprennent ! elles doivent être justes, ce n'est pas assez, il faut qu'elles soient nécessaires pour le bien public. Le

sang du peuple ne doit être versé que pour sauver
ce même peuple dans les besoins extrêmes. Mais les
conseils flatteurs, les fausses idées de gloire, les
vaines jalousies, l'injuste avidité qui se couvre de
beaux prétextes, enfin ces engagements insensibles
entraînent presque toujours les rois dans des guerres
qui les rendent malheureux, où ils hasardent tout
sans nécessité, et où ils font autant de mal à leurs
sujets qu'à leurs ennemis.

FÉNÉLON. — Télémaque.

114. Henri IV à l'assemblée des Notables.

Si je faisais gloire de passer pour excellent orateur, j'aurais apporté ici plus de belles paroles que
de bonne volonté; mais mon ambition tend à quelque chose de plus haut que de bien parler; j'aspire
au glorieux titre de libérateur et de restaurateur de
la France. Déjà, par la faveur du Ciel, par les conseils de mes fidèles serviteurs, et par l'épée de ma
brave et généreuse noblesse (de laquelle je ne distingue point mes princes, la qualité de gentilhomme
étant le plus beau titre que nous possédions), je l'ai
tirée de la servitude et de la ruine. Je désire maintenant la remettre en sa première force et en son
ancienne splendeur. Participez, mes sujets, à cette
seconde gloire, comme vous avez participé à la première. Je ne vous ai point ici appelés, comme faisaient mes prédécesseurs, pour vous obliger d'ap-
prouver mes volontés; je vous ai fait assembler pour
recevoir vos conseils, pour les croire, pour les
suivre en un mot, pour me mettre en tutelle entre
vos mains : c'est une envie qui ne prend guère

aux rois, aux barbes grises, et aux victorieux comme
moi; mais l'amour que je porte à mes sujets, et l'extrême désir que j'ai de conserver mon état, me font
trouver tout facile et honorable.

115. *Discours de Gonsalve.*

Hélas! et moi qu'ai-je fait que je n'aie dû faire,
et dont j'aie pu me dispenser! Je suis le fils de Da-
vila, du gouverneur de l'isthme; il m'avait envoyé à la poursuite des sauvages. Mes compagnons
et moi, à travers les forêts, nous avons pénétré dans
ce vallon; les Indiens nous ont enveloppés, nous
ont accablés sous le nombre; les plus heureux des
miens ont péri dans le combat, le reste a été pris,
et sur l'autel du tigre, je les ai vus tous immolés.
Moi seul ils m'épargnent encore; soit que ma jeunesse ait touché ces inhumains, et que mes larmes
leur inspirent quelque pitié; soit que leur cruauté
m'ait voulu réserver pour un nouveau sacrifice, ils
me laissent languir dans ce triste abandon, et dans
l'attente de la mort, plus cruelle que la mort même.
Hélas! pardonnez à mon âge un excès de faiblesse,
dont je rougis en l'avouant. La vie m'est chère; il
m'est affreux de la quitter à son aurore. Elle devait
avoir tant de charmes pour moi! Il m'eût été si doux
de revoir ma patrie! Et quand je pense que ces beaux
jours, ces jours délicieux que j'y devais passer sont
évanouis pour jamais, je tombe dans le désespoir.
Si du moins j'étais mort au milieu des combats, et
par les mains d'un ennemi digne d'honorer mon
courage! Mais ici, mais sur les autels d'un peuple
stupide et féroce, me sentir tout vivant déchirer les

entrailles, et voir aux pieds du tigre, allumer mon bûcher ! Cette destinée est affreuse. Ah ! s'il se peut, délivrez-moi de ces mains inhumaines ; rendez-moi à mon père. Il n'a que moi, je suis son unique espérance ; des barbares l'en ont privé.

MARMONTEL. —*Les Incas.*

116. *Un Sergent Ecossais, aux Américains sauvages.*

« Héros et patriarches du monde occidental, vous
« n'étiez pas les ennemis que je cherchais ; mais enfin
« vous avez vaincu. Le sort de la guerre m'a mis dans
« vos mains. Usez à votre gré du droit de la victoire :
« je ne vous le dispute pas. Mais puisque c'est un usage
« de mon pays d'offrir une rançon pour sa vie, écou-
« tez une proposition qui n'est pas à rejeter. Sachez
« donc, braves Américains, que, dans le pays où je
« suis né, certains hommes ont des connaissances sur-
« naturelles. Un de ces sages, qui m'était allié par le
« sang, me donna, quand je me fis soldat, un charme
« qui devait me rendre invulnérable. Vous avez vu
« comme j'ai échappé à tous vos traits ; sans cet en-
« chantement, aurais-je pu survivre à tous les coups
« mortels dont vous m'avez assailli ? car j'en appelle à
« votre valeur, la mienne n'a ni cherché le repos, ni
« fui le danger. C'est moins la vie que je vous demande
« aujourd'hui que la gloire de vous révéler un secret
« important à votre conservation, et de rendre invin-
« cible la plus vaillante nation du monde. Laissez-moi
« seulement une main libre, pour les cérémonies de
« l'enchantement dont je veux faire l'épreuve sur moi-
« même en votre présence. »

Les indiens saisirent avec avidité ce discours, qui flattait en même temps et leur caractère belliqueux, et leur penchant pour les merveilles. Après une courte délibération, ils délièrent un bras au prisonnier. L'Ecossais pria qu'on remît son sabre au plus adroit, au plus vigoureux de l'assemblée, et dépouillant son cou, après l'avoir frotté en balbutiant quelques paroles avec des signes magiques, il cria d'une voie haute et d'un air gai :

« Voyez maintenant, sages Indiens, une preuve
« incontestable de ma bonne foi. Vous, guerrier qui
« tenez mon arme tranchante, frappez de toute votre
« force; loin de séparer ma tête de mon corps, vous
« n'entamerez pas seulement la peau de mon cou. »

A peine eût-il prononcé ces mots, que l'Indien déchargeant un coup terrible, fit sauter à vingt pas la tête du sergent. Les sauvages étonnés restèrent immobiles, regardant le corps sanglant de l'étranger, puis tournant leurs regards sur eux-mêmes, comme pour se reprocher les uns aux autres leur stupide crédulité. Cependant, admirant la ruse qu'avait employée le prisonnier pour se dérober aux tourments en abrégeant sa mort, ils accordèrent à son cadavre les honneurs funèbres de leur pays.

RAYNAL.

117. *Discours des vieillards Manduriens à Idoménée.*

O roi! nous tenons, comme tu vois, dans une main l'épée, et dans l'autre une branche d'olivier. Voilà la paix et la guerre : choisis. Nous aimerions mieux la paix; c'est pour l'amour d'elle que nous n'avons point eu de honte de te céder le doux rivage de la mer où le soleil rend la terre fertile, et produit tant de fruits délicieux. La paix est plus douce que tous ces fruits ; c'est pour elle que nous nous sommes retirés dans ces hautes montagnes toujours couvertes de glace et de neige, où l'on ne voit jamais ni les fleurs du printemps, ni les riches fruits de l'automne. Nous avons horreur de cette brutalité qui, sous de beaux noms d'ambition et de gloire, va follement ravager les provinces, et répand le sang des hommes qui sont tous frères. Si cette fausse gloire te touche, nous n'avons garde de te l'envier ; nous te plaignons, et nous prions les Dieux de nous préserver d'une faveur semblable. Si les sciences que les Grecs apprennent avec tant de soin, et si la politesse dont ils se piquent, ne leur inspirent que cette détestable injustice, nous nous croyons trop heureux de n'avoir point ces avantages. Nous nous ferons gloire d'être toujours ignorants et barbares, mais justes, humains, fidèles, désintéressés, accoutumés à nous contenter de peu, et à mépriser la vaine délicatesse, qui fait qu'on a besoin d'avoir beaucoup. Ce que nous estimons, c'est la santé, la frugalité, la liberté, la vigueur de corps et d'esprit ; c'est l'amour de la vertu, la crainte des Dieux, le bon naturel pour nos proches, l'attachement à nos amis, la fidélité pour tout le monde, la modération dans la prospérité, la fermeté dans les malheurs, le courage pour dire toujours hardiment la vérité, l'horreur de la flatterie. Voilà quels sont les peuples que nous t'offrons pour voisins et pour alliés. Si les Dieux irrités t'aveuglent, jusqu'à te faire refuser la paix, tu apprendras, mais trop tard, que les gens qui aiment par modération la paix, sont les plus redoutables dans la guerre.

FÉNÉLON. — *Télémaque.*

118. *Discours d'Eudore à Cymodocée.*

Infidèle, ma religion ne favorise point les passions funestes, mais elle sait donner par la sagesse même une exaltation aux sentiments de l'âme, que votre Vénus n'inspirera jamais. Quelle religion est la vôtre, Cymodocée? Rien n'est plus chaste que votre âme, plus innocent que votre pensée, et pourtant, à vous entendre parler de vos Dieux, qui ne vous croirait trop habile dans les plus dangereux mystères? Prêtre des idoles, votre père a cru faire un acte de piété en vous instruisant du culte, des effets et des attributs des passions divinisées. Un chrétien craindrait de blesser l'amour même par des peintures trop libres. Cymodocée, si j'avais pu mériter votre tendresse, si je devais être l'époux choisi de votre innocence, je voudrais aimer en vous moins une femme accomplie que le Dieu même qui vous fit à son image. Lorsque le Tout-puissant eut formé le premier homme du limon de la terre, il le plaça dans un jardin plus délicieux que les bois de l'Arcadie. Bientôt l'homme trouva sa solitude trop profonde, et pria le créateur de lui donner une compagne. L'Éternel tira du côté d'Adam une créature divine; il l'appela sa femme. Elle devint l'épouse de celui dont elle était la chair et le sang. Adam était formé pour la puissance et pour la valeur, Ève pour la soumission et les grâces; la grandeur de l'âme et la dignité du caractère, l'autorité de la raison, furent le partage du premier; la seconde eut la beauté, la tendresse et des séductions invincibles. Tel est, Cymodocée, le modèle de la femme chrétienne. Si vous consentiez à l'imiter, je tâcherais de vous gagner à moi, au nom de tous les attraits qui gagnent les cœurs ; je vous rendrais mon épouse par une alliance de justice ; de compassion et de miséricorde ; je régnerais sur vous, Cymodocée , parce que l'homme est fait pour l'empire ; mais je vous aimerais comme une grappe de raisin que l'on trouve dans un désert brûlant. Semblables, aux patriarches, nous serions unis dans la vue de laisser après nous une famille héritière des bénédictions de Jacob : ainsi le fils d'Abraham prit dans sa tente la fille de Bathuel ; il en eut tant de joie qu'il oublia la mort de sa mère.

CHATEAUBRIANT. — Les Martyrs.

SECTION QUATRIÈME.

DÉVELOPPEMENTS PHILOSOPHIQUES ET MORAUX.

119. *Les Tombeaux.*

Un tombeau est un monument placé sur les limites des deux mondes. Il nous présente d'abord la fin des vaines inquiétudes de la vie et l'image d'un éternel repos ; ensuite il élève en nous le sentiment confus d'une immortalité heureuse , dont les probabilités augmentent à mesure que celui dont il nous rappelle la mémoire a été plus vertueux. C'est là que se fixe notre vénération ; et cela est si vrai , que, quoiqu'il n'y ait aucune différence entre la cendre de Socrate et celle de Néron , personne ne voudrait avoir dans ses bosquets celle de l'empereur romain, quand même elle serait renfermée dans une urne d'argent ; et qu'il n'y a personne qui ne mît celle du philosophe dans le lieu le plus honorable de son appartement, quand elle ne serait que dans un vase d'argile. C'est donc par cet instinct intellectuel pour la vertu , que les tombeaux des grands hommes nous inspirent une vénération si touchante. C'est par le même sentiment que ceux qui renferment des objets qui ont été aimables, nous donnent tant de regrets. Voilà pourquoi nous sommes émus à la vue du petit tertre qui couvre les cendres d'un enfant aimable ; par le souvenir de son innocence ; voilà encore pourquoi nous voyons avec tant d'attendrissement une tombe sous laquelle repose une jeune femme , l'amour et l'espérance de sa famille , par ses vertus. Il ne faut pas, pour rendre recommandables ces monuments , des marbres , des bronzes , des dorures. Plus ils sont simples , plus ils donnent d'énergie au sentiment de la mélancolie. Il font plus d'effet pauvres que riches , antiques que modernes , avec des détails d'infortunes qu'avec des titres d'honneur , avec les attributs de la vertu qu'avec ceux de la puissance.

BERNARDIN DE ST.-PIERRE.—*Etudes de la Nature.*

120. *La Vérité.*

La vérité a des charmes dont un bon cœur a peine à se défendre. Elle est pleine de noblesse et d'équité ; elle force en sa faveur une raison saine et épurée ; elle met tôt ou tard un esprit sage et élevé dans ses intérêts. Les passions peuvent éblouir pendant quelque temps ; l'âge peut séduire ; les exemples peuvent entraîner ; les discours de l'impiété et du libertinage peuvent étourdir : mais enfin la vérité perce le nuage. Le grand , le solide prend la place , dans un bon esprit , de tout le frivole qui l'avait amusé. Lassé d'avoir couru long-temps après le songe et la chimère, on veut quelque chose de sûr et de réel, et on ne le trouve que dans la vérité. Il n'y a qu'un esprit faux et superficiel qui puisse demeurer jusqu'à la fin de l'illusion. Le monde ne peut séduire pour toujours que des hommes sans réflexion et sans caractère. Le goût même du frivole, qui nous avait fait d'abord applaudir, dès que l'âge ne l'excuse plus, nous rend à la fin méprisables.

MASSILLON.

121. *Le Bonheur de l'obscurité.*

Heureux aujourd'hui celui qui, au lieu de parcourir le monde, vit loin des hommes! Heureux celui qui ne connaît rien au-delà de son horizon, et pour qui le village voisin même est une terre étrangère! Il n'a point laissé son cœur à des objets aimés qu'il ne reverra plus, ni sa réputation à la discrétion des méchants. Il croit que l'innocence habite dans les hameaux, l'honneur dans les palais et la vertu dans les temples. Il met sa gloire et sa religion à rendre heureux ce qui l'environne. S'il ne voit dans ses jardins ni les fruits de l'Asie, ni les ombrages de l'Amérique, il cultive les plantes qui font la joie de sa femme et de ses enfants. Il n'a pas besoin des monuments de l'architecture pour ennoblir son paysage. Un arbre à l'ombre duquel un homme vertueux s'est reposé, lui donne de sublimes ressouvenirs : le peuplier, dans les forêts, lui rappelle les combats d'Hercule ; et le feuillage des chênes, les couronnes du Capitole. La culture des blés lui présente bien d'autres concerts agréables avec la vie humaine. Il connaît à leurs ombres les heures du jour, à leurs accroissements les rapides saisons, et il ne compte

ses années fugitives que par leurs récoltes innocentes. Il ne craint point, comme dans les villes, un
hymen infidèle ou une postérité trop nombreuse. Ses
travaux sont toujours surpassés par les bienfaits de
la nature. Dès que le soleil est au signe de la Vierge,
il rassemble ses parents, il invite ses voisins, et dès
l'aurore il entre avec eux, la faucille à la main,
dans ses blés mûrs. Son cœur palpite de joie en
voyant ses gerbes s'accumuler et ses enfants danser
autour d'elles, couronnés de bluets et de coqueli-
cots : leur jeux rappellent ceux de son premier âge,
et la mémoire des vertueux ancêtres qu'il espère revoir un jour dans un monde plus heureux. Il ne
doute pas qu'il n'y ait un Dieu, à la vue de ses moissons ; et aux douces époques qu'elles ramènent à son
souvenir, il le remercie d'avoir lié la société passagère des hommes par une chaîne éternelle de bienfaits. Prés fleuris, majestueuses et murmurantes forêts, fontaines mousseuses, sauvages rochers fréquen-
tés de la seule colombe, aimables solitudes qui nous
ravissez par d'ineffables concerts, heureux qui pourra
lever le voile qui couvre vos charmes secrets ! Mais
plus heureux encore celui qui peut les goûter en
paix dans le patrimoine de ses pères !

BERNARDIN DE ST.-PIERRE.—*Etudes de la Nature.*

122. *Imagination des Femmes.*

On a observé que l'imagination des femmes a je ne
sais quoi de singulier et d'extraordinaire. Tout les
frappe ; tout se peint en elles avec vivacité. Leurs sens
mobiles parcourent tous les objets et en emportent
l'image. Des forces inconnues, des liens secrets leur
transmettent rapidement toutes les impressions. Le

monde réel ne leur suffit pas ; elles aiment à se créer un monde imaginaire ; elles l'habitent et l'embellissent. Les spectres, les enchantements, les prodiges, tout ce qui sort des lois ordinaires de la nature, sont leur ouvrage et leurs délices : elles jouissent de leurs erreurs mêmes ; leur âme s'exalte et leur esprit est toujours plus près de l'enthousiasme.

THOMAS. — *Essais sur les Femmes.*

123. *Le Luxe.*

On dit que le luxe sert à nourrir les pauvres aux dépens des riches ; comme si les pauvres ne pouvaient pas gagner leur vie plus utilement, en multipliant les fruits de la terre, sans amollir les riches par les raffinements de la volupté. Toute une nation s'accoutume à regarder comme des nécessités de la vie les choses superflues ; ce sont tous les jours de nouvelles nécessités qu'on invente ; et on ne peut plus se passer des choses qu'on ne connaissait pas trente ans auparavant. Ce luxe s'appelle *bon goût, perfection des arts* et *politesse de la nation.* Ce vice, qui en attire une infinité d'autres, est loué comme une vertu ; il répand sa contagion jusqu'aux derniers du peuple : les proches parents du roi veulent imiter sa magnificence ; les grands celle des parents du roi ; les gens médiocres veulent égaler les grands ; car qui est-ce qui se fait justice ? Les petits veulent passer pour médiocres. Tout le monde fait plus qu'il ne peut ; les uns par faste et pour se prévaloir de leurs richesses, les autres par mauvaise honte et pour cacher leur pauvreté. Ceux mêmes qui sont assez sages pour condamner un si grand désordre

ne le sont pas assez pour oser lever la tête les premiers, et pour donner des exemples contraires.
Toute une nation se ruine, toutes les conditions se
confondent ; la passion d'acquérir du bien pour soutenir une vaine dépense corrompt les âmes les plus
pures ; il n'est plus question que d'être riche ; la
pauvreté est une infamie.

FÉNÉLON. — Télémaque.

124. Religion des femmes.

L'expérience et l'histoire nous apprennent que,
dans toutes les sectes, tous les pays et tous les rangs,
les femmes ont, plus que les hommes, les vertus
religieuses. Naturellement plus sensibles, elles ont
plus besoin d'un objet qui, sans cesse occupe leur
âme ; elles portent à Dieu un sentiment qui a besoin
de se répandre, et qui ailleurs serait un crime.
Avides du bonheur, et le trouvant moins autour
d'elles, elles s'élancent dans une vie et vers un
monde différents. Extrêmes dans leurs désirs, rien
de borné ne les satisfait. Plus dociles sur les devoirs,
elles les raisonnent moins et les sentent mieux. Plus
asservies aux bienséances, elles croient encore plus
à ce qu'elles respectent. Moins occupées et moins ac-
tives, elles ont plus le temps de contempler. Moins
distraites au dehors, elles s'affectent fortement de la
même idée, parce qu'elles la voient sans cesse. Plus
frappées par les yeux, elles goûtent plus l'appareil
des cérémonies et des temples, et la religion des sens
influe encore sur celle de l'âme. Enfin, gênées partout, privées d'épanchement avec les hommes par
la contrainte de leur sexe, avec les femmes par une

éternelle rivalité, elles parlent du moins de leurs plaisirs et de leurs peines à l'Être-Suprême qui les voit, et souvent déposent dans son sein des faiblesses qui leur sont chères, et que le monde entier ignore. Alors se rappelant leurs douces erreurs, elles jouissent de leur attendrissement même sans se le reprocher; et sensibles sans remords, parce qu'elles le sont sous les regards de Dieu, elles trouvent des délices secrètes jusque dans le repentir et les combats. Il semblerait donc, par une suite même du caractère des femmes, que leur religion devrait être plus tendre, et celle des hommes plus forte; l'une tenant plus à des pratiques, et l'autre à des principes; et qu'en exaltant les idées religieuses, la femme serait plus proche de la superstition, et l'homme, du fanatisme. Mais si une fois le fanatisme s'empare d'elle, son imagination plus vive l'emportera plus loin; et plus féroce par la crainte même d'être sensible, ce qui faisait une partie de ses charmes ne contribuera plus qu'à ses fureurs.

THOMAS. — *Essais sur les Femmes.*

125. *Véritable force d'Ame.*

La véritable force, et la seule élévation de l'esprit et du cœur consistent à maîtriser ses passions, à n'être pas esclave de ses sens et de ses désirs, à ne pas se laisser conduire par les caprices de l'humeur et les inégalités de l'imagination, à étouffer un ressentiment et une secrète jalousie, à se mettre au-dessus des événements et des disgrâces : voilà ce qui fait les grandes âmes, les esprits forts et élevés, et voilà où en sont les justes que vous méprisez tant, que vous regardez comme des esprits faibles et vulgaires. Ce sont des âmes fortes qui pardonnent les injures les plus sensibles, qui prient pour ceux qui les calomnient et qui les persécutent, qui ne sentent les mouvements des passions, que pour avoir plus de mérite en les réprimant, qui ne se laissent pas corrompre par un vil intérêt, qui ne savent pas sacrifier le devoir, la vérité, la conscience à la fortune ; qui rompent généreusement les liens les plus tendres et les plus chers, dès que la foi leur en a découvert le danger ; qui se disputent les plaisirs les plus innocents ; qui sont des héros contre tout ce qui a l'apparence du mal ; mais qui, dans la religion, sont simples, humbles, dociles, et font gloire de leur docilité et de leur simplicité prétendues. Prudent pour le mal et simple pour le bien, vous, au contraire, vous êtes plus faible que les âmes les plus viles et les plus vulgaires : quand il s'agit de modérer vos passions, votre raison, votre élévation, la force de votre esprit, votre prétendue philosophie, tout cela vous abandonne ; vous n'êtes plus qu'un enfant, que le jouet des passions les plus basses et les plus puériles, qu'un faible roseau que les vents agitent à leur gré ; mais sur les devoirs de la religion, vous vous piquez de singularité, d'élévation et de force, c'est-à-dire, vous voulez être fort contre Dieu, et vous êtes faible contre vous-même.

MASSILLON.

126. *Amour maternel.*

Les plaisirs de la femme doivent naître de ses vertus ; ses spectacles sont sa famille. C'est auprès du berceau de son enfant, c'est en voyant le souris de sa fille et les jeux de son fils, qu'une mère est heu-

[illegible]reuse. Et où sont [illegible]
lions puissantes de la [illegible]
tout à la fois touchant et [illegible]
qu'avec excès ? Est-ce dans la [illegible]
dans la triste sévérité de tant de p[illegible]
dans l'âme brûlante et passionnée, [illegible]
sont elles qui, par un mouvement [illegible]
qu'involontaire, s'élancent dans les flots [illegible]
arracher leur enfant qui vient d'y tom[illegible]
imprudence. Ce sont elles qui se jettent [illegible]
flammes, pour enlever du milieu d'un ince[illegible]
enfant qui dort dans son berceau. Ce sont ell[illegible]
pâles, échevelées, embrassent avec transpor[illegible]
davre de leur fils mort dans leurs bras, colle[illegible]
lèvres sur ses lèvres glacées, tâchent de ré[illegible]
leurs larmes ses cendres insensibles. Ces [illegible]
pressions, ces traits déchirants qui nous font [illegible]
la fois d'admiration, de terreur et de tendress[illegible]
jamais appartenu et n'appartiendront jamais [illegible]
femmes. Elles ont dans ces moments je ne sais [illegible]
qui les élève au-dessus de tout, qui semble nou[illegible]
couvrir de nouvelles âmes et reculer les born[illegible]
nues de la nature.

Thomas. — *Essais sur les Femmes.*

127. *L'Exil.*

C'est en vain que l'esprit juge avec impa[illegible]
le pays qui nous a vu naître, nos affections [illegible]
détachent jamais ; et quand on est contrain[illegible]
quitter, l'existence semble déracinée, [illegible]
vient comme étranger à soi-mêmes. Les plus [illegible]
usages, comme les relations les plus intim[illegible]
intérêts les plus graves, comme les moindr[illegible]

..rs, tout était de la patrie; tout n'en est plus. On ne rencontre personne qui puisse vous parler d'autrefois, personne qui vous atteste l'identité des jours passés avec les jours actuels : la destinée recommence, sans que la confiance des premières années se renouvelle; l'on change de monde sans avoir changé de cœur. Ainsi l'exil condamne à se survivre; les adieux, les séparations, tout est comme à l'instant de la mort, et l'on y assiste cependant avec les forces entières de la vie.

Mad. DE STAEL.

128. *Tableau des Misères humaines.*

Quelle foule de fléaux divers opprime l'humanité! La guerre, la famine, la peste, les orages, l'incendie, les volcans, les divisions intestines, les tyrans désolent tour-à tour et ravagent ensemble l'espèce humaine. Ici, des hommes dépossédés de la lumière, ensevelis vivants dans la profondeur des mines, oublient qu'il est un soleil : sur les mers, des êtres immortels comme le despote qui les enchaîne à la rame, y vivent attachés; toujours luttant contre les tempêtes, tant qu'ils respirent, ils sillonnent les mers et ne recueillent que le désespoir : d'autres, pour des maîtres durs, mutilés dans les combats, vont aujourd'hui, étendant le bras qui leur reste, mendier un morceau de pain noir le long des royaumes que leur valeur a sauvés. La misère et les maladies incurables dans une ligue cruelle assaillent à la fois une multitude de désespérés, et ne leur laissent d'asile que dans le tombeau. Vois-tu cette foule de morts que les hôpitaux gémissants rejettent de leur sein? Vois-tu cette foule de mourants qui se pressent à leur portes et sollicitent la place que les morts ont laissée ? Combien d'infortunés, nourris autrefois dans le sein des plaisirs, implorent aujourd'hui la main froide et lente de la charité, et, ô vue choquante ! l'implorent en vain !... Encore si le malheur ne saisissait que le vice ! Mais ni la prudence, ni la vertu ne peuvent nous défendre de ses aveugles mains. Les maladies attaquent la sobriété comme l'intempérance : on est puni sans être coupable. Vous fuyez en vain dans le fond des forêts ; vous n'empêcherez pas les chagrins de vous y suivre. Souvent nos précautions nous exposent davantage, et les pas que nous faisons pour éviter la mort, nous la font rencontrer. Le bonheur même ne donne jamais ce qu'en promet le nom : nous nous étonnons tous les jours de trouver tant de différence entre ce bonheur que nous cherchons, et l'objet que nous avions confondu avec lui. Nos désirs sont accomplis et nous ne sommes point satisfaits. La vie la plus fortunée a ses peines. Le cours le plus doux de la nature nous fatigue : nos meilleurs amis nous offensent sans le vouloir ; ils sont innocents, et notre repos est cependant troublé. Sans accident, que de calamités ! Que d'hostilités, sans ennemis ! Ah ! nos maux sont innombrables, et je n'ai pas assez de soupirs pour en donner un à chaque espèce de misères.

YOUNG.—*Traduction de Letourneur.*

129. *La Gloire.*

On a beaucoup déclamé contre la gloire : cela est naturel ; il est beaucoup plus aisé d'en dire du mal que de la mériter. Tacite était plus ingénu : il convenait que c'était la dernière passion du sage, et

apparemment la sienne. Il y a des hommes qui se
vantent de la mépriser, et, pour qu'on n'en doute
pas, ils le répètent ; c'est une raison de plus pour ne
les point croire. Chacun en secret y prétend ; mais
l'un s'affiche, et l'autre se cache. L'un a la vanité des
petites choses, et l'autre l'orgueil des grandes. Cor-
neille mettait sa gloire à faire *Cinna* ; un courtisan
de son siècle à paraître avec grâce dans un ballet.
Voulez-vous savoir ce que peut le sentiment de la
gloire ? Otez-là de dessus la terre, tout change : le
regard de l'homme n'anime plus l'homme ; il est
seul dans la foule. Le passé n'est rien ; le présent se
resserre ; l'avenir disparaît ; l'instant qui s'écoule
périt éternellement, sans être d'aucune utilité pour
l'instant qui doit suivre. En parcourant l'histoire des
empires et des arts, je vois partout quelques hommes
sur des hauteurs, et en bas le drapeau du genre humain qui suit de loin et à pas lent. Je vois la gloire
qui guide les premiers, et ils guident l'univers.

THOMAS—*Essais sur les Eloges.*

130. *La Solitude.*

Après le rare bonheur de trouver une compagne
qui nous soit bien assortie, l'état le moins malheureux de la vie est sans doute de vivre seul. Tout
homme qui a eu beaucoup à se plaindre des hommes,
cherche la solitude. Il est même très-remarquable
que tous les peuples malheureux par leurs opinions,
leurs mœurs ou leurs gouvernements, ont produit
des classes nombreuses de citoyens entièrement dé-
voués à la solitude et au célibat. Tels ont été les
Egyptiens dans leur décadence, les Grecs du Bas-
Empire ; et tels sont de nos jours les Indiens, les

Chinois les Grecs modernes , les Italiens, et la plu-
par des peuples orientaux et méridionaux de l'Europe. La solitude ramène en partie l'homme au bonheur naturel, en éloignant de lui le malheur social.
Au milieu de nos sociétés divisées par tant de préjugés
l'âme est dans une agitation continuelle; elle roule
sans cesse en elle-même mille opinions turbulentes
et contradictoires, dont les membres d'une société
ambitieuse et misérable cherchent à se subjuguer les
uns aux autres. Mais dans la solitude elle dépose ces
illusions étrangères qui la troublent ; elle reprend le
sentiment simple d'elle-même, de la nature et de son
auteur. Ainsi l'eau bourbeuse d'un torrent qui ravage
les campagnes, venant à se répandre dans quelque
petit bassin écarté de son cours dépose ses vases au-
fond de son lit, reprend sa première limpidité, et,
redevenue transparente, réfléchit avec ses propres
rivages la verdure de la terre et la lumière des cieux.
La solitude rétablit aussi-bien les harmonies du
corps que celles de l'âme. C'est dans la classe des
solitaires que se trouvent les hommes qui poussent le
plus loin la carrière de la vie; tels sont les Brames
de l'Inde. Enfin je la crois si nécessaire au bonheur
dans le monde même, qu'il me paraît impossible d'y
goûter un plaisir durable de quelque sentiment que
ce soit, ou de régler sa conduite sur quelque prin-
cipe stable, si l'on ne se fait une solitude intérieure,
d'où notre opinion sorte rarement, et où celle d'autrui n'entre jamais. Je ne veux pas dire toutefois que
l'homme doive vivre absolument seul ; il est lié avec
tout le genre humain par ses besoins ; il doit donc ses
travaux aux hommes ; il se doit aussi au reste de la
nature. Mais comme Dieu a donné à chacun de nous
des organes parfaitement assortis aux éléments du

globe où nous vivons, des pieds pour le sol, des poumons pour l'air, des yeux pour la lumière, sans que nous puissions intervertir l'usage de ces sens, il est réservé pour lui seul, qui est l'auteur de la vie, le cœur, qui est le principal organe.

BERNARDIN DE ST. PIERRE. — *Etudes de la Nature.*

131. *L'imagination.*

Que de richesse dans l'imagination ! L'univers, où se promènent les sens, est trop resserré pour elle. Elle s'échauffe, se féconde et en enfante un nouveau, plus beau que le premier. Elle franchit les limites des temps et des lieux, s'élève à son gré, plonge dans l'abîme, parcourt les plaines de l'espace, et enferme dans une pensée tout le champ de la création. Tantôt elle croit entendre la voix du créateur qui appelle les êtres ; elle part, elle arrive avec lui sur les bords du néant, assiste à ce grand ouvrage et voit les mondes se hâter : l'instant qui suit, elle a traversé toute l'étendue de leur avenir ; elle les attend aux portes de l'éternité ; elle entend le son formidable de la trompette fatale, et voit défiler les générations devant Dieu qui les juge. Ce n'est pas assez pour la satisfaire de tout ce qui a été et de tout ce qui est : elle voit encore plus d'êtres qu'il n'en existera jamais. L'Imagination toute-puissante dit à des mondes nouveaux de naître ; ils sortent du néant et se montrent dans le vaste miroir de la pensée. Elle fait plus encore ; elle donne des traits à l'impossible, que Dieu ne peut créer, et le rend visible pour elle.

YOUNG — *Traduction de Letourneur.*

132. *Les Lettres.*

Les Lettres, mon fils, sont un secours du Ciel. Ce sont des rayons de cette sagesse qui gouverne l'univers, que l'homme, inspiré par un art céleste, a appris à fixer sur la terre. Semblables aux rayons du soleil, elles éclairent, elles réjouissent, elles échauffent ; c'est un feu divin. Comme le feu, elles approprient toute la nature à notre usage. Par elles, nous réunissons autour de nous, les choses, les lieux, les hommes et les temps. Ce sont elles qui nous rappellent aux règles de la vie humaine. Elles calment les passions, elles répriment les vices ; elles excitent les vertus par les exemples augustes des gens de bien qu'elles célèbrent, et dont elles nous présentent les images toujours honorées. Ce sont des filles du Ciel qui descendent sur la terre pour charmer les maux du genre humain. Les grands écrivains qu'elles inspirent ont toujours paru dans les temps les plus difficiles à supporter à toute société, les temps de barbarie et ceux de la dépravation. Mon fils, les Lettres ont consolé une infinité d'hommes plus malheureux que vous : Xénophon, exilé de sa patrie, après y avoir ramené dix mille Grecs ; Scipion l'Africain lassé des calomnies des Romains ; Lucullus, de leurs brigues ; Catinat, de l'ingratitude de sa cour. Les Grecs si ingénieux avaient réparti à chacune des Muses qui président aux Lettres, une partie de notre entendement, pour le gouverner : nous devons donc leur donner nos passions à régir, afin qu'elles leur imposent un joug et un frein. Elles doivent remplir par rapport aux puissances de notre âme, les mêmes

fonctions que les Heures, qui attelaient et conduisaient les chevaux du Soleil.

BERNARDIN DE ST.-PIERRE.—*Etudes de la Nature*.

133. *Maux qui accompagnent l'Opulence.*

Riche de tant de biens, qu'as-tu encore besoin
d'or? L'or ne fait que nous affamer et multiplier
nos besoins. Malheureux! pourquoi te fatiguer à
amasser pour les autres? Dès que ce pouls si faible,
qui ne bat si long-temps que par miracle, s'arrêtera,
ces richesses entassées dont tu vis esclave, livrées
alors au pillage, se disperseront de mille côtés; elles
voleront dans des mains étrangères, dans celles de
tes ennemis, et leurs nouveaux maîtres insulteront à
l'insensé qui s'est tourmenté pour les enrichir. N'espère point trouver la paix dans l'opulence. Plus on
est riche, plus le désir s'irrite et croît avec les
moyens de s'enrichir davantage. Quel est le mortel
qui sait s'arrêter, quand la passion le pousse? L'a-
varice, comme un exacteur cruel, nous prescrit
sans cesse une nouvelle tâche; les travaux se succèdent sans fin; et le terme où l'on comptait se reposer,
s'éloigne à mesure qu'on croit en approcher. Le
pauvre du moins ne souffre que de ses besoins. Le riche
est doublement malheureux. Il souffre à la fois et de
ses besoins, qui se multiplient, et de ses désirs, qui
s'étendent au milieu de l'abondance. L'excessive
opulence est un fardeau pénible; elle étouffe ou embarrasse le bonheur. Le contentement ne se trouve
que dans la médiocrité. Le nécessaire est le terme
de nos vrais plaisirs; l'homme ne jouit plus dès
qu'il l'a passé. La fortune multiplie en vain ses

dons ; nos sens sont remplis et ne reçoivent plus rien. Plus d'abondance fait sur nous l'effet des eaux retenues dans un réservoir dont on lève subitement les barrières ; elle donne pour quelques instants plus d'impétuosité à nos mouvements, à nos sentiments ; mais cette force passagère est bientôt épuisée. Nous ne pouvons nous élever au-dessus des forces de la nature, ni passer les bornes de nos facultés, et nous rentrons malgré nous dans le cercle des sensations communes à tous les hommes.

YOUNG. — *Traduction de Letourneur.*

134. *Importance de l'Éducation des filles.*

Rien n'est plus négligé que l'éducation des filles. La coutume et le caprice des mères y décident souvent de tout : on suppose qu'on doit donner à ce sexe peu d'instruction. L'éducation des garçons passe pour une des principales affaires par rapport au bien public ; et quoiqu'on n'y fasse guère moins de fautes que dans celle des filles, du moins on est persuadé qu'il faut beaucoup de lumières pour y réussir. Les plus habiles gens se sont appliqués à donner des règles dans cette matière. Combien voit-on de maîtres et de colléges ! combien de dépenses pour des impressions de livres, pour des recherches de sciences, pour des méthodes d'apprendre les langues, pour le choix des professeurs ! Tous ces grands préparatifs ont souvent plus d'apparence que de solidité ; mais enfin ils marquent la haute idée qu'on a de l'éducation des garçons. Pour les filles, dit-on, il ne faut pas qu'elles soient savantes,

gouverner un jour leurs ménages,
leurs maris sans raisonner. On ne man-
... se servir de l'expérience qu'on a de
... de femmes que la science a rendues ri-
... : après quoi on se croit en droit d'abandonner aveuglément les filles à la conduite des
mères ignorantes et indiscrètes. Il est vrai qu'il
faut craindre de faire des savantes ridicules. Les
femmes ont d'ordinaire l'esprit encore plus faible
et plus curieux que les hommes : aussi n'est-il point
à propos de les engager dans des études dont elles
pourraient s'entêter. Elles ne doivent ni gouverner
l'état, ni faire la guerre, ni entrer dans le ministère des choses sacrées : ainsi elles peuvent se passer
de certaines connaissances étendues qui appartien-
nent à la politique, à l'art militaire, à la jurispru-
dence, à la philosophie et à la théologie. La plupart
même des arts mécaniques ne leur conviennent pas ;
elles sont faites pour des exercices modérés. Leur
corps, aussi-bien que leur esprit, est moins fort et
moins robuste que celui des hommes ; en revan-
che, la nature leur a donné en partage l'industrie,
la propreté et l'économie, pour les occuper tranquillement dans leurs maisons. Mais que s'ensuit-
il de la faiblesse naturelle des femmes ? Plus elles
sont faibles, plus il est important de les fortifier.
N'ont-elles pas des devoirs à remplir, mais des devoirs qui sont les fondements de toute la vie humaine ? Ne sont-ce pas les femmes qui ruinent ou
qui soutiennent les maisons, qui règlent tout le
détail des choses domestiques, et qui, par conséquent, décident de ce qui touche le plus près à tout

le genre humain ? Par-là elles ont la principale part aux bonnes ou aux mauvaises mœurs de presque tout le monde. Une femme judicieuse, appliquée et pleine de religion, est l'âme de toute une grande maison ; elle y met l'ordre pour les biens temporels et pour le salut. Les hommes mêmes qui ont toute l'autorité en public, ne peuvent par leurs délibérations établir aucun bien effectif, si les femmes ne leur aident à l'exécuter. Le monde n'est point un fantôme ; c'est l'assemblage de toutes les familles : et qui est-ce qui peut les policer avec un soin plus exacte que les femmes, qui, outre leur autorité naturelle et leur assiduité dans leur maison, ont encore l'avantage d'être nées soigneuses, attentives aux détails, industrieuses, insinuantes et persuasives ? Mais les hommes peuvent-ils espérer pour eux-mêmes quelque douceur dans la vie, si leur plus étroite société, qui est celle du mariage, se tourne en amertume ? Mais les enfants, qui feront dans la suite tout le genre humain, que deviendront-ils, si les mères les gâtent dès leurs premières années ? Voilà donc les occupations des femmes, qui ne sont guère moins importantes au public que celles des hommes, puisqu'elles ont une maison à régler, un mari à rendre heureux, des enfants à bien élever. Ajoutez que la vertu n'est pas moins pour les femmes que pour les hommes : sans parler du bien ou du mal qu'elles peuvent faire au public, elles sont la moitié du genre humain, rachetées du sang de Jésus-Christ, et destinées à la vie éternelle. Enfin il faut considérer, outre le bien que font les femmes, quand elles sont bien élevées, le mal qu'elles causent dans le monde quand elles manquént d'une éducation que leur inspire la vertu. Il est constant que la mauvaise éducation des femmes fait plus de mal que celle des hommes, puisque les désordres des hommes viennent souvent et de la mauvaise éducation qu'ils ont reçue de leurs mères, et des passions que d'autres femmes leur ont inspirées dans un âge plus avancé. Quelles intrigues se présentent à nous dans les histoires, quel renversement des lois et des mœurs, quelles guerres sanglantes, quelles nouveautés contre la religion, quelles révolutions d'Etat, causées par le déréglement des femmes ! Voilà ce qui prouve l'importance de bien élever les filles.

Fénelon.

MÉLANGES.

---

135. *L'Hôte généreux et bienfaisant.*

Un émigré qui avait été forcé de se retirer à Cologne, et qui avait fort peu de ressources, ayant entendu vanter l'honnêteté d'un marchand de chevaux de cette ville, prit le parti d'aller le trouver, pour le prier de vouloir bien le prendre en pension chez lui. Le marchand y consentit avec joie, et, quoique le prix qu'il demanda pour le logement et la nourriture de son nouvel hôte fût très-modique, il se fit un plaisir de le loger et de le nourrir aussi bien que sa position et ses facultés pûrent le lui permettre. Depuis le jour où il reçut l'émigré dans sa maison, sa table fut mieux servie qu'elle ne l'était auparavant; et, peu content de régaler de son mieux son pensionnaire, il exigeait qu'il amenât de temps en temps ses amis pour partager avec lui le plaisir des repas extraordinaires qu'il lui donnait. Une telle conduite charmait autant l'émigré qu'elle le surprenait, et il se félicitait tous les jours d'avoir trouvé un hôte si loyal et si généreux; mais malheureusement des circonstances impérieuses vinrent l'obliger tout-à-coup à s'éloigner de Cologne. Il en fut désolé: il alla témoigner à son hôte le vif regret qu'il avait de le quitter; et, après lui avoir exprimé sa reconnaissance de la manière la plus affectueuse, il voulut entrer en compte avec lui, et lui faire le paiement de sa pension qu'il lui devait depuis six mois. « Cela « est juste, lui dit le marchand; mais s'il faut que « vous me payiez ce que vous me devez, la justice « exige aussi que je vous paie de mon côté ce que je « vous dois. Eh! que me devez-vous donc, reprit « l'émigré, vous qui n'avez cessé de faire des avances « pour moi? Beaucoup plus que vous ne croyez, « lui répondit le marchand. Dès le jour que vous « entrâtes chez moi, touché de vos malheurs, je « n'eus point d'autre désir que celui de les adoucir; « sachant que tous les honnêtes gens partageaient mes « sentiments, je résolus de proposer à tous ceux qui « s'adresseraient à moi, de me donner, pour cet acte « d'humanité, un louis au-dessus de chaque cheval « que je leur vendrais. Personne ne s'est refusé à ce « don que réclamait la bienfaisance; et comme, par « une protection particulière de la Providence qui a

« favorisé mon dessein, j'ai vendu, dans six mois,
« cinquante chevaux ; j'ai aussi reçu pour vous cin-
« quante louis, qui font douze cents livres. Vous
« venez de me dire que vous m'en devez trois cents
« pour le semestre que vous avez passé dans ma mai-
« son : eh bien, cela étant, je ne vous suis donc
« redevable que de neuf cents livres, et je vais vous
« les payer. » A ces mots, il tire de sa poche une
bourse remplie de pièces d'or, et se met à compter
cette somme. L'émigré protesta hautement qu'il ne
consentirait jamais à la recevoir. « Mais quoi ! lui
« dit son hôte, voulez-vous donc que je garde et que
« je m'approprie un dépôt qui ne m'appartient pas ? Ce
« n'est point pour moi, c'est pour vous qu'on m'a
« donné les neuf cents francs que je vous offre ; et
« si vous vous obstinez à les refuser, ne pouvant
« en conscience les retenir, je serai fort en peine de
« savoir à qui je dois les rendre. Je vous en con-
« jure donc, ne me mettez pas dans cet embarras,
« et procurez moi la satisfaction de savoir que vous
« aurez au moins cette faible ressource contre les
« malheurs qui vous poursuivent. » L'émigré fit
« bien encore quelque difficulté ; mais craignant de
« contrister son bienfaiteur en résistant opiniâtrément
« aux vives instances qu'il ne cessait de lui faire, il
« crut enfin devoir s'y rendre ; et, pour ne pas man-
« quer à la reconnaissance, il se détermina à sacri-
« fier sa délicatesse. »

136. *L'Enfant et le petit Oiseau.* (Fable.)

A peine séparé de sa mère inquiète,
Un jeune Oiseau tomba dans les mains d'un enfant.
Si jamais je deviens ou Pinson ou Fauvette,
Me préserve le Ciel qu'il m'en arrive autant !
Grande joie au logis. Voyez ! il est vivant :
Il mangera tout seul ; il fera l'échelette ;
Il parlera, dira : petit-fils ! mon mignon !
Apprenons lui d'abord à voler. A la pate,
    L'enfant d'une main délicate
Attache un fil léger, et joint à sa leçon
    Force biscuit, force bonbon.
    Ne croit-on pas qu'avec si bonne chère,
    Et si bon maître et chaîne si légère ;
      L'Oiseau va se trouver content ?
      Mais son air boudeur et colère
Dit bien qu'il ne l'est pas. — Qu'as-tu, petit méchant ?
Ce fil nu te déplaît : pour te remettre en joie,
      Je t'en vais donner un de soie. —
La soie est déjà mise, et ce lien nouveau
    Rend plus triste encor notre Oiseau.

      L'argent te ferait-il envie ?
    Dit le bambin ; et son doigt diligent
A la pate indocile ajuste un fil d'argent.
      L'Oiseau fait toujours grise mine ;
      De son côté l'Enfant s'obstine ;
      Et pour le dire en abrégé,
Fil de soie et d'argent en fil d'or est changé.
    Oh ! maintenant avec ta belle chaîne,
    Mon cher petit, tu n'auras plus de peine.
    Laisse-moi prendre mon essor,
Ou tu perds tous tes soins, répond l'Oiseau sauvage.
Qu'un fil qui me retient soit d'argent, qu'il soit d'or,
    Il ne m'en plaît pas davantage.
    Je sais qu'il est d'autres Oiseaux
Que leur chaîne séduit par un air de richesse,
Qui souffrent, sans mourir, la cage et les barreaux :

Je ne suis pas de leur espèce.
Chaîne d'argent, de soie, ou de l'or le plus fin,
Même de diamants, m'importune et me blesse ;
Puisque c'est une chaîne enfin.

GINGUENÉ.

137. *Le Voleur désarmé par la charité.*

Une pieuse dame de Montpellier avait la louable coutume de ne jamais refuser l'aumône à un pauvre. La réputation qu'elle s'était faite à cet égard, en attirait un grand nombre à sa porte ; et quoiqu'elle n'eût d'autres revenus que les bénéfices d'un petit commerce qu'elle faisait, elle trouvait toujours le moyen d'assister tous ceux qui se présentaient. Un jour que, accompagnée de sa servante, elle traversa un petit bois pour se rendre à un village voisin, où demeurait une de ses amies, elle vit sortir tout-à-coup du taillis un homme armé qui, saisissant la bride de son ânesse, lui dit d'un ton menaçant : *la bourse ou la vie.* La bonne dame, sans s'effrayer pour elle-même, s'attendrit sur le sort de ce malheureux, et le regardant avec un air de bonté : « Ah ! mon « ami, lui dit-elle d'un ton touchant, il faut que « vous soyez réduit à une bien grande extrémité, « puisque vous vous êtes déterminé à prendre un « parti qui, en vous attirant la colère de Dieu, vous « expose sans cesse à toutes les rigueurs de la justice » humaine. Je voudrais bien avoir de quoi pourvoir « à tous vos besoins, et vous tirer de l'état dange- « reux où vous êtes : mais je n'ai, hélas ! que dix- « huit francs que j'avais pris pour faire mon voyage, « et je vous les offre de bien bon cœur : tenez, les « voilà. » Tandis qu'elle lui parlait ainsi, le voleur

l'avait regardée attentivement ; et comme il avait cru
la reconnaître, avant de prendre l'argent, il voulait
savoir s'il ne se trompait pas. Il interrogea donc la
dame sur son nom, sur sa demeure et sur sa profession, et lorsqu'elle eut répondu à toutes ses ques-
tions : « Malheureux que je suis ! s'écria-t-il, en se
« jetant aux pieds de la voyageuse, je ne vous ai
« jamais demandé l'aumône, que vous ne vous soyez
« empressée de me la donner. Vous n'avez cessé,
« pendant plusieurs années, de me faire du bien ;
« et j'étais aujourd'hui sur le point de vous faire du
« mal ! Ah ! croyez bien, ma bonne dame, que si
« je vous ai arrêtée, c'est que je ne vous connaissais
« pas : car, quoique je ne vous prouve que trop
« que je suis un voleur, je ne suis pourtant pas un
« monstre ; et il faudrait l'être pour faire volontai-
« rement de la peine à une personne aussi charitable
« que vous l'êtes. Allez donc, gardez votre argent,
« continuez votre route, et ne craignez rien, je vous
« servirai moi-même d'escorte, jusqu'à ce que vous
« soyez sortie du bois ; et si quelqu'un vient à vous
« attaquer, je vous défendrai au péril de ma vie. »
En entendant ce langage bien extraordinaire dans la
bouche d'un voleur, la dame fut encore plus touchée
du malheureux état de cet homme ; elle lui fit sentir
le danger, et lui exposa tous les motifs d'honneur
et de religion qui pouvaient l'engager à en sortir ;
et lui faisant espérer de plus grands secours pour l'a-
venir, elle lui présente de nouveau les dix-huit francs
qu'elle lui avait déjà offerts ; mais sachant qu'elle
en avait besoin pour son voyage, le voleur ne voulut
jamais les accepter ; et ce ne fut qu'après lui avoir
résisté long-temps, qu'il consentit enfin à recevoir

neuf francs, que la dame lui jeta en sortant du bois.
Cette bonne dame se plaisait à raconter cette aventure, non par un esprit de vanité, mais pour prouver, par sa propre expérience, que la charité triomphe
des cœurs même les plus féroces, et qu'en faisant du
bien, on s'épargne souvent beaucoup de maux.

138. *Bel exemple de bienfaisance d'une jeune
fille envers un militaire persécuté.*

Après la bataille de Fleurus, lorsque nos troupes
entrèrent dans la Belgique, la nièce d'un sacristain
de Bruxelles signala sa charité d'une manière héroïque,
en sauvant un Français qui s'y était réfugié. Menacé
d'être pris dans Bruxelles, il fuyait : une jeune fille
assise devant une porte, et entraînée par le seul intérêt qu'inspire un malheureux, l'arrête en lui criant :
Vous êtes perdu si vous allez plus loin. Si je retourne, lui répondit le militaire, je le suis égalementment. Eh bien, reprit-elle, entrez-ici. Il accepta.
Après lui avoir appris qu'elle le recevait dans la maison de son oncle, qui ne permettrait pas de le sauver, s'il en était instruit, elle le conduisit dans une
grange, où il se cacha ; à peine il faisait nuit, que
quelques soldats vinrent s'y livrer au sommeil ; la
nièce les suivit sans être aperçue, et dès qu'ils furent
endormis, elle en profita pour tirer le Français de
ce lieu trop peu sûr ; mais comme il s'échappait,
un d'eux se réveilla et le saisit par la main. A ce
mouvement, elle s'élance entre eux, en disant : lâchez-
moi donc, c'est moi qui viens : elle n'eut pas besoin
d'achever ; le soldat, trompé par la voix d'une femme,

* 13

abandonne son captif. Elle mène ce dernir jusqu'à sa chambre ; là elle prit les clefs de l'église, et une lampe à la main, elle la lui ouvrit; ils arrivèrent à une chapelle que les ravages de la guerre avaient dépouillée de ses ornements. Derrière l'autel était une trappe difficile à apercevoir. Dès qu'elle l'eut levée : Vous voyez, lui dit elle, ces escaliers sombres, c'est celui d'un caveau qui renferme les restes d'une famille illustre; il est probable que l'on ne vous soupçonnera pas dans ce lieu ; ayez le courage d'y demeurer jusqu'à ce qu'il se présente un moment favorable à votre évasion ; le Français ne balance pas, il descend avec confiance. O surprise ! les premiers objets qu'il aperçoit, à la clarté de la lampe, sont les armes de sa famille, originaire de ce pays ; il reconnaît le tombeau de ses aïeux ; il les salue avec respect; il touche avec attendrissement ces marbres chéris. La nièce le laissa au milieu de ces impressions. Leur douceur, et surtout l'espérance de trouver une épouse qu'il adorait, lui firent oublier quelque temps l'horreur de sa situation ; mais deux jours s'étaient passés, et il ne voyait pas revenir sa bienfaitrice. Il ne sut qu'imaginer ; tantôt il craignait qu'elle n'eût été la victime de ses services ; tantôt il tremblait qu'elle ne l'eût oublié. Le besoin de la faim se joignit à ces idées effrayantes, et il n'eut plus devant les yeux que l'image d'une mort plus horrible que celle qu'il avait évitée. Ses forces s'épuisèrent; il tomba presque sans connaissance sur le cercueil d'un de ses ancêtres. Cependant un bruit se fit entendre ; c'était la voix de la sensible nièce qui l'appelait. Accablé par la joie comme par la faiblesse, il ne put répondre. Elle le crut mort, et laissa retomber la

...ssant ; le malheureux, épouvanté, fit poussa un grand cri ; elle l'entendit, et [accourut]. Elle se hâta de lui présenter des aliments, [lui] expliqua la cause de ses retards, et l'assura que [ses] précautions étaient si bien prises, que désormais [elle] ne lui en ferait plus éprouver. Elle venait de le [quitter], lorsqu'un cliquetis d'armes frappa son oreille : [elle] entra précipitamment dans le caveau, recom[mandant] au Français de garder le silence. C'étaient [en effet] des hommes armés que le sacristain, accusé [d'avoir] introduit un émigré dans l'église, et igno[rant] la conduite de sa nièce, y conduisait pour qu'ils [y] fissent leurs perquisitions. Rien n'échappa à leurs [regards] ; ils visitèrent partout ; ils marchèrent même [sur la] fatale trappe. Quel moment pour les deux cap[tifs] ! Chaque pas qui l'ébranlait répondait à leur cœur, [et leur] semblait être l'approche du dernier moment. [Cependant] le bruit s'éloigna peu à peu, et finit par [se] dissiper entièrement ; la nièce sortit encore inqui[ète], parcourut l'église, y trouva une profonde [solitude], vint rassurer le Français alarmé, et se re[ti]ra. Le lendemain et les jours suivants elle lui ap[por]te exactement sa nourriture. Il resta ainsi long[temps] dans ce souterrain, sous la garde de cette fille [att]entive. Un moment de tranquillité arriva ; elle l'en [av]ertit. Il dit un adieu tendre et respectueux aux cendres de ses ancêtres, sortit vivant de ce tombeau, [ga]gna la campagne, et rejoignit bientôt une épouse adorée dont la présence et l'amour lui firent encore plus apprécier le bienfait de sa généreuse protectrice.

139. *Humanité d'un Grenadier.*

La jeune épouse d'un émigré s'était retirée à Ausbourg avec un enfant. A l'approche des Français en 1789, elle prend son fils entre ses bras pour s'enfuir, se trompe de poste et tombe dans nos avant-postes ; le général lui fait donner une sauve-garde et ordonne qu'on la reconduise dans la ville prochaine, où elle voulait se retirer ; son enfant fut oublié, et cette mère infortunée, dans l'égarement où elle était plongée, s'aperçut trop tard de la perte qu'elle venait de faire. Un grenadier, aussi humain que brave, recueillit cet enfant ; il s'informa du lieu où l'on avait conduit la mère, et, ne pouvant de suite lui rendre ce dépôt précieux, il fit faire un sac de cuir dans lequel il portait toujours cet enfant. Toutes les fois qu'il fallait combattre, il le cachait à l'entrée d'un bois, dans un trou qu'il creusait lui-même, ou bien dans des broussailles, dans un buisson, qu'il était bien sûr de reconnaître, et après la bataille il venait le reprendre. On conclut enfin un armistice ; le grenadier fit une collecte qui rapporta vingt-cinq louis ; il les mit dans la poche de l'enfant et alla le rendre à sa mère. Toute l'armée connut et admira cette belle action.

140. *Le Loup converti.*

Un jour, un Loup des plus gloutons,
    Ayant, dans une bergerie,
Assouvi sa fureur sur des pauvres moutons,
Se mit à réfléchir sur cette barbarie :
Pour la première fois, il sentit des remords
    Naître dans son cœur sanguinaire.
Quoi ! toujours, disait-il, d'une aveugle colère,
    Suivrai-je les bouillants transports ?
    Toujours du sang, toujours des morts !
Je suis las, à la fin, de ce train de corsaire.
    Que m'a fait ce peuple innocent
    Qui de ma rage est la victime ?
    Il est faible, et je suis puissant ;
    Mais sa faiblesse est-elle un crime ?
    C'en est fait : je veux aujourd'hui
    Quitter des mœurs que je déteste ;
Au lieu de l'opprimer, devenir son appui,
    Et dépouiller, en vivant avec lui,
Cette férocité qui lui fut si funeste.
Cela dit, maître Loup vers le troupeau voisin
    Tourne ses pas, repassant dans sa tête,
Et la sérénité des plaisirs qu'il s'apprête,
    Et quelle joie, et quelle fête
Ce sera de le voir, devenu plus humain,
    Près du petit Robin
Bondir et folâtrer ! tout plein de cette idée,
    Il arrive auprès du troupeau
    Qui, sortant du prochain hameau,
Broutait le serpolet et foulait la rosée.
    A cet aspect, adieu ses beaux projets.
    De la rage la plus cruelle
    Il sent renaître les accès :
Il s'élance, il saisit la brebis la plus belle,
Et court la dévorer dans le sein des forêts.
A ces beaux pénitents, bien simple qui se fie ;

Le Loup n'est pas long-temps Mouton ;
Les serments du matin, le soir il les oublie :
Pour reprendre sa barbarie,
Que lui faut-il ? l'occasion.

GINGUENÉ.

141. *Le bon fils.*

Un officier allant joindre son régiment, il y a quelques années, s'occupa pendant sa route à faire quelques recrues, dont il avait besoin pour compléter sa compagnie : il trouva plusieurs hommes dans une petite ville où il demeura une semaine. La veille de son départ, il se présenta encore un jeune homme de la plus haute taille et de la figure la plus intéressante ; il avait un air de candeur et d'honnêteté qui prévenait pour lui. L'officier ne put s'empêcher, à la première vue, de souhaiter d'avoir cet homme dans sa compagnie ; il le vit trembler en demandant qu'on l'engageât : il prit ce mouvement pour l'effet de la timidité, et peut-être de l'inquiétude que peut avoir un jeune homme qui sent le prix de la liberté, et qui ne la vend pas sans regret. Il lui montra ses soupçons, en tâchant de le rassurer. Ah ! monsieur, lui répondit le jeune homme, n'attribuez pas mon désordre à d'indignes motifs, il ne vient que de la crainte d'être refusé ; vous ne voudriez peut-être pas de moi, et mon malheur serait affreux : il lui échappa quelques larmes en achevant ces mots. L'officier ne manqua pas de l'assurer qu'il serait enchanté de le satisfaire, et lui demanda vite quelles étaient ses conditions. Je ne vous les propose qu'en tremblant, répondit le jeune homme, elles vous dégoûteront peut-être : je suis jeune, vous voyez ma taille, j'ai de la force, je me sens toutes les dispositions nécessaires pour servir ; mais la circonstance malheureuse dans laquelle je me trouve, me force de me mettre à un prix que vous trouverez sans doute exorbitant ; je ne puis rien en diminuer ; croyez que sans des raisons trop pressantes, je ne vendrais point mon service ; mais la nécessité m'impose une loi rigoureuse ; je ne puis vous suivre à moins de cinq cents livres, et vous me percez le cœur si vous me refusez. Cinq cents livres ! reprit l'officier ; la somme est considérable, je l'avoue, mais vous me convenez, je vous crois de la bonne volonté, je ne marchanderai pas avec vous, je vais vous compter votre argent : signez, et tenez - vous prêt à partir après - demain avec moi. Le jeune homme parut pénétré de la facilité de l'officier ; il signa gaîment son engagement, et reçut les cinq cents livres avec autant de reconnaissance que s'il les avait eus en pur don ; il pria son capitaine de lui permettre d'aller remplir un devoir sacré, et lui promit de revenir à l'instant. L'officier crut remarquer quelque chose d'extraordinaire dans ce jeune homme ; curieux de s'éclaircir, il le suivit sans affectation ; il le vit voler à la prison de la ville, frapper avec une vivacité singulière à la porte, et se précipiter dedans, aussitôt qu'elle fut ouverte ; il l'entendit dire au geôlier : voilà la somme pour laquelle mon père a été arrêté, je la dépose entre vos mains, conduisez-moi vers lui, que j'aie le plaisir de briser ses fers. L'officier s'arrête un moment, pour lui donner le temps d'arriver seul auprès de son père, et s'y rend ensuite après lui ; il voit ce jeune homme dans les bras du vieillard, qu'il couvre de ses caresses et de ses larmes, à qui il apprend qu'il vient d'engager sa liberté pour lui procurer la sienne. Le prisonnier l'embrasse de nouveau. L'officier attendri s'avance : Consolez-vous, dit-il au vieillard, je ne vous enlèverai point votre fils, je veux partager le mérite de son action ; il est libre, ainsi que vous, et je ne regrette pas une somme dont il a fait un si noble usage : voilà son engagement, je le lui remets. Le père et le fils tombèrent à ses pieds ; le dernier refuse la liberté qu'on lui rend, il conjure le capitaine de lui permettre de le suivre : son père n'a plus besoin de lui, il ne pourrait que lui être à charge. L'officier ne peut le refuser. Le jeune homme a servi le temps ordinaire : il a toujours épargné sur sa paie quelque petit secours qu'il a fait passer à son père ; et lorsqu'il a eu droit de demander son congé, il en a profité pour aller servir ce vieillard, qu'il nourrit actuellement du travail de ses mains.

Extrait de la Morale en action.

142. *Le Rat et le Raton.* (Fable.)

Un vieux rat, au lit de la mort,
A son fils qui pleurait et se lamentait fort,
Pour testament tint ce langage :
Je te laisse, mon fils, assez ample héritage,
De noix, fromage et de raisin,
Tu trouveras plein magasin ;
Jouis de mes travaux ; si tu veux être sage
Quand tu vivrais cent ans encore, et davantage,
Tu n'en verrais jamais la fin ;
Mais prends garde à la friandise,
C'est un écueil ; les lardons gras,
Presque toujours sont de la mort aux rats.
Fuis, n'en approche en nulle guise,
Sinon, je te le prophétise,
Pauvre Raton, tu périras,

Le Ciel te garde et t'en préserve :
Disant ces mots il l'embrassa,
Et dans le même instant le bon homme passa.
Le fils , maître des biens qu'avait mis en réserve
Son cher papa défunt, d'abord s'en engraissa,
Mais tôt après trouvant la chère trop bourgeoise,
De fromage et de noix enfin il se lassa.
Voilà donc mon galant qui s'écarte et qui croise,
Sur tous les lieux des environs ,
Croque morceaux de lard, et les trouve fort bons.
Parbleu, se disait-il , mon bonhomme de père ,
Avec ses rogatons faisait bien maigre chère.
Vive la guerre et les lardons !
Avint qu'un jour dans une souricière ,
Il découvrit en battant le pays ,
Morceau de lard des plus exquis.
Bon ! dit-il , tu viendras dans notre gibecière.
Le trou lui fut pourtant suspect , et lui fit peur ,
J'ai même lu dans un fort bon auteur,
Qu'il recula , quatre pas en arrière.
Mais le lardon comme un fatal aimant ,
Le forçait, l'attirait à lui si doucement,
Qu'après bien des façons , le pauvret s'en approche ,
Et le flairant de près , y porte enfin les dents.
La bassecule se décroche ,
Et tombant l'enferme dedans.
Le voilà pris , que va-t-il faire ?
Il en mourut, à ce qu'on dit :
Le papa l'avait bien prédit.

Avis , prédictions qui ne servent de guère !
Quel fils ne se croit pas plus sage que son père.

DUCERCEAU.

143. *Beau trait de Charité.*

On vint un jour annoncer à M. d'Apchon, d'abord évêque de Dijon et ensuite archevêque d'Auch, que le feu avait pris à une maison de la ville : il y accourt, et apprend, en arrivant, qu'il restait dans un appartement de cette maison un enfant qu'on n'avait pu en retirer. A cette triste nouvelle, le charitable évêque s'attendrit, verse des larmes, propose une récompense de deux mille écus pour celui qui aura le courage de braver le danger, pour sauver cette innocente créature. Mais comme les flammes faisaient toujours de nouveaux progrès, il ne se rencontra personne qui osât s'y exposer. Alors l'intrépide prélat ordonne qu'on apporte une échelle, la fait appliquer contre la maison incendiée, y monte, pénètre par une fenêtre dans la chambre où était l'enfant, le prend sous son bras, redescend à travers les flammes qui menaçaient de le consumer, et le remet entre les mains de ses parents, au milieu des acclamations d'un peuple immense, qui applaudit avec transport à ce prodige de charité. Pour y mettre le comble, le généreux évêque plaça sur la tête de l'enfant les deux mille écus qu'il avait promis pour récompense, voulant être ainsi son bienfaiteur après avoir été son sauveur. Le trait suivant, quoique d'un autre genre, ne mérite pas moins d'être cité. Comme on connaissait l'empressement qu'avait M. d'Apchon pour voler au secours des infortunés, on crut devoir lui apprendre que deux demoiselles d'une naissance illustre étaient réduites à une extrême indigence,

et que, par un sentiment d'honneur naturel aux personnes de leur état, elles n'osaient pas même faire connaître la situation pénible où elles se trouvaient. L'archevêque fut vivement touché de leur triste état; mais comme il avait autant de prudence que de charité, il crut qu'il ne devait pas être moins attentif à ménager leur délicatesse, qu'à adoucir leur malheur. Au lieu donc de leur envoyer ouvertement, et sans précaution, les secours qu'on leur destinait, il imagina une raison plausible pour aller faire une visite, espérant qu'à la faveur de cette politesse, il pourrait trouver quelques moyens de les secourir, sans les humilier : son espérance ne fut point trompée. Tandis qu'il conversait avec elles, ses regards tombèrent tout-à-coup sur un vieux portrait de famille, qui était dans leur appartement. A cette vue, le prélat paraît saisi d'admiration ; et fixant le tableau avec une attention mêlée d'étonnement ; « Ah ! mesde-
« moiselles, s'écria-t-il, vous avez là un bien beau
« morceau de peinture ? c'est sans doute l'ouvrage
« de quelque grand maître ? Nous ignorons, monsei-
« gneur, le nom de l'artiste qui en est l'auteur, ré-
« pondirent naïvement les demoiselles ; nous savons
« seulement que ce tableau est depuis long-temps
« dans la famille, et qu'on n'y a jamais attaché un
« grand prix. » Il est cependant inappréciable à mes yeux, reprit l'archevêque, et je ne croirais jamais pouvoir le trop payer. Les demoiselles crurent alors devoir l'offrir au prélat, qui commença par le refuser. Mais comme elles firent de nouveau les plus vives instances, il se rendit enfin, et consentit à recevoir le portrait, sous condition néanmoins qu'il lui serait permis, non pas de le payer ce qu'il va-

lait, mais de les dédommager, autant qu'il le pourrait, du généreux sacrifice qu'elles voulaient bien faire
en le lui cédant. La condition ne fut pas acceptée ;
mais le tableau fut envoyé : l'archevêque parut le
recevoir avec autant de reconnaissance que de plaisir, et quelques jours après, il chargea un notaire de
porter aux deux malheureuses victimes de l'indigence,
l'extrait d'un contrat, par lequel il constituait à chacune d'elles une rente viagère de quinze cents livres,
dont elles reçurent en même temps le paiement d'a-
vance pour la première année. Après avoir lu ce trait,
on pourra blâmer l'espèce de dissimulation dont usa
le prélat, en vantant la beauté d'un tableau, qui
n'était, dit-on, rien moins que beau. Mais il me
semble que c'est ici le cas de dire que la faute est
couverte par la charité ; car on admire tellement l'une,
qu'on n'aperçoit presque pas l'autre.

144. *Le généreux Bienfaiteur.*

Un bourgeois de Tarascon se trouvant à dîner dans
une auberge avec un voyageur qui avait un air noble,
un ton honnête, mais qui paraissait plongé dans la
tristesse la plus profonde, ne put résister au vif senti-
timent de compassion dont il fut saisi en le voyant ;
et quoiqu'il ne le connût en aucune manière, il prit
la liberté de lui demander quelle était la cause des
noirs chagrins dont il semblait être dévoré, lui protestant qu'il s'estimerait heureux de pouvoir les dissiper, ou du moins les calmer. Le ton d'intérêt avec
lequel il fit cette question, excita la confiance de
l'étranger ; et, pour y répondre, il se mit à faire

la peinture de ses malheurs. « Ce n'est pas sans
« raison, dit-il, que je vous parais triste et désolé.
« Né dans le sein du bonheur, jouissant d'une des
« plus belles terres du Languedoc, je suis devenu
« tout à coup le plus infortuné des hommes : on m'a
« dépouillé injustement de cette terre qui faisait toute
« ma fortune. J'ai voulu l'arracher des mains du ra-
« visseur, je lui ai intenté un procès au parlement
« d'Aix, où il fait sa résidence ; j'ai épuisé, pour
« le faire juger, toutes les ressources que je pouvais
« avoir, mais je n'ai pu encore obtenir le jugement
« que je désirais ; et, faute de moyens, je me vois
« obligé d'abandonner la poursuite de mon procès
« que tous les jurisconsultes trouvent imperdable,
« pour aller donner à mes concitoyens l'humiliant
« spectacle de mon infortune. Pourrais-je, après
« cela, n'être pas en proie à toutes les horreurs du
« chagrin et du désespoir. » Attendri par ce récit, le
bourgeois aurait voulu pouvoir secourir lui-même
l'infortuné qui le lui faisait ; il imagine un prétexte
pour sortir de table, vole chez un riche financier dont
il connaissait l'inépuisable charité, et lui raconte avec
l'accent de la douleur ce qu'il vient de voir et
d'entendre. Le financier qui, par religion encore
plus que par humanité, ne s'était jamais refusé à
aucun acte de bienfaisance, pria le bourgeois de retourner à l'auberge, et d'engager l'étranger à venir
le voir pour une affaire importante qu'il avait à lui
communiquer. Ses désirs furent bientôt accomplis ;
le voyageur vint, et dès qu'il parut, le financier
l'ayant fait entrer dans son cabinet : « Je viens d'ap-
« prendre, Monsieur, lui dit-il, que vous êtes dans
« la peine, et que quelques fonds vous seraient

« nécessaires pour faire juger un procès ; d'où dé-
« pend toute votre fortune. Je ne suis pas opulent,
« mais j'aime à rendre service, et je suis disposé à
« faire pour vous ce que vous feriez sans doute pour
« moi, si je me trouvais dans votre position, et si
« vous étiez dans la mienne. Parlez-moi donc avec
« confiance : que vous faudrait-il pour obtenir le ju-
« gement que vous désirez ? Mais je pense, ré-
« pondit l'étranger, que cinquante louis pourraient
« suffire. Eh bien, répartit le financier, en lui of-
« frant une bourse, en voilà cent. Partez, retournez
« à Aix, faites juger votre procès, et en m'annon-
« çant que vous l'avez gagné, venez bientôt mettre
« le comble à la satisfaction que j'ai à vous obliger. »
Le voyageur surpris, hors de lui-même, ne sut comment exprimer sa reconnaissance : il fit même quelques difficultés d'accepter ce qu'on lui offrait, sous
prétexte qu'étant inconnu, il ne pouvait inspirer aucune confiance. Mais vaincu par les vives instances de
son bienfaiteur, il profita enfin de son offre généreuse, alla reprendre la poursuite de son procès,
le fit juger, le gagna, et s'empressa de revenir à
Tarascon, pour annoncer cette agréable nouvelle au
financier, dont il ne parlait jamais qu'avec attendrissement, et qu'il regarda, toute sa vie, comme
son sauveur.

FIN.

TABLE
DES MATIÈRES.
PREMIERE PARTIE.

PLAIDOYER

SUR LA PERTE D'UN NEZ, D'UN BRAS, D'UNE JAMBE ET D'UN OEIL.

CORRIGÉ DES MATIÈRES DE VERS.

DEUXIÈME PARTIE.

CHAPITRE PREMIER.

Contenant des développements d'une Idée en une ou deux Périodes, ou bien un petit nombre de Phrases. — Définitions et Pensées morales.

CHAPITRE II.

Comprenant des Récits , des Lettres , des Descriptions.

SECTION PREMIÈRE.

RÉCITS.

SECTION DEUXIÈME.

LETTRES.

SECTION TROISIÈME.

DESCRIPTIONS.

CHAPITRE III.

Comprenant des Portraits, des Parallèles, des Tableaux, des Fables, des Allégories; des Discours, des Dissertations ou Développements moraux.

SECTION PREMIÈRE.

PORTRAITS, PARALLÈLES ET TABLEAUX.

SECTION DEUXIÈME.

FABLES ET ALLÉGORIES.

MÉLANGES.

FIN DE LA TABLE DES MATIÈRES.